广东省高端装备制造产业标准体系规划与路线图研究报告

（2015—2025）

广东省标准化研究院 组编

徐 剑 主编

·广州·

图书在版编目（CIP）数据

广东省高端装备制造产业标准体系规划与路线图研究报告：2015—2025／广东省标准化研究院组编；徐剑主编．—广州：华南理工大学出版社，2017.7

ISBN 978－7－5623－5209－9

Ⅰ.①广…　Ⅱ.①广…　②徐…　Ⅲ.①制造工业－产业发展－研究报告－广东－2015—2025　Ⅳ.①F426.4

中国版本图书馆 CIP 数据核字（2017）第 064260 号

广东省高端装备制造产业标准体系规划与路线图研究报告（2015—2025）

广东省标准化研究院　组编

徐剑　主编

出 版 人： 卢家明

出版发行： 华南理工大学出版社

（广州五山华南理工大学 17 号楼，邮编 510640）

http：//www.scutpress.com.cn　　E-mail：scutc13@scut.edu.cn

营销部电话：020－87113487　87111048（传真）

策划编辑： 毛润政

责任编辑： 朱彩翩

印 刷 者： 虎彩印艺股份有限公司

开　　本： 787mm×1092mm　1/16　**印张：** 12.5　**字数：** 305 千

版　　次： 2017 年 7 月第 1 版　2017 年 7 月第 1 次印刷

印　　数： 1～1 000 册

定　　价： 39.00 元

本书编委会

主　编：徐　剑

副主编：赵　倩　彭家志　邵　琴　王　明

编　委：张定康　刘　杰

序

近些年，我国装备制造业的比重稳居世界首位，但我国仅是制造大国，而非制造强国，特别是被誉为装备制造业“核心”的高端装备制造产业占比较低，我国装备制造业面临的迫切问题是装备制造业如何向高端转型，这也是高端装备制造业概念提出的重要依据。为推动广东省高端装备制造业的发展，广东省把高端装备制造业列为战略性新兴产业之一。而标准化工作如何更好地在高端装备制造业中发挥支撑和引领作用，一直是省政府和产业界关心的焦点之一。

广东省装备制造业涉及行业广，几乎覆盖装备制造业的所有分支。该产业在省内分布极不均衡，形成了多个特色不一的产业集聚点。广东省相比国内其他装备制造业大省而言，大型龙头企业的数量不多，质量也并不算高，但规模以上的民营企业数量较多。这些特点均对广东省高端装备制造业标准化进程构成了一定障碍，使得标准化工作缺乏顶层规划，共性和前沿技术标准严重欠缺，产业标准化水平偏低，实质性参与国家或国际标准化活动少，缺乏标准化话语权。

鉴于此，广东省质量技术监督局（以下简称“广东省质监局”）与广东省经济和信息化委员会（以下简称“广东省经信委”）组织广东省标准化研究院等技术机构，开展广东省高端装备制造业标准体系建设的研究，希望通过系统性的研究和科学的论证，集聚各方产业力量，探讨广东省高端装备制造业标准化的发展之路。同时，将部分研究成果以政府产业政策的形式发布。2015 年 9 月，广东省质监局和广东省经信委在 2015 广东质量年会暨泛珠三角区域质量合作会议上，发布了《广东省质监局　广东省经信委关于发布〈广东省高端装备制造产业标准体系规划与路线图（2015—2025 年）〉的决定》（粤质监〔2015〕62 号），这是国内率先出台的首个高端装备制造产业标准体系规划与路线图。

本书可以看作是对该文件的完整解读，同时本书也结合了《中国制造 2025》（国发〔2015〕28 号）、《〈中国制造 2015〉重点领域技术创新绿皮书》[1] 的有关内容，希望读者通过阅读本书，了解产业标准化现状，清晰产业整体标准化的发展方向。本书也可为企业标准化战略的制定、标准研究项目的可行性分析和产业政策的制定提供参考。

编委会

2016 年 12 月

前　言

高端装备制造产业属于装备制造业中的高技术含量、高附加值的部分，是中国制造业转型升级的核心助推器。《高端装备制造业“十二五”发展规划》（工信部联规〔2012〕145号）明确提出高端装备制造业主要包括：航空装备、卫星及应用、轨道交通装备、海洋工程装备和智能制造装备。这五大领域涵盖了目前装备制造业的重点、热点和难点，代表了装备制造业的最高水平。国家将高端装备制造业作为国民经济的支柱产业进行扶持和发展，将其列为七大战略新兴产业之一。自2010年国务院在《关于加快培育和发展战略性新兴产业的决定》（国发〔2010〕32号）中首次提出“高端装备制造业”的概念以来，陆续发布《高端装备制造业“十二五”发展规划》（工信部联规〔2012〕145号）、《中国制造2025》（国发〔2015〕28号）等多项产业政策予以支持，高端装备制造业有了长足的发展。然而，我国高端装备制造业与发达国家相比仍有较大差距，存在核心零部件无法自主制造、产业链格局不尽合理等问题。目前我国高端装备制造业正处于转型升级的关键时期，随着《中国制造2025》（国发〔2015〕28号）的提出，未来几年将是高端装备制造业技术水平提升、产业格局转型的重要关口。广东省高端装备制造产业在多个领域处于全国前列，且具有显著的地方特色，形成了智能制造产业集群、工业机器人产业集群、通用航空产业集群、珠江水系船舶制造产业集群、城际轨道交通装备产业集群等优势产业集群。

对于战略新兴产业而言，标准对产业创新的驱动力要远大于传统产业，是一种“标准前驱”的发展模式。反观广东省高端装备制造业的标准化发展，标准化工作明显滞后于产业的发展速度：产业标准体系不完善，关键技术标准缺口较大，标准化公共服务平台欠缺，企业对标准化的认识淡薄，这些都制约了广东省高端装备制造产业的标准化发展，迫切需要从产业发展的高度提出产业的标准体系及技术路线图，引领产业标准化的发展方向；适时建立标准化公共服务平台，以促进产业形成自发的标准化发展机制。

2014年，广东省质监局及广东省经信委组织广东省标准化研究院等技术机构，推进广东省高端装备制造业标准体系规划与路线图研究。广东省标准化研究院成立了专门的高端装备制造业课题组，在广泛调研广东省高端装备制造业的产业链布局、产业发展现状及技术发展特色的基础上，确定了广东省高端装备制造业标准化的研究边界及重点研究领域。调研产业相关的国际标准化组织、国家和行业标准化组织的发展现状及标准体系建设情况。在借鉴已有标准体系的基础上，结合广东省产业发展特色及格局，形成了广东省高端装备制造业标准体系。通过广东省标准化研究院标准资源信息库及其他标准数据库，设置多种标准检索策略（如关键词、标准分类号等），搜集并梳理了国内外相关产业的先进标准上万项，形成了高端装备制造业标准明细。通过实地走访行业协会、龙头企业，掌握产业及企业的标准化工作推进情况，了解企业及行业对标准的需求情况；同时采用问卷调研、发函征集标准制修订项目立项计划等形式，广泛征集产业标准化需求，在整理国家、行业标准立项计划、国际标准采标情况、技术前沿、产业标准需求的基础上，提出了产业的预立项标准制修订建议表。为引导产业的标准化健康有序地发展，本课题组从标准化对象、标准化研究、标准化示范与试点、标准实施监督四个方面，分短期、中期、长期提出了2015—2025年的广东省高端装备制造业标准化技术路线图。2014年12月，广东省标准化研究院在全省科技成果与产业对接大会上发布了本课题的阶段性研究成果——“广东省高端装备制造业的标准体系建设和路线图规划”，朱小丹省长及科技厅、经信委的主要领导听取了相关成果汇报。成果的发布增强了产业内部企事业的标准化意识，为产业的标准化发展方向提供了参考。高端装备制造业涵盖范围广，因此在产业内部建立良好的标准化发展机制是产业标准化水平提升的长久之计。课题组目前已推动产业内部成立多个广东省标准化技术委员会。

本报告的编写依托广东省高端装备制造产业标准体系规划与路线图的研究成果，全书内容包括六章及相关附录。按照广东省高端装备制造业的实际发展情况，课题组将广东省高端制造业的范围缩小为智能制造装备产业、通用航空装备产业、城市轨道交通装备产业、海洋工程装备与船舶制造产业四大板块。

本报告内容分为以下六章：

第1章　高端装备制造产业现状分析。在这一章，首先，分板块阐述了各产业的内涵、技术特色；其次，纵览全球目前各产业的发展现状（包括产值情况、产业格局、产业战略规划等）及产业发展趋势，分析了中国当前高端装备制造产业相对于先进水平的差距；再次，给出了产业在全国范围内的发展情况（如产值、产业分布、产业优劣势），分析了产业未来的发展趋势；最后，详细阐述了广东省相关产业的发展现状、产业特色及发展趋势。

第2章　高端装备制造产业标准化现状分析。在这一章，阐述了四大板块的国外、国内标准化发展现状，总结了在产业内部具备影响力的各级标准化组织概况；根据现行标准制修订情况，分析了标准分布及采标情况；指出了未来产业标准化重点的发展方向。

第3章　广东省高端装备制造产业标准体系。在这一章，首先，阐述了标准体系的编制原则；其次，对标准体系结构图按层次进行说明；最后，对标准体系的设计依据和体系的门类、子类明细进行详细说明。

第4章　广东省高端装备制造产业标准化路线图。在这一章，首先阐述了产业标准化技术路线图的编制依据，接下来按板块分别给出了产业的标准化技术路线图，并对内容进行说明。

第5章　广东省高端装备制造产业标准明细构成。在这一章，分板块罗列了标准明细，对标准明细按照体系结构的门类、子类进行统计，并对统计结果进行分析。

第6章　广东省高端装备制造产业预立项标准制修订建议表。在这一章，阐述了预立项标准梳理的依据，形成了预立项标准建议制修订表，并对预立项标准进行统计。

附录　广东省高端装备制造业标准化技术委员会一览表。

在本报告的撰写过程中，为制定更科学、更符合产业应用的标准体系和路线图，本课

题的研究内容经过了多轮专家论证环节并向全省广泛征集意见。论证会的专家来自产业龙头企业、行业协会、科技研究机构。通过论证，保障了标准体系规划和路线图的科学性、前瞻性、先进性和引导性。

由于产业的发展是一个动态的过程，因此相对应制定的标准体系和路线图也是需要随时补充修正的。加之，本课题研究人员水平有限，课题成果有待进一步深入研究，瑕疵和错漏之处在所难免，恳请广大读者提出宝贵意见，以便我们继续研究和探讨，不断完善，从而更好地服务于产业、政府、企业。在此，我们还要向为本书出版提出宝贵意见的深圳市标准化研究院、华南理工大学、工信部电子第五研究所、广东省自动化研究所、广东省机械工程学会、广东省现代农业装备研究所、广州数控设备有限公司、中航通用飞机有限责任公司、广州地铁设计研究院有限公司、广州船舶及海洋工程设计研究院等单位表示衷心的感谢！

一个产业的发展需要正确的指引、合理的政策支持及全产业长足的努力。希望通过此课题，尽我们的绵薄之力为广东省高端装备制造业的发展做出贡献。相信在产业内部、政府等多方的努力下，广东省高端装备制造业的未来会有一个更广阔、更美好的前景。

编 者

2016 年 12 月

目　录

GDIS

第 1 章　高端装备制造产业现状分析

1.1　高端装备制造产业基本概念

1.1.1　高端装备制造产业定义及特点

高端装备制造产业指装备制造业的高端领域，“高端”主要表现在三个方面：第一，技术含量高，表现为知识、技术密集，体现多学科和多领域高精尖技术的继承；第二，处于价值链高端，具有高附加值的特征；第三，在产业链占据核心部位，其发展水平决定产业链的整体竞争力。

对于高端装备制造业，业内还没有一个统一的概念。业内达成的共识是高端装备制造产业应具备以下特征：技术先进、成熟，国内已有相当的技术基础和人才储备；市场空间大，对装备制造业和国民经济起到支撑作用；对国民经济的带动作用大；处于产业成长初期，成长潜力大；对能源、资源的供给体系提供足够保障。广义上，符合上述特征的制造业若干领域均被纳入亟待发展的高端行业。

国务院发布的《关于加快培育和发展战略性新兴产业的决定》（国发〔2010〕32 号）对高端装备制造产业的内涵有更详细的界定，主要涉及五个重点领域，提出发展以干支线飞机和通用飞机为主的航空装备、卫星及其应用产业、轨道交通装备、海洋工程装备、智能制造装备。

1.1.2　本书对高端装备制造产业的界定

本书的内容来源于课题的研究成果，因此本书对高端装备制造产业的界定限于广东省现阶段在全国范围内具备一定优势的高端装备制造产业。在《关于加快培育和发展战略性新兴产业的决定》提出的五个重点领域的基础上，本书将范围缩小至四个产业领域：通用航空装备产业、城市轨道交通装备产业、海洋工程装备与船舶制造产业、智能制造装备产业。

1.1.3　高端装备制造产业发展的重要性

（1）高端装备制造产业属国民经济的支柱产业

2010 年，我国高端装备制造业实现销售收入 1.6 万亿元，占装备制造业的 8%。根据《高端装备制造业“十二五”发展规划》（工信部联规〔2012〕145 号），到 2015 年，中国高端装备制造业销售收入超过 6 万亿元，在装备制造业中的占比提高到 15%；到 2020

年，高端装备制造产业销售收入在装备制造业中的占比提高到25%，国内市场满足率超过25%。未来5～10年，我国高端装备制造业将迎来发展的重要战略机遇期。

（2）高端装备制造业是中国装备制造业转型的关键

高端装备制造业已成为各国发展制造业激烈争夺的产业制高点。美国、日本、德国等世界装备制造业强国无不重视控制高端制造装备，重视技术优化提升传统装备制造业，以保持产业优势。

反观中国装备制造业，其昔日所仰仗的“人口红利”正在逐步消失。加之近些年来原材料和用工成本的不断攀升，使得中国制造企业的成本优势日益减弱。与此同时，中低端产品加工制造产业的重心正逐渐向东南亚等发展中国家转移，这种趋势的出现迫使中国装备制造业必须增加产品附加值，改变传统的粗放型生产模式。

（3）高端装备制造业是实现《中国制造2025》的基础

《中国制造2025》（国发〔2015〕28号）是中国版的“工业4.0”规划，该规划提出了中国制造强国建设三个十年的“三步走”战略，是第一个十年的行动纲领。《中国制造2025》的核心内容是智能制造，这种基于信息物理系统的智能装备、智能工厂等的制造模式将引领制造模式的变革。网络众包、协同设计、大规模个性化定制、精准供应链管理、全生命周期管理、电子商务等将重塑制造业的价值链体系。装备制造业生产出的各类装备，一大部分用于制造业，是制造体系物理层的主要组成部分。因此，装备制造业的高端化将有助于引导制造业向智能制造转型。

（4）政策上给予高度认可和支撑

在2010年国务院发布的《关于加快培育和发展战略性新兴产业的决定》（国发〔2010〕32号）中，明确将高端装备制造产业列为国家七大战略性新兴产业之一，到2020年将高端装备制造产业培育成国民经济的支柱产业，肯定了高端装备制造业重要的战略地位。

国家在高端装备制造业各领域以专项的形式鼓励企业或研究机构承担相关的研究，并对专项承担单位给予大额资金资助。这些专项的主题是领域中亟待解决的关键及难点课题，对逐步推动高端装备制造业迈向高端化具有重要作用，同时对产业的技术发展起到了良好的示范作用。目前国家级别在高端装备制造业领域发布专项的文件有：《数控机床专项2016年度课题申报指南》（工装函〔2015〕305号）、《海洋工程装备制造业中长期发展规划》（工信部联规〔2011〕597号）等。

多个省市出台一系列政策，推动装备制造业领域内企业的技术改造和新项目建设。这些政策包括：①制定《首台（套）重大装备产品认定办法》（陕工信发〔2015〕63号），开展首台（套）重大技术装备保险补偿机制试点工作；②制定《关键零部件产品认定办法》（杭政办函〔2009〕272号），开展关键零部件、重要基础件产品或总成的认定，并给予补偿支持；③发布推动新一轮技术改造促进装备制造业转型升级的意见，如广东省人民政府办公厅发布的《关于推动新一轮技术改造促进产业转型升级的意见》（粤府办〔2014〕51号）（以下简称《意见》），《意见》中称广东省财政将在2015—2017年预算安排技改专项资金75亿元，主要采取股权投资、贴息等方式支持高端、有规模效应及龙头

集聚效应的项目，以培育发展 100 家左右智能装备整机和关键零部件研发制造骨干企业。广东省新一轮技术改造将主要在智能制造、“两化”深度融合、设备更新和绿色低碳发展几方面大力推进；④打造多个特色产业基地，如佛山市发布的《佛山市打造万亿规模先进装备制造业产业基地工作方案》（佛府办函〔2014〕453 号），计划用 5 年时间打造万亿元规模先进装备制造业产业基地，方案中详细制定了实现万亿元规模的阶段性目标及建设方案。

1.2　智能制造装备产业发展现状

1.2.1　基本概念

智能制造装备广义上是指具有预测、感知、分析、推理、决策、控制功能装备的总称，它是先进制造技术、信息技术和人工智能技术在装备产品上的集成和融合，体现了制造业的智能化、数字化和网络化的发展要求。

1.2.1.1　我国对智能制造装备产业的规划

《智能制造装备产业“十二五”发展规划》[2] 于 2012 年由国家工信部发布，该规划依据《高端装备制造业“十二五”发展规划》（工信部联规〔2012〕145 号），重点围绕智能基础共性技术、智能测控装置与部件、重大智能制造成套装备等智能制造装备产业核心环节制定规划，规划期为 2011—2015 年。该规划中提出了智能制造装备产业重点发展方向，具体内容如下：

（1）关键智能基础共性技术

围绕感知、决策和执行等智能功能的实现，针对测控装置、部件和重大智能制造成套装备的开发和应用，掌握新型传感原理和工艺、高精度运动控制、高可靠智能控制、工业通信网络安全、健康维护与诊断等一批共性的基础关键智能技术，为实现制造装备和制造过程的智能化提供技术支撑。

（2）核心智能测控装置与部件

围绕重大智能制造成套装备研发以及智能制造技术的推广应用，开发机器人、感知系统、智能仪表等典型的智能测控装置和部件并实现产业化。在充分利用现有技术和产品的基础上，进一步实现智能化、网络化，形成对智能制造装备产业发展的有力支撑。

（3）重大智能制造成套装备

突出制造业所需装备，针对石油化工、冶金、建材、机械加工、食品加工、纺织、造纸、印刷等制造业生产过程数字化、柔性化、智能化的需要，发挥“产、学、研、用”相结合的创新机制，依托有明确需求的用户，组织“产、学、研、用”共同参与的创新团队，推动软硬件在数控/工业控制装备中的应用与推广；通过集成创新，开发一批标志性的重大智能制造成套装备，保障产业转型升级，并结合国家重大工程建设，推进示范应用，加快产业化。

（4）重点应用示范领域

根据我国智能制造技术和智能测控装置的发展水平，立足制造业，在“十二五”期间重点选择在电力、节能环保、农业、资源开采、国防军工等国民经济重点领域推广应用，分步骤、分层次开展应用示范，形成通用性、标准化的知识产权应用平台，加快推进产业、技术与应用协同发展。

在该规划发布之后，由工业和信息化部装备工业司起草的《智能制造装备“十二五”发展路线图》[3]正式发布。该文件是对文献［2］在技术层面的解析，提出了智能制造装备产业在“十二五”期间层次性的发展路线：智能制造装备将面向国民经济重点产业的转型升级和战略性新兴产业培育发展的需求，以实现制造过程智能化为目标，以突破九大关键智能基础共性技术为支撑，以推进八项智能测控装置与部件的研发和产业化为核心，以提升八类重大智能制造装备集成创新能力为重点，促进其在国民经济六大重点领域的示范应用推广。其中：

九大关键智能基础共性技术包括：新型传感技术，模块化、嵌入式控制系统设计技术，先进控制与优化技术，系统协同技术，故障诊断与健康维护技术，高可靠实时通信网络技术，功能安全技术，特种工艺与精密制造技术，识别技术。

八项智能测控装置与部件包括：新型传感器及其系统，智能控制系统，智能仪表，精密仪器，工业机器人与专用机器人，精密传动装置，伺服控制机构，液气密元件及系统。

八类重大智能制造装备包括：石油石化智能成套设备，冶金智能成套设备，智能化成形和加工成套设备，自动化物流成套设备，建材制造成套设备，智能化食品制造生产线，智能化纺织成套装备，智能化印刷装备。

六大重点应用示范推广领域包括：电力领域，节能环保领域，农业装备领域，资源开采领域，国防军工领域，基础设施建设领域。

九大关键智能基础共性技术是体现装备智能化、网络化、数字化特征的关键技术，是智能制造装备的核心技术，同时具备良好的前瞻性。八项智能测控装置与部件属于装备的功能性组件，涉及自动化控制全过程的感知、判断、决策、反应、执行功能的实现，决定了装备整体的精度和质量。这些装置与部件具有较强的通用性，可在不同种类装备中重复使用。八类重大智能制造装备中多为成套设备，成套设备能够最大限度地体现装备智能化改造后的价值。同时，所列举装备所处的行业属于目前我国制造业中的支柱行业，对全国国民生产总值有较大贡献。六大重点应用示范推广领域提出的依据，一部分在国外已体现出良好的示范效应，如美国的智能电网；一部分预计将带来巨大的改造价值，如农业装备领域的智能化改造，对于我国这样的农业大国将意味着生产效率的大幅提升、人力资源的释放。

按产业发展的优先顺序，关键智能基础共性技术应优先发展，智能测控装置与部件所依托的技术包含在其九大关键智能基础共性技术中，因此对关键智能基础共性技术的掌握是智能测控装置与部件获得更优异性能的必要条件；智能测控装置与部件构成智能制造装备的核心功能部件，其功能决定了装备关键指标能够达到的水平。因此，智能制造装备产业的发展要按照这样的层次有侧重、分阶段地逐步推进。

1.2.1.2　智能制造装备产业的概念

结合上述产业政策对智能制造装备产业的界定，笔者认为：智能制造装备的范围应涵盖除轨道交通装备、海洋工程装备、航空装备、卫星应用装备之外的装备制造业各领域，但同时又非完全包含，应只包含水平高于或至少等同于“数控一代”水平的装备及组成装备的关键零部件和元器件。《数控一代机械产品创新应用示范工程“十二五”规划》[4]对“数控一代”的定义是：应用数字化控制技术的各类装备。从技术层面上来讲，“数控一代”是向“智能一代”过渡的必经阶段，“智能一代”是在数字化技术的基础上，通过增强装备的自我反馈及决策能力以提高其智能化水平，同时集成互联网、物联网等各类网络化技术，使得装备能够无缝融合到一个范围更大的制造系统中。在这个大制造系统中，企业间的协同、产品与用户间的互动将成为可能。目前我国所提出的智能制造概念，借鉴了德国“工业 4.0”的概念与架构，谓之中国版的“工业 4.0”。智能制造架构的基础是制造系统的高度互联，因此智能制造装备也将是实现智能制造的重要物理层基础。

笔者将智能制造装备具体划分为五大类产品：关键基础零部件及通用部件、高档数控机床与基础制造装备、智能仪器仪表与控制系统、智能专用装备、智能成套装备。

关键基础零部件及通用部件指的是与智能制造装备配套，对装备运动精度、驱动能力等性能影响较大的零部件及组件，如精密传动机构、传感器、液气密元件、伺服控制系统等。

高档数控机床与基础制造装备指的是应用基础制造技术的机床。基础制造技术既包括车、铣、刨和磨等冷加工技术，又包括铸、锻、焊和热表处理等热加工技术及近年发展的特种和复合加工工艺技术。高档数控机床特指具有高速、精密、智能和复合等功能的冷加工数控机床，而基础制造装备特指用热加工工艺对材料和零件进行成形、改性处理的装备和系统。[5]

智能仪器仪表与控制系统包括工业自动化仪器仪表、精密实验室仪器仪表、新型环保仪表、工业控制计算机等产品。由于仪器仪表种类繁多，因此智能仪器仪表与控制系统应该定义为能够代表仪器仪表发展趋势的那一部分产品。传统的仪器仪表将朝着高性能、高精度、高灵敏度、高稳定、高可靠、高环保和长寿命的“六高一长”的方向发展。[6]

智能专用设备指的是专用于某一行业的智能化制造与加工设备，如建材行业用的建材加工设备、电子及通信行业用的电子制造装备、农业生产用的农业加工机械等。智能专用设备的结构与行业特定的工艺、生产环境相关，因此具有很强的专用性。

智能成套装备主要指的是应用于如化工、石油化工、食品制造、冶金等行业的自动化程度较高的大型生产线。

上述五大类产品，具体包含的产品种类繁多，在国家发布的政策中曾提出了一些具有代表性的、重点发展的产品，见表 1－1。

表 1－1　智能制造装备产业重点产品列表[7]

领域	重点产品
智能仪器仪表	高精度、高稳定性的智能化压力、流量、物位、成分分析仪表与高可靠执行器，智能电网先进量测仪器仪表（AMI），材料分析精密测试仪器与力学性能测试设备，新型无损检测及环境、安全检测仪器，国防特种测试仪器等各类试验设备
智能控制系统	综合性分散型控制系统 DCS，具有与现场总线设备实现动态数据交换功能的现场总线控制系统 FCS，逻辑控制、运动控制、模拟控制等功能有机集成的可编程控制系统 PLC，先进高效发动机及其智能控制系统，新能源、新材料、节能环保等新兴产业所需要的专用控制系统
关键基础零部件及通用部件	高可靠性力敏、磁敏等传感器，新型复合、光纤、MEMS（微机电系统）、生物传感器，仪表专用芯片，色谱、光谱、质谱检测器件；高参数、高精密和高可靠性轴承、液压/气动/密封元件、齿轮传动装置及大型、精密、复杂、长寿命模具；电力电子器件及变频调速装置
高档数控机床与基础制造装备	高速、精密、复合数控金属切削机床；重型数控金属切削机床；数控特种加工机床；大型数控成形冲压设备；重型锻压设备；清洁高效铸造设备；新型焊接设备；大型清洁热处理与表面处理设备；非金属成型设备；新材料制备装备；高档数控系统；数控机床功能部件；数字化工具系统及量仪
智能专用设备	机器人产业；矿山用智能自卸电铲、智能化全断面掘进机、快速集成柔性施工装备为代表的智能化大型施工机械；数字化、智能化、高速多功能印刷机械；大型先进高效智能化农业机械
智能成套装备	百万吨级及以上大型乙烯、大型 PTA（一种化学材料）自动化生产线的系统集成，大型煤化工自动化关键装备；大型液化天然气生产储能自动化关键装备、大型天然气长距离输送系统；高效棉纺、短流程染整自动化生产线；大型煤炭井下自动化综合采掘成套设备及大型露天矿自动化成套设备

1.2.2　国外现状

1.2.2.1　分领域概况

世界其他国家包括国际组织并没有提出“智能制造装备”这个概念，“智能制造装备”的概念可以说是我国独有的。因此，我们在本书将按照中国定义的智能制造装备涉及的产业范畴，选取其中一些关键及热点领域进行介绍。

（1）数控机床

机床行业的传统制造强国主要为德国、日本、美国、意大利等工业化发达国家。中国、日本、德国 2012 年产值位居世界前三位，其产量对比如图 1－1 所示。

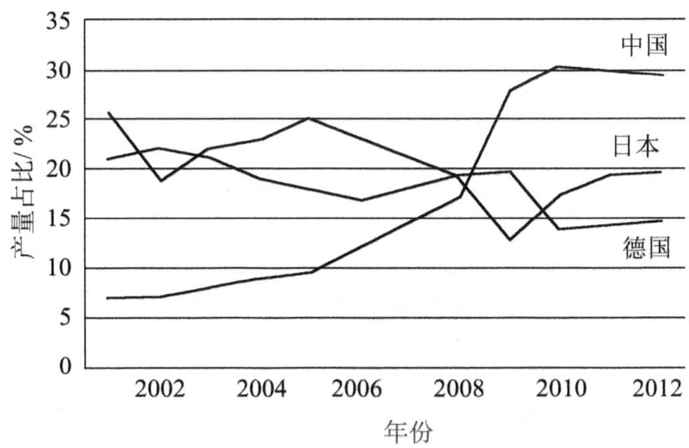

图 1－1　中国、日本、德国机床产品产量对比（2002—2012 年）

（资料来源：参考文献［9］）

中国已成为机床制造大国，中国机床产值在 2009 年跃居世界第一。2010 年中国机床产值继续保持高速增长，在全球的机床产值中占比达到 31%，保持全球第一。但中国非机床强国，2010 年，中国出口值占产值的比重仅为 8.8%，至 2012 年上升到 10%，达到 27.5 亿美元，但这种水平仍远远低于世界机床制造强国。从进口方面看（见图 1－2a），2011 年中国机床进口达到 132.4 亿美元，位列全球第一，机床进口率（进口额/消费额）为 36%。2012 年，中国机床进口继续增加，达到 137.2 亿美元，但增幅同比明显下降。[8]

这表明，中国对机床的需求尤其是高端机床的需求旺盛，未来世界机床的主要市场向中国转移。

从出口值来看，2012 年日本、德国、意大利占据了世界机床出口总值的前三位，如图 1－2b 所示。可见，世界机床强国依旧保持了强大的技术、规模、品牌优势，是国际机床市场出口的主力；中国高的机床进口率和产值居世界第一，表明了中国机床占据重要地位，中低端产品已具备较强的竞争力，但高端产品仍与世界领先水平存在一定差距。

	国家（地区）	2012年（单位：百万美元）	2011年（单位：百万美元）	按当地货币计算变化	按美元计算变化	进口占2012年消费值
1.	中国	13 720.00	13 240.00	$	4%	36%
2.	美国	5 826.80	4 525.90	$	29%	67%
3.	德国	3 187.30	2 978.60	16%	7%	50%

（a）进口数据分析

	国家（地区）	2012年（单位：百万美元）	2011年（单位：百万美元）	按当地货币计算变化	按美元计算变化	出口占2012年生产值
1.	日本	11 565.00	11 562.50	0%	0%	63%
2.	德国	10 410.00	9 450.50	19%	10%	76%
3.	意大利	4 433.90	4 271.00	12%	4%	78%
4.	台湾	4 236.00	4 000.00	6%	6%	78%
5.	瑞士	2 772.70	3 080.30	-5%	-10%	87%
6.	中国	2 750.00	2 420.00	$	14%	10%

（b）出口数据分析

图 1－2　2012 年全球机床产品进出口统计数据

（资料来源：参考文献［7］）

（2）工业机器人

工业机器人是指面向工业领域的多关节机械手或多自由度的机器人。工业机器人常用于汽车及汽车零部件制造业，电子电气工程，金属制品业，化工、橡胶及塑料工业，食品和饮料工业，其中汽车及汽车零部件制造业为需求量最高的行业，如图 1－3 所示。

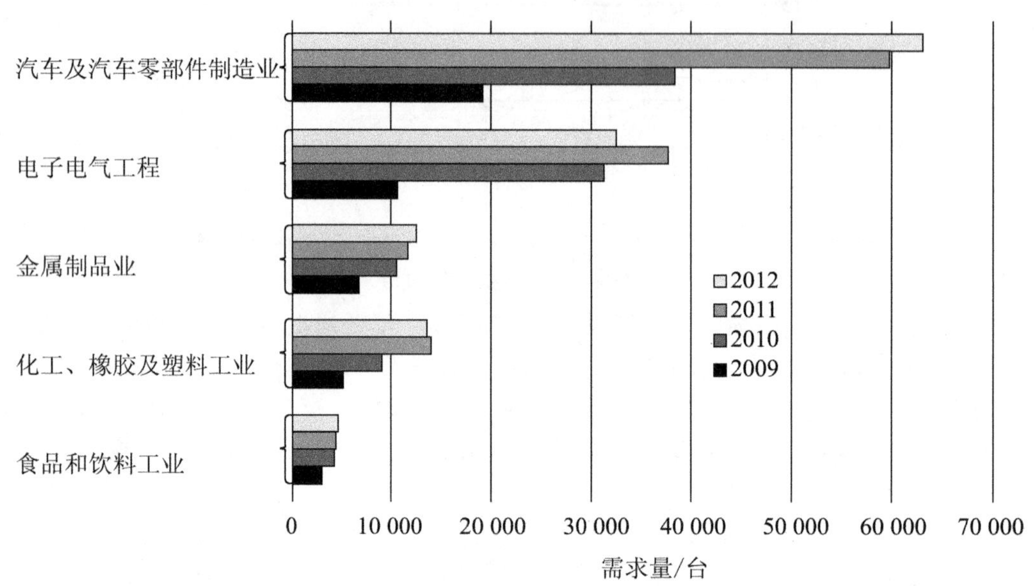

图 1－3　工业机器人市场应用分布（2009—2012 年）
（数据来源：世界机器人联合会，2013）

根据世界机器人联合会统计数据，2013 年中国共购买 36 560 台工业机器人，日本以 26 015 台位居第二，排在第三的美国买了 23 679 台。2008—2013 年，中国购买工业机器人的增幅平均每年为 36%，不断增长的需求主要来自大型跨国制造业企业，尤其是汽车行业。中国是全球最大的汽车市场，汽车制造业对工业机器人的需求占中国总体需求的 60%。[10]

2014 年全球工业机器人总销量为 25 万台，同比增长 27%，汽车、电子、金属等应用行业仍然是机器人最大的市场占有领域。中国市场方面，2014 年总销量达到 5.6 万台，稳居全球第一大市场地位。

从使用工业机器人数量的数据对比发现，日本仍然是使用工业机器人数量最多的国家。2012 年，全世界正在使用中的工业机器人约 123 万台。其中，日本以 31 万台的拥有量居世界第一，约占 25%；中国拥有量约为 9.6 万台，美国为 16.8 万台[10]。

2012 年，中国制造业每万人机器人拥有量仅为 23 台，而韩国为 396 台，日本为 332 台。由上述数据可知，中国市场对工业机器人的需求旺盛，且未来市场潜力巨大。中国对工业机器人的强烈需求，一方面源于中国制造业内部转型的需求——中国制造业将逐步向制造高附加值产品过渡；另一方面，中国政府推行的“机器换人”政策功不可没。[11]

从中国工业机器人市场占有率数据可知，2013 年日本六大工业机器人公司发那科（FANUC）、爱普生、安川（YASKAWA）、川崎（Kawasaki）、那智不二越、欧地希（OTC）占据中国工业机器人销量的一半，而中国本土四大机器人设备制造商加在一起仅占中国市场份额的 5%；2014 年，进口机器人为 4 万台，同比增长 47%，国产机器人销量为 1.6 万台，同比增长 77%[12]。中国本土工业机器人与国际先进水平相比竞争力仍有较大的差距，技术水平亟待提升。

（3）仪器仪表

仪器仪表作为信息工业的源头，是以电脑和微处理器的技术为核心技术，以计算机、网络、系统、通信、图像显示、自动控制理论为共性关键技术基础。这些信息技术应用到仪器仪表中，促成仪器仪表产品升级为智能仪器仪表，发展成为信息工业领域中一大系列产品群体。仪器仪表产品正向智能化、微型化、网络化和虚拟化方向迅速迈进。[13]

欧美日等发达国家和地区技术领先，例如，美国、欧洲和亚洲（包括日本）的传感器市场之和约占全世界传感器市场的 90%；全球变送器和执行器市场被以美国为代表的北美经济体，以德国、英国、法国为代表的欧盟地区，以及以日本为代表的亚太地区三个经济体瓜分，代表企业如美国艾默生（Emerson）、霍尼韦尔（Honeywell），瑞士 ABB、恩德斯豪斯（E + H），德国西门子（Siemens），日本横河电机（Yokogawa），等；变频器行业市场集中度较高，技术门槛也比较高，市场占有率较高的国外企业主要有日本的三菱、富士、三垦力达、安川，美国的罗克韦尔、爱默生，欧洲的西门子、ABB、斯耐德、丹佛斯；控制阀行业，美国有超过 110 家企业，德国的阀门生产企业有 170 多家，多数属于专业性很强的公司，日本的阀门企业共有 706 家，其中 15 家的产值占整个市场的 70%；集散控制系统（DCS）行业，全球主要生产厂家有瑞典 ABB 公司，美国艾默生（Emerson）、霍尼韦尔（Honeywell）、福克斯波罗（Foxboro）、西屋（Westinghouse），日本横河电机（Yokogawa），日立（Hitachi），德国西门子（Siemens）等；可编程控制系统（PLC）行业，全球著名的厂商主要有美国的 A－B 公司、通用电气（GE）公司、莫迪康（Modicon）公司（现为法国施耐德电气下属子公司）、德州仪器（Texas Instruments，TI）公司，德国的西门子（Siemens）公司、AEG 公司，法国的 TE 公司，日本的三菱、欧姆龙、松下、富士、日立、东芝等，在世界小型 PLC 市场上，日本产品约占 70% 的份额。[14]

（4）民用无人机

无人机分为军用无人机和民用无人机两种，其中民用无人机又分为行业应用级和消费级两类。本书中，我们将民用无人机纳入智能制造装备产业。

据美国消费电子协会预测，2015 年全球民用无人机有望售出 40 万架，市场规模预计比 2014 年增长 55%，达到 1.3 亿美元。预计到 2018 年全球民用无人机市场规模将会攀升到 10 亿美元以上。据商业预测公司泰尔集团（Teal Group）对全球无人机市场的预测，从 2014 年到 2023 年无人机市场将由 64 亿美元增加到 115 亿美元的规模，而民用无人机市场到 2023 年将达到 15 亿美元的规模。

民用无人机市场在全球范围出现爆发性增长需要突破两个瓶颈：一是空域资源，二是安全问题。一旦在世界范围内这两个问题得到解决，人类利用无人机征服空域的想象空间将被彻底打开，全球民用无人机市场可能呈现出爆发式的增长。

国外已经逐步放开了对无人机的空域管制。2015 年 2 月 15 日，美国联邦航空管理局公布了期盼已久的无人机商转管理办法草案，这份规则主要适用于质量为 25 千克以下的无人机，主要限定包括飞行时间、高度、速度、飞行路线、驾驶员资格。这项新规打破了之前全面禁飞的局面，但是还有待最终定案。CAP 722 民航巡逻是英国民航局在英国领空内对无人机使用的指导准则，第四版的 CAP 722 发布于 2010 年 4 月，以适应空中导航法 2009 的推出。所有关于无人机的法规现在都收在空中导航法 2009 中，这份文件强调了在英国操作无人机前需要注意的适航性和操作标准方面的安全要求。最新版的 CAP 722 发布于 2012 年 8 月，并且对民用无人机实施相当程度的开放政策。欧洲法规 2008 第 216 号监管着所有整机质量超过 150 千克的无人机。无人机的设计和生产也必须和常规飞机一样遵循相关的认证规范，并且必须获得适航认证或准飞许可。在英国，整机质量在 20 千克到 150 千克的无人机需要具有英国法律下的适航性资质，如果飞行器在半径 500 米和不低于 400 英尺（1 英尺 =0. 304 8 米）的范围或者在隔离的飞行区域内，并且无人机和该飞行有一定的适航性保证，英国民航局可以豁免适航性认证的需求。

1. 2. 3　国内现状

1. 2. 3. 1　总体概况

（1）产业规模发展迅速

智能制造装备产业自 2009 年以来有了快速的发展，如图 1 –4 所示。2009 年的年销

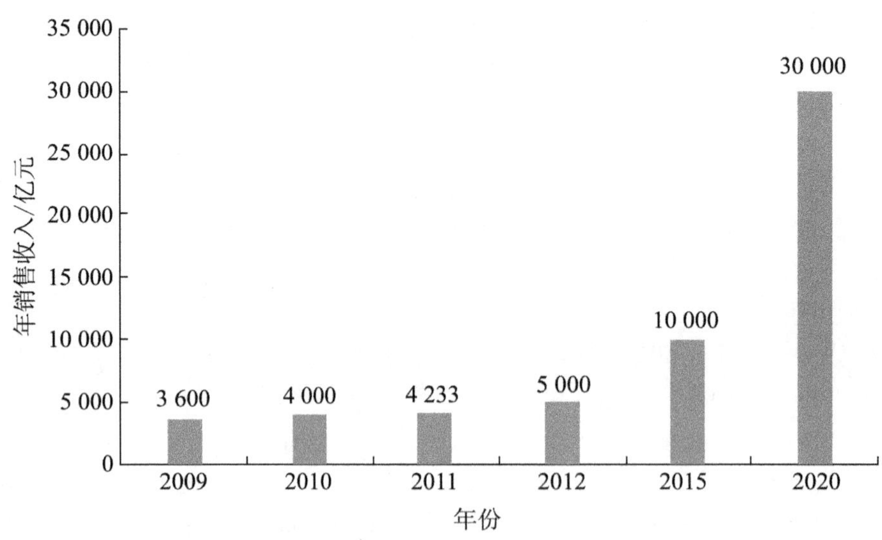

图 1 –4　中国智能制造装备行业市场规模

（资料来源：参考文献［2］）

售收入为 3 600 亿元，到 2012 年已经突破 5 000 亿元，预计到 2015 年智能制造装备产业将实现年销售收入 1 万亿元，而到 2020 年将突破 3 万亿元。[2] 大部分智能制造装备行业发展迅速，保持较高的年增长率，如机床行业年增长率为 33%。2010 年智能制造装备产业的销售收入占高端装备制造产业的 25%，预计未来这一比例还将增加。

工信部《智能制造装备产业"十二五"发展规划》[2] 提出的总体目标是：经过 10 年的努力，形成完整的智能制造装备产业体系，总体技术水平迈入国际先进行列，部分产品取得原始创新突破，基本满足国民经济重点领域和国防建设的需求。其阶段性目标是：到 2015 年，产业销售收入超过 10 000 亿元，年均增长率超过 25%，工业增加值率达到 35%；到 2020 年将我国智能制造装备产业培育成为具有国际竞争力的先导产业，建立完善的智能制造装备产业体系，产业销售收入超过 30 000 亿元，实现装备的智能化及制造过程的自动化，使产业生产效率、产品技术水平和质量得到显著提高，能源、资源消耗和污染物的排放明显降低。

（2）重点产品有所突破

依托国家重点工程和重大科技专项的实施，一批国家急需、长期依赖进口、受制于国外的智能制造装备已实现突破，如：重型数控镗铣床，3.6 万吨黑色金属垂直挤压机；用于百万千瓦超临界火电机组、年产 45 万吨合成氨、轨道交通等重大工程项目的国产控制系统，高精度压力/差压变送器、原子荧光光谱仪、油井多相流检测设备等。同时，创新投入不足，仪器仪表行业 R&D（研究与发展）投入占销售收入的比重仅为 2.5%。[15]

（3）高端占比率低

虽然智能制造装备产业增长势头迅猛，初步形成一定的规模，但目前我国智能制造装备产业仍存在着高端占比低的问题，如：2009 年数控机床产业销售收入 3 922 亿元，其中高档数控机床约占 30%；仪器仪表产业销售收入 3 945 亿元，其中智能控制系统、精密和智能仪器仪表与试验设备等约占 18%；机器人产业销售收入 150 亿元；通用基础件行业销售收入 4 600 亿元，高端部分约占 5%；施工机械销售收入 3 100 亿元，高端部分约占 20%；纺织机械销售收入 600 亿元，高端部分约占 20%；印刷机械销售收入 160 亿元，高端部分约占 20%；石化装备销售收入 1 896 亿元，高端部分约占 30%。[15]

（4）技术对外依存度高

我国智能制造装备产业对外依存度较高，表现在：①关键零部件、元器件缺乏，如高档数控机床配套的高档功能部件 70% 需要进口，高档传感器市场全部被国外产品垄断；②关键共性技术水平较国外先进水平差距仍较大，如精密测量技术、智能控制技术、智能化嵌入式软件等；③装备本土化率低，如机器人和高端自动控制系统的 95%、高档数控机床的 90%、高档数控系统的 95% 的市场份额被国外产品占领。

（5）产业资本体系多元化

智能制造装备产业是一个完全开放和竞争的行业，是中外资进入最早的行业，近年来民营经济发展迅速。在机床工具行业 2009 年的销售收入中，国有、民营、三资所占比例分别为 18.3%、67% 和 14.7%；在仪器仪表行业 2009 年销售收入中，国营、民营、三资所占比例分别为 18.9%、45.2% 和 35.9%，初步形成国有企业、民营企业、三资企业多元化发展且民营企业比例较高的格局。[15]

1.2.3.2　各领域特点

（1）机床

据中国机床工具工业协会统计数据，2012 年，机床工具行业累计完成工业总产值 7 210.5 亿元，同比增长 12.3%；累计完成产品销售产值 7 001.9 亿元，同比增长 11.8%。2013 年，我国机床工具行业累计实现产品销售收入 8 026.3 亿元，同比增长 13.7%；实现利润 495.9 亿元，同比增长 8.8%。据中国产业调研网发布的《中国机床行业现状分析与发展趋势研究报告（2015 年版）》[16]显示，2014 年，机床工具行业产品销售收入同比增长 2.0%，金属加工机床产品销售收入同比增长 0.7%，机床工具行业利润总额同比增长 11.4%。2012 年以来，机床工具行业的经济运行形势一直处于下行状态，至今尚未摆脱这种状态。

中国机床工具行业整体来说“大而不强”，主要表现在：①中高档产品竞争力薄弱，许多国产高档数控机床与国外机床相比，形似神不似，中高档产品在性能、质量、服务、品牌影响力等方面缺乏核心竞争力，高档数控产品经常被国外产品垄断；②低端产品同质化竞争严重，产能过剩；③高端应用领域涉足少，如航空企业使用的大型、复合、精密、多轴联动高档机床，但同时中国市场对高精、高速、高效、智能型中高档数控机床的需求明显增加，从 2013 年的情况来看，高端数控产品的进口单价提升了 20% 左右；④产业链的不完整，重主机、轻部件也一直是机床行业产业链的软肋。[17]

目前国内金属成形机床行业呈现出跨国公司、外资企业、国有企业和民营企业相互竞争的格局[8]：

第一，整个行业竞争格局分成三个层次。第一层次为跨国公司及外资企业，凭借其强大的技术、规模、品牌优势，在高端市场占据领先地位；第二层次为包括发行人在内的掌握一定核心技术、具备较大规模和一定品牌知名度的少数国有企业和民营企业，在中、高端市场具有竞争力；第三层次为规模较小的民营企业，在低端市场开展竞争。

第二，国内企业规模整体偏小，行业集中度低。根据《中国机床工具工业年鉴 2013》[18]，金属成形机床行业共有 509 家企业，其中销售收入超过 10 亿元的企业仅有济南第二机床集团有限公司、江苏扬力集团有限公司和沃得精机（中国）有限公司三家。

第三，国内单个企业产品种类较少。金属成形机床包括：液压机，机械压力机，锻造机及冲压机，弯曲、折叠、矫直及矫平机床，剪切机床、冲床以及其他金属成形机床。由于历史原因，大多数国内金属成形机床企业主要生产一两种产品。

（2）仪器仪表

按照新修订的国家标准《国民经济行业分类》（GB/T 4754—2011），仪器仪表大行业包括工业自动控制系统装置、电工仪器仪表、绘图计算及测量仪器、实验分析仪器、试验机、供应用仪表及其他通用仪器制造、环境监测专用仪器仪表、汽车及其他用计数仪表、导航气象及海洋专用仪器、农林牧渔专用仪器仪表、地质勘探和地震专用仪器、教学专用仪器、核子及核辐射测量仪器、电子测量仪器、其他专用仪器、钟表与计时仪器、光学仪器、其他仪器仪表的制造及修理、衡器、医疗诊断监护及治疗设备等 20 个小行业。

2016 年全行业规模（2 000 万元）以上企业 4 183 个，实现主营业务收入 9 355 亿元，利润总额 790. 3 亿元。全行业累计进出口总额为 794. 59 亿美元，其中进口占比 56. 58%，出口占比 43. 42%，处于贸易逆差状态。[19]

我国仪器仪表行业的特点是：①山寨仪器充斥市场，国内一些仪器仪表企业技术水平落后，多数还停留在参考和仿制国外产品的阶段，但这些产品往往是外形美观，但性能、规格、质量、安全等方面达不到要求；②重要领域不见国产仪器"身影"，如在科学仪器设备上，我国大都采购的是国外的先进仪器设备，国产仪器设备难以突围，就这一点，政府"十二五"规划中明确指出要加强科学仪器设备研发和应用，具体包括科学仪器设备新原理、新方法和新技术、前沿科学仪器设备、通用科学仪器设备、专用科学仪器设备、科学仪器设备关键部件和配套系统、科学仪器设备（装置）二次开发六大方向；③仪器可靠性、稳定性的根源问题没有得以解决，高端技术领域尚未突破，在当前形势下企业需加大技术投入与创新力度；④产业结构正在发生调整，如工业自动化仪表和控制系统的增幅有所下降，环境检测仪器同比增长 40%，一些增幅低于全行业平均值的领域如电工仪器仪表、测绘仪器等产能过大，结构有待调整。[20][21]

（3）工业机器人

据中国机器人产业联盟统计，2014 年国内企业在我国销售工业机器人总量超过 16 900 台，按可比口径计算，2014 年销量较上年增长 25%，考虑到前期研发企业实现投产、新企业进入等因素，实际销量比上年增长 76. 6%。从具体企业看，超过 85% 的国内企业销售量较上年增长，部分龙头企业销量增幅近 50%。

中国机器人产业联盟的统计数据显示，2014 年中国市场共销售工业机器人约 5. 7 万台，较上年增长 55%，约占全球销量四分之一，连续两年成为全球第一大工业机器人市场。其中，国内企业销售 16 945 台，比上年实际增长 76. 6%；外资企业在华销售约 4 万台，较上年增长 47%。

从机械结构看，多关节机器人是中国市场上的主力机型，2014 年销量近 36 000 台，同比增长近 42%，销量占机器人市场的六成以上。虽然当前在中国市场中销售的多关节机器人仍以外资品牌为主，但是国内企业发展势头良好，2014 年多关节机器人销量较上年增长 68%。2014 年国内企业销售的工业机器人中，坐标型机器人是主要产品，销量占国产工业机器人总销量的比重超过 50%。

未来工业机器人将迎来发展的重要机遇：地方政府采用政府补贴和税收优惠等方式催生了当地机器人产业，导致我国机器人产业园数量激增。全国已建和在建的工业机器人产业园近 40 家，相当于平均每个省有超过一家工业机器人产业园，而且更多的园区还在筹备中。同时，机器人产业园获得大额的资金注入，如东莞市松山湖国际机器人产业基地项目总投资约 27 亿元。在这样的背景下，一方面要注意发生产业过剩的可能，另一方面引导产业基地形成独特的技术特色，形成闭合的产业链。

机器人生态圈由系统集成商、本体制造商以及核心零部件三大部分组成。就国内工业机器人本体的技术发展水平来说，核心零部件是尚未攻破的难关。众所周知，工业机器人本体的核心部件包括三部分：控制系统、伺服电机和减速器。目前减速器完全需要依赖进口，而控制系统和伺服电机，国内有一定的自主研发能力，但适用机器人的范围还较为有限。国内产品的弱势，导致大多数国内机器人厂商仍采购国外零部件，但成本大为提高，如减速器就占到工业机器人主机成本的一半。

就系统集成商的发展现状来看，系统集成商处于工业机器人产业链的下游应用端，为客户端提供设计方案。现阶段国内集成商数量最多，这源于国内系统集成商拥有渠道优势、价格优势、工程师红利等优势。但值得注意的是规模都不大，产值1亿元以下的企业占大部分，产值到5亿元的就是行业的佼佼者，产值10亿元以上的全国范围屈指可数。

系统集成商到今天也走到了一个“分水岭”，由于硬件产品价格逐年下降、利润也越来越薄，仅靠项目带动硬件产品的销售模式已经成为过去时。同时，进入系统集成这个领域的门槛越来越低，竞争随之就更为激烈，利润逐年下降。

面对困境，很多系统集成商已经开始将主机与应用相结合，纵向整合产业链，并去掉成本较高的整机厂环节，成为集产业链上下游为一体的机器人生产及方案提供厂商。除此之外，需发展新的服务模式，如通过整合多种技术及利用各种零部件的原理来为客户提供一条龙式的服务。

注：以上资料来源见参考文献［22］、［23］。

（4）民用无人机

受消费级无人机市场热度的推动，至2015年中国民用无人机产品销售市场规模得到快速提升。2016—2017年，伴随民用无人机产业链的逐步完善，实现规模化生产，大量专业级无人机整机产品推向市场，中国民用无人机产品销售市场规模将有大幅增长。预计，2018年市场规模将达到110.9亿元人民币。目前为止，我国涉足民用无人机领域的企业接近400家，其中制造、服务、研发环节的企业占比大概为30%、50%和20%。[24]

伴随着国务院《“十二五”国家战略性新兴产业发展规划》（国发〔2012〕28号）、《关于促进民航业发展的若干意见》（国发〔2012〕24号）、《中国制造2025》（国发〔2015〕28号）、工业和信息化部《高端装备制造业“十二五”发展规划》（工信部联规〔2012〕145号）、民用航空局《民用无人机空中交通管理办法》（中国民用航空局空管行业管理办公室编号：MD-TM-2009-002）、《民用无人驾驶航空器系统驾驶员管理暂行规定》（中国民用航空局飞行标准司编号：AC-61-FS-2013-20）等政策与法规的出台，无人机产业从产业规划、装备制造、专项资金、系统驾驶、低空空域管理等方面均有相应规范，这也为无人机的发展开辟了新的空间。与此同时，新的管理措施也正在紧锣密鼓地制定中。

1.2.4 省内现状

1.2.4.1 基本情况

广东是制造业大省，也是制造装备的大省。2010年全省装备制造业实现工业增加值近9 000亿元，约占全国总量的1/6，总量和增长速度多年居全国第一位。广东装备制造业高度集中在珠江三角洲地区，其中，广州、深圳、佛山和东莞4市的装备制造业总产值

约占全省的八成。了解广东省智能制造装备的发展现状，尤其是广东省自身的优势产业，对开展标准化工作大有裨益。广东省智能制造装备产业发展态势良好的有机床、电子制造装备、印刷包装机械、铸造机械、仪器仪表、工业机器人等领域。

1.2.4.2　产业分布

（1）数控机床产业

广东省机床工具行业主要集中在广州、佛山、深圳、中山等地区，主要生产金属切削机床、金属成形机床、数控系统、钣金加工机床、激光切割机、陶瓷压力机、压铸机、铸造机械等。金属成形机床、铸造机械、塑料加工机械、金属切削工具、模具、风机、水泵等基础机械装备产量都居全国前 3 位。[25]

（2）机器人产业

目前广东机器人企业数量达到 2 000 多家。广东省机器人产业规模约占全国 3 000 亿元的三分之一，在政策扶持和人工成本倒逼推动下，预计中国机器人产业未来两年将翻番，至 2018 年全国机器人产业规模达 7 200 亿元，2025 年带来的潜在市场规模达 1.8 万亿元。广东省 2013 年机器人市场规模超过 1 000 亿元，其中珠三角区域 9 个城市机器人产业规模超过 600 亿元，分别为深圳 200 亿元、广州约 150 亿元、东莞 100 亿元、佛山 50 亿元、中山 30 亿元、惠州 20 亿元、珠海 20 亿元、肇庆 15 亿元、江门 15 亿元。[26]

（3）民用无人机产业

广东是全球民用无人机产业发展的重镇，深圳一枝独秀，广州渐成规模。2013 年，深圳市出台《航空航天产业发展规划（2013—2020）》（深府〔2013〕118 号），将无人机列为重点发展领域，提出“无人机腾飞工程”，重点建设无人机产业基地，推进无人机在民用领域的广泛应用。深圳涌现出一大批消费级、行业应用级的优秀无人机企业，其中：大疆创新是全球民用无人机行业翘楚，占据了全球消费级无人机市场 70% 份额，并在北京、美国、德国等地设立分公司；深圳零度智控是 2015 年由深圳雷柏联手北京零度智控成立的新公司，该企业专注于消费级无人机生产，成为广东省消费级无人机行业后起之秀；2014 年亿航智能正式成立，在简化操作以降低无人机培训、使用成本方面做出了成绩，主推 APP（应用程序）操作版无人机，被美国杂志《快公司》评为 2014 年度最佳创新公司 50 强。行业应用方面，深圳一电科技在军事侦察、执法侦查、安全监控、抢险救灾等专业领域有抢眼表现，多项指标处于全球行业领先水平，是行业应用级无人机领域的翘楚；极飞科技成立于 2007 年，是国内最早研发多旋翼无人机的公司之一，目前已经在快递、农业应用等专业领域建立了领先优势。

（4）仪器仪表产业

根据科学技术部创新发展司《2013 年我国高技术产业发展状况分析》[27] 对全国医疗设备及仪器仪表制造业主营收入统计数据显示，江苏省遥遥领先于其他省份，占比达 38%，达到 2 380 亿元之多。据《广东工业产业结构演变进程比较分析——广东省第三次全国经济普查资料分析》[28] 显示，广东省仪器仪表制造业资产总计 624.92 亿元，工业增加值 220.53 亿元，主营业务收入 731.80 亿元，利润总额 53.48 亿元，从业人数 22.37 万人。考虑到上述数据不包含医疗设备，两省收入的比值与2009年第一季度全国医疗设备及仪器仪表制造业统计数据[29]中江苏、广东的总产值比值可认为相差不大（≈3）。这表明，广东省该产业产值虽然位列全国第二位，与第一位的差距仍然巨大。可喜的是，广东省仪器仪表产业表现出良好的素质，从2015年“1～9月仪器仪表行业主要省市进出口比较”[30]数据可知，广东省出口额与进口额的比例远高于其他重点监测省市，并呈现出快速增长的态势。

（5）电子制造装备产业

电子制造是国家经济、金融、国防信息系统安全的重要环节，是显示器、存储器、太阳能电池、光电子器件、通信器件等主流高新技术产业的核心。

电子制造装备主要包括半导体制造装备、电真空器件及平板显示器生产装备、电子元件及机电组件生产设备、印制电路板生产设备、组装及整机装联设备等。该类装备涉及机器视觉检测、高速高精度控制、精密机械加工、计算机集成制造等核心技术，是典型的高精密光机电一体化装备。

2010年，广东电子信息产业产值已超过16 000亿元，总产值约占全国的1/3。2014年广东电子信息制造业产值2.97万亿元，同比增长8.1%，连续24年居全国第一。我省电子制造装备拥有良好的产业基础和巨大的市场需求，近年来产业发展迅猛，中低端产品国产化率逐年大幅提升（仅深圳规模以上企业达2 800余家，2010年产值950亿元，年均增长率30%），主要集中在量大面广的精密封装、组装、检测设备和片式元器件生产设备，如全自动贴装机、全自动丝网印刷机、氮气保护再流焊机、全自动表面组装成套装备、芯片载体器件封装设备、微型化片式元器件生产设备、光学检测设备。[25]

（6）印刷包装机械产业

印刷包装机械是印刷机械与包装机械的合称。包装机械是指能完成全部或部分产品和商品包装过程的机械。包装过程包括充填、裹包、封口等主要工序，以及与其相关的前后工序，如清洗、堆码和拆卸等。此外，包装还包括计量或在包装件上盖印等工序。印刷机械是指生产印刷品设备的总称。印刷机械的功能是使印版图文部分的油墨，转移到承印物的表面。

印刷与包装机械在广东省是优势产业，产品市场占有率高。其中在包装专用设备方面，2010年全国有规模以上企业358家，广东占45家；全国工业总产值212.63亿元，广东占32.72亿元；全国设备产量90 564台，广东17 183台。在印刷专用设备方面，全国有规模以上企业389家，广东占23家；全国工业总产值231.69亿元，广东占17.8亿元。广东在吹瓶机、灌装机械、凹印机、卫星式柔板印刷机和瓦楞纸印刷包装机等产品方面具有领先地位；在冷杀菌技术、冷灌装技术、高阻隔膜共挤技术、双拉伸膜技术、贴标机技术等关键核心技术方面具备一定优势。[25]

（7）塑料加工设备产业

塑料加工是将合成树脂或塑料转化为塑料制品的各种工艺的总称。塑料加工一般包括塑料配料、成型、机械加工、接合、修饰和装配等工艺。塑料加工设备主要指用于塑料成

型的设备，主要包括注射成型机、挤出机、中空吹塑机、压延机等机型。

广东省是塑料加工设备制造大省。2010 年，全国规模以上企业数 565 家，广东占 65 家；全国工业总产值 431.7 亿元，广东占 83.0 亿元；塑料加工专用设备产量全国 350 707 台，广东 77 847 台。[25]

（8）铸造机械产业

铸造是一种金属热加工工艺。铸造机械就是利用铸造技术将金属熔炼成符合一定要求的液体并浇进铸型里，经冷却凝固、清整处理后得到有预定形状、尺寸和性能的铸件的能用到的所有机械设备。铸造机械按铸造工艺分，包括混砂机、落砂机、抛丸机、制芯机、造型机、浇注机等主要机型。

广东铸造机械的技术水平、产品档次处于国内先进地位，尤其是在精密铸造等方面具比较优势。本行业全国规模以上企业 673 家，其中广东 34 家。广东是中国压铸产业最发达的地区之一，在国内外都有较高的知名度和影响力，其产品大类及配套服务广泛覆盖汽车、摩托车、建材、家电、通信及笔记本电脑、手机、数码相机件、机械件等行业。广东省工业转型升级和发展对大型优质铸锻件产品需求迫切，提升铸造机械的数控技术水平尤为重要。[25]

（9）压力成形机床产业

压力成形机床主要包括锻压、折弯机械等。全国规模以上企业 634 家，其中广东 30 家。金属成形机床产量全国 23.86 万台，其中广东 2.27 万台；数控金属成形机床全国 12 207 台，其中广东 937 台。[25]

广东省在电子制造装备、印刷和包装机械、建材机械、塑料机械及其他行业机械已经形成相关的区域布局，具体如表 1－2 所示。

表 1－2　广东省装备制造产业分布情况[25]

序号	行业领域	主要分布地
1	电子制造设备	广州、深圳、东莞等
2	印刷包装机械	中山、佛山、广州、汕头及潮州（粤东地区）等
3	建材机械	广州、佛山、韶关、肇庆、云浮等
4	塑料机械	广州、深圳、佛山、东莞、汕头、顺德等
5	铸造机械	广州、韶关、肇庆、深圳等
6	橡胶加工机械	广州、东莞、深圳、佛山等
7	金属切割及焊接机械	广州、深圳、东莞等
8	民用无人机	深圳、广州等

1.2.3.3 产业发展趋势

（1）突破关键技术，发展核心零部件

《广东省智能制造发展规划（2015—2025）》（粤府〔2015〕70号）指出，“高端装备需突破核心基础部件、智能传感器与仪器仪表嵌入式工业控制芯片等，形成智能制造核心部件系统创新能力”。这些核心零部件具备较强的通用性，是装备功能模块的核心所在，提高核心部件的性能、可靠性并研发新型部件是其发展思路。其具体内容简略摘抄如下：

“核心基础部件要重点发展伺服电机及驱动器、智能控制器、精密减速器、高速精密传动装置、控制系统、重载精密轴承、高性能液压/气动/密封件、大型铸锻件等基础件和通用部件，研发一批高性能、高可靠性的关键基础部件和功能部件产品。”

“智能传感器与仪器仪表要重点发展新型传感器、微机电传感器、自检校自诊断自补偿传感器，以及工业自动化环境下的温度、压力、流量等传感器，研发高灵敏度、高环境适应性、高可靠性的智能仪器仪表。”

“嵌入式工业芯片要着力研发面向工艺过程控制和特殊控制的两个系列片上控制模块芯片，并针对工艺仪器、装备数控系统、智能电表等不同行业进行应用。”

（2）促进基础制造装备向高端化发展

广东省基础制造装备产业总体产值高、企业数量多，但技术水平较国内先进水平来说，并不具备绝对优势。因此，未来发展的重点是向高端化发展，一是突破涉及核心技术的重点机型，如2015年广东省人民政府印发的《广东省智能制造发展规划（2015—2025）》（粤府〔2015〕70号）指出：“广东省将重点发展高精、高速、智能、复合、重型数控工作母机和特种加工机床、大型数控成形冲压、重型锻压、清洁高效铸造、新型焊接及热处理等基础制造装备，提高全省高档数控机床和重大技术装备的技术水平”，这些重点机型的突破不仅要解决多个技术难点，同时还要解决模块组装成整机后所出现的各类系统性问题，重点机型的研制对提升企业的技术水平大有裨益；二是重点发展机床用功能部件，如中高档数控系统、高精度导轨等精密传动部件、先进伺服系统及优化的控制策略。

（3）大力发展机器人产业

“机器人应用计划”是广东省提出的制造业智能化改造重要政策，因此机器人将在广东省未来制造业的发展中起着关键作用，同时也预示着机器人具备广阔的市场前景。

关于广东省机器人产业的发展方向，《广东省智能制造发展规划（2015—2025）》（粤府〔2015〕70号）指出：“着力发展具有自主知识产权、核心竞争力、市场前景的工业机器人，加快突破机器人关键核心技术，重点支持工业机器人本体、控制器、减速器、伺服电机等关键零部件的研发和应用，打造完整的工业机器人制造产业链。积极利用具有自主品牌的工业机器人开展技术改造提升传统产业，促进工业领域的产业升级。围绕教育、家政社区、助老助残、医疗保健等服务领域需求，积极培育发展服务机器人以及应用于特殊环境下的安防、排爆、救援等特种机器人，突破服务机器人安全性、可靠性关键技术，推动智能服务机器人第三方质量、安全性、可靠性检测能力建设，加快服务机器人产业发

展”。由该规划可知，广东省机器人产业的发展并不局限在工业机器人领域，正在向服务型机器人和特种机器人扩展。工业机器人领域将提升本体的制造能力，尤其是关键零部件的制造。工业机器人将大力参与制造业的改造升级，工业机器人集成应用与整体解决方案仍是重点。

（4）智能专用设备要进一步提升行业的自动化制造水平

智能专用设备的设计开发依据特定行业的工艺流程，目的是提高工艺的自动化程度，具有很强的专用性。智能专用设备的发展应尽可能满足工艺快速准确地实现，因此智能专用设备分以下三个层次：

一是要对目前一些关键工艺使用的装备予以重点突破或稳定性提升。如该规划中提及的“智能电子制造成套设备要重点开发点胶机、固晶机、焊线机、锡膏印刷机、锡膏厚度测量仪、回流焊设备、选择性波峰焊设备、自动光学检测装备，以及高精度多维度亚微米定位、焊接、固化、封装、测试成套设备等”。这些装备长期以来一直依赖进口，本土制造的设备可靠性低，这增加了制造的成本，并在很大程度上又制约了工艺的进步。

二是智能专用设备的发展要发展成套装备，以实现工艺流程的全自动化生产。如该规划中提到，对于工艺流程，要“着重针对石油化工、冶金、建材、食品加工、纺织、造纸印刷、节能环保等工业生产过程的数字化、智能化需求，开发冶金及石油石化成套设备、智能化造纸及印刷装备、高端纺织成套装备等流程制造智能成套装备”。

三是要增强制造系统整体的制造能力。如该规划中提到的“自动化生产线要着力发展组件数字化装配系统、自动化柔性装配生产线和以 DCS（分布式控制系统）、PLC（可编程控制器）、IPC（工业计算机）为重点的工业控制系统等”，则是通过提升生产线数字化水平来提高生产线的柔性制造能力。

（5）继续发挥区域优势，打造产业集群

广东省智能制造装备产业主要集中在珠三角地区，且各地区已形成各自的产业优势。未来逐步将优势产业做大做强，并加强产业链的整合和产业的集聚效应。

在《广东省智能制造发展规划（2015—2025）》（粤府〔2015〕70 号）中提及的广东省智能装备产业基地建设方向有：“广州市重点打造全省机器人及智能装备产业核心区，重点发展工业控制、智能传感、系统芯片、运动控制等智能制造基础部件，以及工业机器人、智能装备等。深圳市着力建设成为国内领先、世界知名的机器人、可穿戴设备和智能装备产业的制造基地、创新基地、服务基地和国际合作基地，重点发展智能机器人、智能可穿戴产品等。珠海市重点发展智能电网设备和系统、无人船及控制系统、智能化大型临港工程装备等，集聚发展智能高端医疗器械和印制线路板。佛山市建设中德工业服务园区和智能制造示范基地，重点发展数控成套加工装备、增材制造设备等。东莞市以松山湖国家高新技术开发区为核心区，以新型研发机构为支撑，建设国家智能制造示范基地，重点发展运动控制部件、应用于 3C 产业的专用机器人、服务机器人等。中山市重点发展智能风力发电装备、智能光电加工装备、智能化印刷装备、智能化数控加工装备、卫星应用和物联网设备等。江门市重点发展轨道交通装备、特种车、中小型船舶和特种船舶修造业、核电装备、数控加工装备、数控系统、智能化食品成套生产线等。肇庆市重点发展智能化仪器仪表、新型传感器、专用智能检测设备专用核心元器件、工业机器人、机械手等。揭阳市积极发展装备制造业，打造全省德国先进技术推广中心和德国先进设备（装备）国产化中心。顺德区建设国家智能制造示范基地和广东省机器人产业发展示范区，重点发展工业机器人、数控加工装备、智能化注塑、陶瓷木工成套机械等"。值得注意的是，智能制造装备是制造过程智能化的物理基础，未来智能化的发展方向是能够无缝对接智能制造的"互联网+"的各类通信协议及硬件端口。同时，先进制造过程所要求的高柔性、高效也将是装备智能化的方向。

1.3 通用航空装备产业发展现状

1.3.1 基本概念

航空，狭义上指的是载人或非载人的飞行器在大气层中的航行活动，广义上指的是进行航空活动所必需的科学，同时也泛指研究开发航空器所涉及的各种技术。

航空器按照产生向上力的基本原理的不同，可分为轻于空气航空器和重于空气航空器。前者靠空气静浮力升空，如气球和汽艇等；后者靠空气动力克服自身重力升空，如最为常见的飞机。

飞机按用途可分为民用飞机和军用飞机。民用飞机是指用于非军事目的的飞机。民用飞机又可分为商业飞机和通用飞机。商业飞机包括国内和国际干线客机、货机或客货两用机以及国内支线运输机。干线飞机一般是指航行城市与城市之间载客量大，速度快，航程大的飞机。干线飞机是目前全球运营数量最多、承担主要运量的机型；支线飞机指小型客机，航线从500公里到1 200公里不等，座级一般在30～110之间，用于短距离、小城市之间的非主航线运行。在干线发展到一定阶段时会出现运力相对过剩，必须发展支线，用高密度的支线航班满足航空运输需求的高增长。

通用飞机包括公务机、农业机、林业机、轻型多用途机、巡逻救护机、体育运动机和私人飞机。通用飞机在美国运营得最好，全世界所有通用飞机中，不仅75%的机队在北美，同时近90%的通用飞机是美国制造的。这源于美国通用航空市场的发展已基本成熟，法律法规、基础设施和管理等各项条件完备。[31]

军用飞机是直接参加战斗、保障战斗行动和军事训练的飞机的总称，主要包括：歼击机、轰炸机、歼击轰炸机、强击机、反潜巡逻机、武装直升机、侦察机、预警机、电子对抗飞机、炮兵侦察校射飞机、水上飞机、军用运输机、空中加油机和教练机等。

按照工信部印发的《高端装备制造业"十二五"规划》（工信部联规〔2012〕45号）所给出的航空装备概念，本书将航空装备制造业定义为民用飞机及其核心部件、相关航空设备的制造。

1.3.2　国外现状

航空装备是工业制造的“皇冠”，对先进制造设备、先进制造工艺、先进材料有极高的要求，摘取这个“皇冠”是一国占领全球制造业价值链顶端的重要标志，是一国发展战略新兴产业的重要组成部分。航空装备制造产业是一种投资消耗大，但回报率较高的产业。日本通产省统计表明，按照产品单位重量创造的价值来计算，船舶为 1、小汽车为 9、电视机为 50、电子计算机为 300、大型飞机为 800、航空发动机为 1 400，可见航空装备的产出比之高。

目前，世界航空制造业近年营业收入维持在 3000 亿 ～ 4000 亿美元的规模，由于北美和欧洲的航空工业领先，两地的航空工业营业额占全球总营业额的 90% 以上。当前世界上有 50 多个国家拥有航空制造业，但规模相差悬殊。

民用飞机方面，在干线飞机领域，波音和空客已形成对全球民用飞机的垄断。两大公司力图使自己的产品系列化，已覆盖从 100 座的低端大型商用飞机到 500 座以上的巨型商用飞机的市场需求，两家公司共占有全球 83% 左右的市场份额；在支线飞机领域，庞巴迪和巴西航空工业公司占据主导地位。庞巴迪公司是世界最大的支线飞机制造商，占有 20 ～ 92 座支线飞机市场份额的 41%，而巴西航空工业公司在 110 座级的商用喷气飞机方面居世界领先地位，占据世界支线飞机市场 45% 的份额。

在通用航空领域，市场占有率较高的有美国塞斯纳飞机公司、美国西锐飞机公司（主要生产 SR20、SR22 两种飞机）、奥地利钻石飞机公司（全球通用飞机行业唯一能够提供两座、四座单发动机或双发动机活塞式飞机的制造商）、Piper 飞机公司（全球第四大通用航空飞机制造商）、加拿大庞巴迪飞机公司（世界第三大民用飞机制造商，产品含有公务喷气飞机和水陆两栖飞机）、巴西航空工业公司（生产喷气公务机）等等。

据美国通用航空制造商协会（GAMA）发布的《2013 年全球通用航空统计数据手册及 2014 年展望》[32] 显示，2013 年全球通用飞机交付量为 2 256 架，同比增长 4.3%；订单交易金额为 234.2 亿美元，同比增长 24.0%；2012—2013 年活塞式单发动机、活塞式多发动机、涡轮螺旋桨、公务机的增长率依次为 1.7%，12%，10.4%，0.8%，2011—2012 年的增长率依次为 7.4%，－33%，1.1%，11%，－3.4%。从以上数据可以看出，涡轮螺旋桨有较为稳定且幅度较大的增长（约为 10%），活塞式单发动机呈快速增长态势，活塞式多发动机和公务机有萎缩的趋势。从通用飞机的两大类机型，即活塞式通用飞机（包括活塞式单发动机、活塞式多发动机）和涡轮式通用飞机（包括涡轮螺旋桨、公务机）的增长率来看，涡轮式通用飞机的增长率要高于活塞式通用飞机，约为 2 倍。全球通用飞机市场主要集中在美国、加拿大、德国、巴西、英国、澳大利亚、南非等国家。从保有量来看，截至 2013 年底，上述国家拥有的通用飞机数量分别约为 21.0 万架、3.6 万架、2.2 万架、2.1 万架、2.0 万架、1.3 万架、1.2 万架。而同期，我国仅有通用飞机 3 857 架。

在军用飞机方面，美国和俄罗斯并驾齐驱，引领潮流。加拿大、巴西、中国、日本和乌克兰等国家也在某些种类的产品研制上取得重大突破。

世界航空工业大概分为三个梯队，世界一流水平非美俄两国莫属，这两国的航空工业阵容最整齐、最齐全，可以完全不依靠外力，独立完成设计→试验→生产→服役的全过程，可以造出他们所需要的任何类型的飞机和航天器。第二梯队包括法国、英国，他们可以独立完成大部分类型的飞机和航天器，但他们的航空基础研究方面比起美俄两国来说要差一个档次。第三梯队包括中国、瑞典、巴西、加拿大、日本、韩国、印度等国，这一档次的国家不具备或者只有部分具备独立研发、生产飞机的能力，基础研究方面也非常薄弱。中国算是第三梯队里面最强的国家，中国目前可以独立设计生产大部分类型的飞机和航天器，未来中国的发展方向有支线飞机、大型飞机、直升机和先进发动机、机载设备，扩大转包生产，预计至少在15年内对中国航空工业发展有现实牵动作用的仍然是支线航空和通用航空。

1.3.3 国内现状

国内民用航空装备产业方在通用航空发展利好的政策刺激及国产大飞机等重大项目的推动下，保持了较快发展。其中，支线飞机、通用飞机及相关配套装备是推动行业增长的主要力量。

在政策方面，《“十二五”国家战略性新兴产业发展规划》（国发〔2012〕28号）将航空装备工程列为20项重大工程之一加以扶持，《高端装备制造业“十二五”发展规划》（工信部联规〔2012〕145号）确定“通用飞机和航空配套装备”为“十二五”的重点发展方向；《国务院关于促进民航业发展的若干意见》[33]也提出要加强机场规划建设、大力发展通用航空、积极支持国产民用飞机制造等十项主要任务。商用飞机制造近几年的核心产品有C919大型客机、ARJ21涡扇支线飞机等，正在由研制生产中小型飞机逐渐向大型飞机延伸发展。通用飞机制造近几年才逐渐被人重新关注，这源于低空空域的改革，低空的逐步开放使得通用航空运营在中国成为可能，截至2012年底，全国低空空域改革试点已扩大至“两大区、七小区”，即东北地区、广州管制区，唐山、西安、青岛、杭州、宁波、昆明、重庆管制分区。在低空空域改革试点区允许私人飞机使用1 000 m以下空域，并进一步将低空空域区划设122个管制空域、63个监视区域、69个报告区域和12条低空目视航线进行低空空域分类管理，力争2015年由低空空域试点区全面扩展至全国[34]。利好政策蕴藏着巨大的市场，“空中巴士”有望在中国成为现实，因此通用航空产业在中国将有一个高速的发展。

中国航空工业集团（以下简称中航工业）作为中国航空制造的超大型龙头企业，下属企业、科研院所33个，承担了国内军用、民用航空制造业多个重大项目，产品涉及广泛，对全国航空制造业产业布局有着决定性的影响。在中航工业的带动下，国内航空装备产业基本形成了以陕西（中航工业西飞，主打产品有军机——“中国飞豹”、轰六系列飞机；民机——运七系列飞机和新舟60飞机等）、珠三角（中航通飞）、东北地区（中航工业沈飞，为中国重要歼击机研制生产基地，主打产品有歼-8F、歼-11B、歼-15等；中

航工业哈飞，主打产品有 Z9 系列武装直升机、H410、H425 系列民用直升机、HC120（EC120）直升机、Z15 直升机、Y12 系列轻型多用途飞机、动力三角翼飞行器等）为中心，以北京（中航工业制造所，为我国专门从事航空制造技术研究与专用装备开发的综合性研究所；中航工业北京航空材料研究院，为中国面向航空的综合性材料研究机构和最大的材料工程研究中心之一）、天津（中航工业津电，为中国最大的航空电器研究中心；中航工业直升机公司，将成为我国直升机总部基地）、四川（中航工业成飞，主打产品有军机——歼 - 10 飞机、枭龙飞机和歼 - 7 系列飞机为主，民机——C919、ARJ21 机头研制和 B737、A320/340 等民机部件转包生产等）、江西（中航工业洪都，主打产品有猎鹰 L15 高级教练机、K8 基础教练机、强五飞机、“利剑”无人作战攻击机等）、上海（中航商飞，主打产品有 C919 大型客机和 ARJ21 支线飞机）等为支撑的航空装备研发、制造产业格局。除了龙头企业的带动，我国已形成了 6 个新型工业化示范基地、12 个国家级航空装备产业基地。[35]

1.3.4　省内现状

根据广东省发布的《广东省航空产业发展规划（2010—2025 年）》[36]、《广东省人民政府办公厅关于进一步加快民航业发展的意见》[37]，广东省在航空装备制造领域主要以发展通用航空装备产业为主。随着中航工业通用飞机公司（以下简称中航通飞）进驻珠海、珠海航空产业园的成立等一系列大事件的发生，珠海已形成了从制造到运营相对完备的航空产业链。从产业链的完整性及产业的竞争力来看，珠海已经进入中国通用航空第一梯队。

中航通飞是通用航空产业的核心力量，主要从事轻型公务机、水陆两栖飞机、浮空器等通用飞机的设计和制造，主打机型有蛟龙（AG600）、领世 300（AG300）、海鸥（HO300）、运 5 系列等。珠海航空产业园建设有中国民用航空飞行校验南方基地、北航微小型航空发动机研发孵化基地、雁洲轻型飞机制造有限公司、西锐通用飞机运营与维修基地、新加坡宇航飞机维修公司等多个重点项目。珠海航空产业园（一期）的销售收入为 180 亿元，预计通过 10 ～ 15 年的努力，珠海航空产业园的年总产值可达到 600 亿元。

根据《广东省航空产业发展规划（2010—2025 年）》[36]广东省通用航空装备产业未来将围绕以下发展领域开展：

①通用飞机的整机生产。以通用飞机和公务机为重点，以小型通用飞机为起点，发展中型涡桨通用飞机、新一代公务机以及地效飞行器等。

②通用飞机配套中小型发动机制造。引进通用飞机和公务机配套发动机生产线，实现发动机的装配制造，最终实现自主研制。

③航空机载设备及电子系统生产。以民用航电系统、飞控系统、燃油附件系统以及座舱系统为主。

④航空非标设备及工艺装备制造。

⑤机场地面设备及空管设备制造。

⑥航空材料生产。

⑦关键零部件制造。

广东省通航产业未来仍然面临很多困难，广东省通航产业毕竟近几年刚起步，未来通航产业能否发展起来也要看整个大环境是否利于通航市场的发展。低空政策有待进一步明晰，但可以肯定的是低空未来将达到一个较高的开放程度。2014 年 11 月，由国务院、中央军委空中交通管制委员会组织召开全国低空空域管理改革工作会议，表示力争 2015 年 1 000 m 以下空域在全国放开；国内通航基础设施建设滞后、配套的航油航材保障能力不足、低空空域管理监视技术手段有限、通航飞行员短缺等制约行业发展的因素已成为业内共识。珠海在这些方面也取得了一定进展，如珠海通航飞行服务站于 2013 年 9 月试点运行，已形成了比较完善和规范的操作规程；珠海拥有国家通用飞行制造龙头企业，拥有国内首家私人飞机 4S 店和首批通航飞行服务站，已形成完备的“制造—保障—培训—运营”通航全产业链；“珠海—阳江—罗定”航线已开通，具备良好的市场开发价值；在珠海设立“低空改革特区”正在酝酿中。

1.4　城市轨道交通装备产业发展现状

城市轨道交通系统是指在城市中使用车辆在固定导轨上运行并主要用于城市客运的交通系统。在国家标准《城市轨道交通技术规范》（GB/T 50490—2009）中，将城市轨道交通（Urban Rail Transit）定义为“采用专用轨道导向运行的城市公共客运交通系统，包括地铁系统、轻轨系统、单轨系统、有轨电车、磁浮系统、自动导向轨道系统、市域快速轨道系统”。

城市轨道交通具有运量大、速度快、安全、准点、保护环境、节约能源和用地等特点。世界各国普遍认识到：解决城市交通问题的根本出路在于优先发展以轨道交通为骨干的城市公共交通系统。

1.4.1　国外现状

随着全球城市化建设步伐的加快，轨道交通运输市场需求在各类运输方式中的份额持续增加。在多个国家出台的经济刺激政策中，铁路建设作为重要的组成部分，进而拉动轨道交通装备制造业的发展。此外，新车辆采购量的增长、发展中额外增加的投资、基础设施的升级，也成为轨道交通装备产业蓬勃发展的重要因素。

在 2014 年德国柏林国际轨道交通技术展览会上，世界著名咨询公司德国 SCI Verkehr 公司发布了 2013 年度世界轨道交通装备的排名，以轨道交通装备企业的新造机车车辆的销售额为标准，中国北车以超过 80 亿欧元的销售收入位居首位。中国南车、加拿大庞巴迪、俄罗斯运输机械公司、法国阿尔斯通、瑞士施塔德勒公司、德国西门子、美国三一工业公司、美国 GE 公司、西班牙卡夫公司分别位居第二至第十位。这是亚洲轨道交通装备

制造企业首次实现全球“三连冠”。继2013年实现世界领跑后，2014年上半年中国北车已经实现营业收入388.05亿元，实现营业利润28.45亿元，实现归属于母公司股东的净利润23.23亿元，净利润较上年同期增长48.61%。

据统计，近几年尽管全球经济不景气，但是轨道交通装备行业还是呈现出强劲的增长态势，产值从2010年的1 310亿欧元增长到2012年的1 430亿欧元、2013年的1 620亿欧元[38]。未来每年还将有3.4%的年平均增长率，预计到2018年，全球轨道交通装备制造业的产值还将突破1 900亿欧元。从全球市场分布上看，中国、美国、俄罗斯拥有全球最大的铁路网，是全球轨道交通装备制造业最大的市场，独联体、中东、南非、亚洲、南美等地区则快速呈现出轨道交通装备的巨量需求。

1.4.2　国内现状

1.4.2.1　中国城市轨道交通发展历史

中国的城市轨道交通的发展经历了三个阶段：

第一阶段为开始建设阶段（从20世纪80年代末至20世纪90年代中期）。以上海地铁一号线（21 km）、北京地铁复八线（13.6 km）、北京地铁一号线改造，广州地铁一号线（18.5 km）建设为标志，我国真正以交通为目的的地铁项目开始建设。

第二阶段为调整整顿阶段（1995—1998年）。由于出现地铁建设的盲目性，且工程造价高（大约1亿美元/km）、大量引进设备等问题，1995年国务院办公厅60号文件通知，除上海地铁二号线外，所有地铁项目一律暂停审批，并要求做好发展规划和国产化工作，这近3年的时间里国家没有审批城市轨道交通项目。1997年底开始，国家计委研究城市轨道设备国产化实施方案，提出深圳地铁一号线（19.5 km）、上海明珠线（24.5 km）、广州地铁二号线（23 km）作为国产化依托项目，于1998年批复3个项目立项，轨道交通项目又开始启动。

第三阶段为蓬勃发展阶段（1999年以后）。一是随着国家积极财政政策的实施，国家从建设资金上给予有力支持；二是通过技术引进，国际先进制造企业同国内企业合作，实现了城市轨道交通车辆、设备本地化，使城市轨道交通建设造价大大降低。国家先后批准了深圳、上海、广州、重庆、武汉、南京、杭州、成都、哈尔滨等10多个城市轨道交通项目开工建设，并投入40亿元国债资金予以支持，中国轨道交通建设进入高速发展期。

1.4.2.2　中国城市轨道交通运营线路情况

我国城市轨道交通进入了一个快速发展期，截至2014年12月31日，北京、上海、天津、重庆、广州、深圳等共25座城市（内地22座，港台地区3座）已经开通城市轨道运营线路，运营线路总计102条（内地85条、港台地区17条），总运营里程达3 053.7 km（内地2 699.6 km、港台地区354.1 km），运营车站共计2 053个（内地1 769个、港台地区284个）（见表1-3）；中国内地开通运营现代有轨电车线路的城市共计8座，运营线路共计13条，运营线路总长为179.9 km，运营车站共计202座（见表1-4）。[39]

表 1－3　2014 年全国已开通城市轨道交通线路运营里程统计表

序号	城市	总里程/km	运营线路/条	运营车站/个	2014 年新增里程/km	2013 年末运营里程/km	备注
1	北京	520. 3	18	321	60. 1	460. 2	
2	上海	539. 2	14	337	10. 3	528. 9	
3	天津	140. 0	4	87	4. 4	135. 6	
4	广州	245. 4	9	153		245. 4	
5	深圳	176. 3	5	131		176. 3	
6	重庆	192. 6	4	115	26. 0	166. 6	
7	南京	176. 9	5	92	95. 5	81. 4	
8	武汉	95. 3	3	78	22. 5	72. 8	
9	成都	60. 8	2	49	11. 1	49. 7	
10	沈阳	55. 0	2	44		55. 0	
11	西安	52. 2	2	40	6. 3	45. 9	
12	苏州	51. 3	2	46		51. 3	
13	昆明	60. 1	3	33	20. 0	40. 1	
14	杭州	65. 2	2	43	18. 6	46. 6	
15	哈尔滨	17. 5	1	18		17. 5	
16	郑州	26. 2	1	20		26. 2	
17	长沙	21. 9	1	19	21. 9		新开通
18	宁波	20. 9	1	20	20. 9		新开通
19	无锡	56. 0	2	46	56. 0		新开通
20	长春	48. 3	2	48		48. 3	
21	大连	63. 4	1	18		63. 4	
22	佛山	14. 8	1	11		14. 8	
23	香港	182. 0	10	130			
24	台北	129. 4	5	116	8. 5	120. 9	
25	高雄	42. 7	2	38		42. 7	
合计	内地	2 699. 6	85	1 769	373. 6	2 326. 0	
	港台	354. 1	17	284	8. 5	163. 6	
	中国合计	3 053. 7	102	2 053	382. 1	2 489. 6	

表 1-4　2014 年中国现代有轨电车运营线路长度统计表

序号	城市	线路名称	运营线路长度/km	运营车站/个	2014 年新增线路		
					开通时间	运营线路长度/km	运营车站/个
1	沈阳	浑南新区有轨电车 1 号线	12.0	26			
		浑南新区有轨电车 2 号线	14.8	17			
		浑南新区有轨电车 5 号线	21	22			
		小计	47.8	65			
2	上海	张江有轨电车 1 路	9.8	15			
3	天津	天津开发区导轨电车 1 号线	7.9	14			
4	大连	201 路	10.7	17			
		202 路	12.4	17			
		202 路延伸线	40.4	7	2014.5.1	40.7	7
		小计	63.5	41		40.7	7
5	长春	54 路	7.6	16			
		55 路	9.6	18	2014.8.25	9.6	18
		小计	17.2	34		9.6	18
6	南京	河西有轨电车	7.8	13	2014.8.1	7.8	13
7	苏州	高新区有轨电车 1 号线	18.2	10	2014.10.26	18.2	1
8	广州	广州海珠环岛有轨电车	7.7	10	2014.12.31	7.7	10
合计		13 条线	179.9	202		84	49

注：①上海张江有轨电车及天津开发区有轨电车为胶轮导向电车；②大连有轨电车使用 DL6WA 型铰接、70% 低地板有轨电车；③沈阳浑南新区及苏州高新区采用 100% 低地板有轨电车；④南京、广州采用无接触网、100% 低地板有轨电车；⑤香港电车由于使用传统有轨电车，故未计入本统计。

截至 2014 年，上海以 539.2 km 的运营线网总长度名列第一，北京以 520.3 km 名列第二，广州、重庆、深圳分别以 245.4 km、192.6 km、176.3 km 名列第三、四、五名。其中，北京、上海、广州三个特大城市轨道交通网络已经初步形成，无锡、宁波、长沙为 2014 年新开通运营的城市，而南京、苏州、广州为新开通运营现代有轨电车线路的城市。同时，还有青岛、厦门、东莞、乌鲁木齐、南宁、济南、兰州、太原、福州、厦门、合肥、无锡、贵阳、烟台、石家庄等城市正在进行轨道交通规划建设或前期规划工作。

根据国家发改委运输所《中国城市轨道交通发展报告（2012—2013 年）》[40] 显示，2012 年度全国有 35 个城市在建设轨道交通线路，估算完成总投资约 2 600 亿元；2013 年，我国获得国家批准建设轨道交通的城市已达到 37 个，已批准的项目将进入规模建设阶段，城市轨道交通投资规模有望达到2 800亿～2 900亿元，高居世界第一。未来3年，至少还有10个以上城市将获得批准。也就是说，我国城市轨道交通的建设热潮至少持续10年以上。

1.4.2.3　中国内地城市轨道交通发展趋势

2005年年初至2014年年底，中国内地拥有城市轨道交通的城市从8座发展为22座，运营线路由17条增长为85条，运营线路总长由381.6 km增长至2 699.6 km，年均增长231.8 km，运营车站数由237个增长至1 769个。如图1－5所示，2005—2009年，运营线路年均增长为109.7 km；2010—2014年，年均增长则达到了353.9 km，增速约为2005—2009（前5年）年的3倍，在2010年更是创下了一年新增运营线路长度454.1 km的纪录。

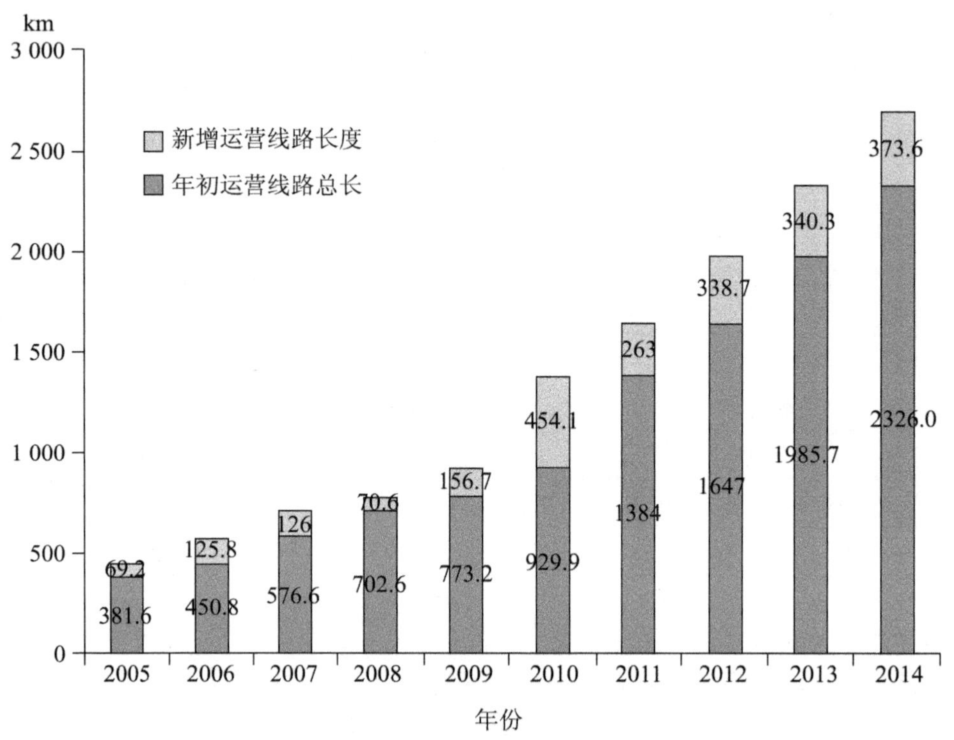

图1－5　中国内地新增运营线路情况

资料来源：见参考文献［35］

1.4.2.4　中国内地城市轨道交通线路制式情况

目前，我国已建城市轨道交通中，多种制式应用广泛，根据《中国城市轨道交通年度报告（2013）》[41]统计，2013年末，中国内地累计有19个城市建成投运城轨线路74条，运营里程2 326.0 km，其中，地下线1 524.5 km，高架桥673.8 km，地面线127.7 km，高架桥和地面线共占34.5%，较外国城市轨道交通发达城市低（新加坡为51.0%，东京区部各类城市快速交通为65.2%）；2014年，内地新增城市轨道交通线路9条，新增

运营线路长度 373.6 km，其中地下线 265.7 km，占总量的 71.1%；高架桥 105.4 km，占总量的 28.2%；地面线 2.5 km，占总量的 0.7%。新增线路依旧以地下线路为主。根据相关统计，我国地铁运营线路约占总里程的 81.7%，轻轨约占总里程的 7.6%，单轨占总里程的 3.0%，现代有轨电车占总里程的 3.9%，磁浮交通占总里程的 1.2%，市域快轨占总里程的 2.6%。通过多制式的城市轨道交通技术的应用及多种技术间的协调配合，为我国在城市轨道交通方面积累了丰富的设计、建造技术以及管理经验。

同济大学孙章教授说："其实，对于城市轨道交通，应该包括地铁、轻轨、单轨、现代有轨电车、磁浮交通、市域快轨（郊区铁路）等，可以根据实际需求选择不同的制式，而不仅仅只有地铁，但在国内以地铁的运量最大。"他指出，之所以地铁的比重高，主要是因为近年开通轨道交通的城市中，新线路更多地用于城市中心地区大客流的输运，而要经过人口密度高、客流量大的城市中心地区，一般会选择载客量大、速度快、在地下运行的地铁。包括上海、北京、广州等在内的很多城市，开始阶段建造的轨道交通线路基本上都选用地铁，其目的是解决城市中心的交通问题。随着市中心线路建设任务减少，其他区域会有不同的制式选择。比如，上海在新城选择现代有轨电车作为骨干交通。内地到 2014 年底已有 8 个城市开通了现代有轨电车，比上一年度增加 3 座，线路总长达到 180.3 km，其中 2014 年大幅增长，运营线路新增了 83.7 km。到 2020 年，全国规划现代有轨电车线路超过 2 000 km，这对大中城市的交通节能减排具有重要意义。同时，郊区与市区之间应该发展郊区地铁，敷设方式可以更多选择高架或地面，适当减少地下敷设，造价也相对会低。地铁造价不菲，环评公示显示，全长 39.1 km 的上海地铁 14 号线，其工程总投资达 576.86 亿元，平均每公里超过了 14 亿元。

1.4.2.5　中国内地城市轨道交通装备制造情况

20 世纪 90 年代，内地城市轨道交通的规划和建设开始兴起。当时新建线路的车辆、信号控制系统等相关设备更多地依赖进口。例如，上海地铁 1 号线当初开通时，地铁车辆来自德国的西门子公司，通过海轮将一节节车厢运抵上海。

近年来通过合资、合作、引进，国内轨道交通装备产业的快速发展，现在轨道交通设备大部分可由国内企业提供。其中车辆基本由南车、北车两大集团"掌控"，包括新近面世的低地板现代有轨电车，以及新型的储能式技术等。对于轨道交通运营中复杂的信号控制系统，也有更多国内企业参与角逐。2014 年内地新开通的 9 条线路中，北京地铁 6 号线二期，上海地铁 13 号线二期、16 号线二期，武汉地铁 4 号线二期，无锡地铁 2 号线等 5 条线路均采用了中国铁路通信信号股份有限公司控股管理的卡斯柯公司的信号解决方案。该公司相关人士透露："信号系统的技术，国内企业的发展也很快，目前我们公司信号系统产品国产化的比例已达到了 85% 左右。"随着国内一些民营企业的进一步发展，将来这些企业的设备也会在轨道交通国产化方面占有一席之地。

1.4.3 省内现状

1.4.3.1 广东省轨道交通发展现状

（1）广东省城市轨道交通发展现状

珠三角现代城市轨道交通是以 1993 年 12 月 28 日动工兴建的广州一号线为开端，发展至今已相当繁荣。

目前，珠三角地区广州、深圳已开通多条地铁，珠三角各城市间的城际轨道交通已运行和正在建设、筹建的线路不少。

截至 2014 年 12 月广东省正在运营的地铁线路如表 1－5 所示。

广州地铁是中国第三大城市广州市的城市轨道交通系统，于 1997 年 6 月 28 日首次开通，是中国大陆第四个开通并运营地铁的城市。截至 2014 年 12 月，广州地铁共有 9 条营运路线，总长为 245.4 km，共 153 座车站，基本形成快速的、完整的城市轨道交通网络。

深圳地铁是中国大陆地区继北京、天津、上海、广州后第 5 个拥有地铁系统的城市。截至 2014 年 12 月，深圳地铁共有 5 条线路、131 座车站、运营线路总长 176.3 km，构成覆盖深圳市罗湖、福田、南山、宝安、龙岗五个市辖行政区的地铁网络。深圳地铁的建设设想始于 20 世纪 80 年代，一期工程则于 1999 年开工，首条线路于 2004 年 12 月 28 日正式通车。2007 年申办大运会以来，深圳地铁网络快速扩展，现地铁三期工程的多条线路正在建设，预计于 2016 年底开通，深圳地铁线路将达到 10 条，通车里程达 348 km，路网的远期规划超过 700 km。

表 1－5 广东省正在运营的地铁线路

城市	地铁线路	首段开通日期	起点站	终点站	车站数	长度/km	列车编组
广州	1 号线	1997.06.28	西朗	广州东站	16	18.5	6A
	2 号线	2002.12.29	嘉禾望岗	广州南站	24	31.8	
	3 号线	2005.12.26	天河客运站	番禺广场	16	67.3	6B
			机场南	体育西路	12		
	4 号线	2005.12.26	金洲	黄村	16	46.7	4L
	5 号线	2009.12.28	滘口	文冲	24	31.9	6L
	6 号线	2013.12.28	浔峰岗	长湴	22	24.5	4L
	8 号线	2002.12.29	万胜围	凤凰新村	13	15.0	6A
	APM 线	2010.11.08	广州塔	林和西	9	3.8	胶轮 2 节
	广佛线	2010.11.03	西朗	魁奇路	14	32.16（广州段约 18.2）	4B

续表

城市	地铁线路	首段开通日期	起点站	终点站	车站数	长度/km	列车编组
深圳	1 号线	2004. 12. 28	罗湖火车站	深圳机场东站	30	41. 0	6A
	2 号线	2010. 12. 28	南山赤湾站	罗湖新秀站	29	35. 7	6A
	3 号线	2010. 12. 28	福田保税区（益田站）	龙岗区（双龙站）	30	41. 7	6B
	4 号线	2004. 12. 28	福田口岸	龙华清湖站	15	20. 5	4A/6A
	5 号线	2011. 6. 22	南山前海湾站	罗湖黄贝站	27	40. 0	6A

（2）广东省城际轨道交通发展现状

根据《珠江三角洲地区轨道交通同城化规划〈修编〉》[42]，广东省将建成以穗、深、珠为中心，覆盖珠三角主要城市的城际交通圈。其中内圈层以广州为中心、主要城市间1h 互通，三大都市区内部 1h 互通，最终形成“三环八射”的城际轨道交通网络；规划了广珠、广佛、穗莞深、莞惠、佛肇、广佛环线（佛山西站至广州南站段）、佛莞等 23 条城际轨道交通线路，线网总长约 1 875 km，基本建成珠三角核心区域城际轨道交通网。

截至 2013 年，23 条城际线路中已进入实施阶段的有广珠、广佛、穗莞深、莞惠、佛肇、广清、广佛环线等 7 条线路，总投资 1 240. 33 亿元，总长 545. 92 km，共设车站 96 座。其中，珠三角第一条开工建设的城际轨道交通项目广珠城轨（含江门支线）于 2012 年 12 月 31 日全线通车，广州南站至珠海站最快只需 59 min。至“十二五”末，珠三角地区建成广清、广佛江珠、珠海市区至珠海机场、广佛环线（除开佛山西站至广州南站段）等项目，总里程约 1 000 km；到 2030 年，珠三角地区将共有线路 21 条，联络线 3 条，线网总里程 2 008 km，珠三角地区将建成基本覆盖所有县级以上城镇的城际轨道交通网络，其轨道交通密度将与巴黎都市圈基本相当。

（3）广东省现代有轨电车发展现状

根据广东省已建、在建和规划的城际轨道、地铁线路可知，广东省已基本建成“三环八射”的轨道交通网络主体构架。新一轮轨道交通建设规划中，将重点加强与国铁、珠三角城际轨道，以及周边城市地铁线网的衔接换乘，努力打造以广州城市轨道交通网为核心、辐射珠三角的一体化多层次轨道交通体系，增强广州对周边区域的辐射带动能力。对此，通过对目前先进城市轨道交通技术的考察和充分论证，明确提出试点引入新型有轨电车作为我省各地市第三套公交系统。

现代有轨电车系统具有安全高效、节能环保、科技时尚、投资少、见效快的特点，代表了当前世界轨道交通行业最新技术和环境友好型城市发展最新选择。据不完全统计，目前国内有北京、上海、天津、沈阳、大连、南京、广州、苏州、宁波、武汉、杭州、合肥、珠海等城市正在建设或准备建设新型有轨电车，已经规划了大约 54 条现代有轨电车线路，需要车辆 1 200 余列，在未来几年建成的线路将超 2 000 km。

当前，广东省正处于有轨电车发展的黄金时期，具体安排如下：

①2012 年 3 月，广州市对《海珠区环岛新型有轨电车试验段车辆采购项目》进行招标，标志着“广州市海珠区环岛新型有轨电车试验项目”正式启动。海珠区环岛新型有轨电车试验段线路起始于万胜围，终止于广州塔，基本沿新港东路、琶洲塔路和阅江路布设，线路全长约 7.7 km；共设置 11 个车站（其中高架站 1 个，地面站 10 个），工程于 2013 年开工，2014 年底竣工。该试验段采用的有轨电车车辆为新型超级电容 100% 低地板有轨电车，由南车株洲电力机车属下广州南车城轨基地制造。该试验段有轨电车特点：采用西门子 100% 低地板有轨电车技术平台、钢轮钢轨、区间无触网、储能式有轨电车；车辆利用储能装置实现无接触网运行，车站设有充电受流系统，当车辆进站时，通过车辆上的被动式受电器对储能系统充电，从最低电压到完全充满的站内最大充电时间（含动态及停车充电）不大于 30 s。广州下一步将启动另外 6 条线路的立项和建设，未来十年内，广州规划的有轨电车线路已达 1 000 km。

②2013 年 7 月 24 日，珠海市交通局召开相关会议，宣布于 2013 年 9 月建设珠海现代有轨电车 1 号线项目。珠海有轨电车 1 号线全长 19 km，设 25 个车站。首期工程于 2013 年 9 月 8 日正式动工，首期工程全线约 8.9 km，总投资 26 亿元，全线设 14 个车站，整个工期 13 个月。1 号线工程在我国率先应用国外的无辫地面供电技术。车型采用低地板钢轮钢轨车辆，供电采用无接触网地面供电系统等先进技术，相比国内其他城市的有轨电车工程，该工程建设内容复杂，但工程造价属于中等水平。未来珠海有轨电车，已规划 5 条线路。

③深圳龙华新区和佛山南海有轨电车均已动工。

1.4.3.2　广东省轨道交通装备产业发展现状

以世界工厂著称的珠江三角洲，如今正致力打造成全国战略性新兴产业发展的重要策源地和高端产业集聚地。其中广东的轨道交通修造正以惊人的速度发展。广东的轨道交通装备产业基地产值于 2013 年达 100 亿元，到 2018 年产值将突破 1 000 亿元，在“十二五”末形成“制造 + 研发 + 物流 + 生产服务 + 生活服务”的产业体系格局，囊括全国城际动车组配套件修造总需求的 50%。

轨道交通装备产业是广东省确定重点发展的战略性新兴产业之一。2010 年 12 月 16 日，中国最大的机车制造企业——中国南车股份有限公司，其旗下的南车南京浦镇车辆有限公司与广东省铁路建设投资集团有限公司、广州铁路（集团）公司签订了合作在江门建设广东轨道交通车辆修造基地项目的协议。根据双方签署的协议，落户江门、省市共建的广东轨道交通装备产业基地到 2018 年产值将突破 1 000 亿元，建成全球重要的城际轨道车辆总装基地、全国最大的城际轨道车辆总装维修基地。目前，基地主导产品是和谐号 CRH6 型城轨车辆。修造基地共占地 6 594 亩*，其中配套基地总占地约 5 094 亩，修造基地占地约 1 500 亩。广东轨道交通装备产业基地建设规模，目前为年制造城际动车组 800 至 1 000 辆、城市地铁车辆 200 至 400 辆和综合维修服务车辆 1 000 辆，首期投资 30 亿元，总投资超过 100 亿元，未来的生产与修造能力也将呈规模性扩张。届时，这里将建成全球

---

* 1 亩 =666.7 平方米。下同。

重要的城际轨道车辆总装基地、中国南车 140 ～ 200 km/h 城轨车辆出口基地、珠三角地区城轨车辆检修基地、以 140 ～ 200 km/h 城轨车辆为主型产品的全国最大城际轨道车辆总装维修基地。

2011 年 7 月 15 日，中国北方机车车辆有限公司与珠海市政府签订了《战略合作协议》。根据这一协议，中国北车集团拟在珠海分期滚动投资逾 100 亿元，在电传动与电机电器产业以及城市轨道交通装备制造及建设等领域与珠海政府进行全面合作。中国北车集团拥有 CRH5 动车组、CRH3 动车组两个国际领先的动车组技术平台，三个国际领先水平的大功率传动电力机车产品系列技术平台，两个国际领先水平的大型养路机械项目，铁路机车车辆和城市轨道车辆产品占国内市场份额一半左右。投资珠海的北车集团是以“100% 低地板有轨电动车”作为其进军华南的首个启动项目，这种机车采用的是全球仅有的地面供电系统，其中在国外领先的无吊挂电力网技术是首次在国内应用。中国北车集团的入局，将与中国南车集团在广东的三颗落子形成竞合，进一步拉动整个广东轨道交通装备制造业的大发展。到 2018 年，广东轨道交通装备产业基地产值将突破 1 000 亿元。

2012 年 9 月，广州市和中国南车共同签署合作意向书，双方同意在广州共同出资 1 亿元人民币成立现代有轨交通研究院。2013 年 4 月，广州市委托广州地下铁道总公司，中国南车委托南车株洲电力机车有限公司，加上株洲南车时代电气股份有限公司三方正式成立广州南车现代有轨交通研究院，将利用广州市及珠三角地区的市场资源，依托广州地铁总公司和中国南车集团在城市有轨交通方面的技术积累和研发能力，针对新型城市化过程中现代有轨交通规划、设计、建设、运用、维保等方面的新需求展开研究。2013 年 7 月，广州南车有轨交通研究院有限公司揭牌，这也意味着中国首个现代有轨交通系统专业研究机构落户广州。

在产业配套方面，随着广州南车城市轨道装备公司（番禺），广东南车轨道交通车辆有限公司（江门），北车装备工程有限公司（珠海）的相继投产，已经有一批先进的轨道交通装备制造企业，如格兰达精密数控装备、中车轨道交通空调、广东南奥交通设备、广润轨道交通装备、恒之源车辆照明设备等 20 多家企业在我省投建或投产。随着我省轨道交通装备的制造能力的显著提升，预计 2020 年前，广东城市轨道交通线路所需的车辆将全部由省内企业提供，加上外拓业务，总产值规模可达千亿元。在本地产业链方面，鉴于现有企业在通信、售检票、主控等领域已经具有较强实力，未来经过有轨电车设计与制造技术的大力发展，将带动本土相关企业做大做强，占领本省至少 80% 市场份额，并在全国市场成为领先企业。

1.4.3.3 广东省城市轨道交通产业发展趋势

近年来，广州市不断优化轨道交通投资环境，创新投融资模式，大力提倡轨道交通建设的多元化投融资模式。城市轨道交通的集聚效应诱发大量的消费需求和投资需求，轨道交通项目投资前景看好，轨道交通沿线房地产开发及轨道交通枢纽商业运营都成为投资热点。

2014—2016 年，广州城际城市轨道交通工程投资约 3 267 亿元。到 2017 年底，广州市将新建成 11 条（段）、260 km 新线，累计建成超过 500 km 的城市轨道交通线网，届时城市轨道交通将在该市城市公共交通中占主导地位。

2020 年广州市轨道交通线网规划公示方案提出以中心城区打通萝岗、从化等四区两市。届时将加密中心城区线网，同时支撑中心城区与萝岗、番禺、南沙、花都、增城、从化四区两市的互联互达，线网总里程 677 km。规划线网结构由“环形线 + 放射线 + X 对角线”构成，并构建由十三号线与三号线形成的十字快线，支持“两轴两带”（南部产业拓展轴、北部优化发展轴，东部产业发展带、西部区域联动带）的产业发展。

在轨道交通装备制造方面，未来珠三角地区城际动车组保有量也将迅速增长，预计将达到 5 500 至 6 000 辆的规模，与广东的轨道交通装备制造正好“相得益彰”。据悉，广东在建的庞大城际轨道交通网络约需 6 000 辆车，以一辆车 1 000 万元投资计算，仅广东就有 600 亿元城际轨道车辆的庞大市场；而车辆大修也有大量收益，放眼全国市场则更加巨大。

1.5 海洋工程装备与船舶制造产业发展现状

1.5.1 国外现状

从总体上看，国外海洋工程装备建造商分为两大阵营[43]：第一阵营集中在欧美地区，主要集中在美国、瑞典、荷兰和挪威等国。在欧美大型跨国石油公司的需求引领下，垄断着海洋工程设备装备开发、设计、工程总包及关键配套设备供货和高端制造领域，代表有：F&G、Technip、Bennett&Associates、Mc Dermott 和挪威的克瓦尔挪、瑞典 GVA 和荷兰的 GustoMSC 等。第二阵营主要包括来自韩国和新加坡的海洋工程设备建造商，在功能模块设计建造、总装设计建造领域快速发展并占据领先地位，但在装备设计方面与欧美公司存在较大差距。韩国海工企业的快速发展得力于国家层面的统筹规划和大力支持，韩国在高端装备之路上牢牢占据浮式 LNG 装备、钻井船的市场，并积极开拓其他高端装备领域，在高规格自升式钻井平台、半潜式平台领域也强力参与竞争。韩国三大海工巨头（三星重工、现代重工和大宇造船）主要代表产品有高端 FPSO（新建）、钻井船及半潜式钻井平台等。而传统海工强国新加坡主要产品包括自升式钻井平台、半潜式钻井平台及 FPSO（改装）等，其代表企业有吉宝集团、胜科海事集团等。

欧洲曾经是世界造船业的中心，随着日本、韩国、中国以及新兴造船经济体的迅速崛起，从 20 世纪 70 年代下半期开始，欧洲的造船产量份额在逐年下降，按照总吨位计，其造船产量占世界市场份额从 42% 左右降至目前的不到 10%，造船业从业人数也从 1975 年的大约 46 万人下降到今天造船和修船业总计 10 余万人。当前，欧洲造船业在常规船型，特别是大型常规船舶的建造上已远远落后于东亚地区，一些尚在少量建造这些船舶的企业竞争力有限。然而，欧洲造船业在豪华邮轮、高速客渡船、挖泥船等高附加值船和诸如大型游艇、科考船等特种船方面处于世界领先地位，且使其在集装箱船，成品油/化学品船、多用途船、汽车运输船等方面保持一定的竞争优势，因为建造这些船舶需要较高的技术和

有经验的熟练的高级技术人员，目前世界上几乎所有的豪华邮轮都在欧洲建造。欧洲作为现代造船业的发源地，经过几百年的发展，已形成了实力强大的船舶配套业体系，欧洲船舶配套约占全球市场的48%，仍然保持着全球船舶配套产业绝对领先的地位。在船用设备中价值比率大的设备系统主要包括柴油机、发电机组、螺旋桨、辅助锅炉、甲板机械、操舵系统、导航及测量系统、舱室系统、辅助系统、安全及救生系统工程，欧洲在这些领域均不同程度地占据着全球高端市场，为欧洲继续占据高附加值船舶的建造市场提供了有利条件。

20 世纪 70 年代美国的商船生产一度形势较好，美国的商船完工量曾居世界第二位。80 年代以后美国造船工业变成了以军工为主的制造业，美国的船厂主要依赖于海军舰船的订货，而大型商船的建造，特别是出口船的建造，由于没有政府的补贴和其他原因，现在基本处于空白状态。

日本近代造船工业始于 19 世纪 50 年代，在第一次世界大战中得到迅速发展。自 1956 年日本超过英国成为世界第一大造船国，这一地位一直维持至 20 世纪末。20 世纪 90 年代以后，由于中国和韩国等新兴工业国大力发展造船工业，使得日本在国际造船市场上的份额不断缩小。从手持订单量、新船完工量等数据来看，当今日本均已落至中国与韩国之后，位居世界第三。日本主要的造船企业包括：今治造船集团、常石集团、万国造船公司、三菱重工、石川岛播磨联合造船公司、川崎造船公司、三井造船等。

1997 年的金融危机后，韩国造船业发展迅速，为带动韩国经济的复苏和发展起到了功不可没的重要作用，被韩国经济界称为“孝子产业”。2000 年韩国造船产量首次超越日本。现代重工集团、大宇造船海洋、三星重工被称为韩国造船业的三大巨头，其他有影响力的造船企业包括韩进重工、STX 和成东造船。这几大造船企业拥有全国 95% 的造船能力，主导造船业的整体生产，同时这些造船企业的船 95% 出口海外，韩国造船业是典型的出口主导型产业。

短期来看，欧美高端设备总包和设计研发领域的垄断难以打破，韩国、新加坡等国在海洋工程装备建造行业的领导地位也很难撼动，中低端装备建造领域的竞争将愈发激烈，在激烈的市场竞争大潮下，各国均试图在保持现有市场地位的前提下发力高价值、高利润装备领域。

1.5.2　国内现状

海洋工程作为造船行业的一个分支，继承了行业梯度转移的特性。中国的海洋工程装备研发设计处于起步阶段，与欧美等海洋工程设备发达国家还存在较大的差距。我国同类企业主要承接的是制造而非技术，一方面由于承接时间较短，技术积累不够；另一方面由于整体的装备技术较低，即使有精密设计但无精密制造技术。所以，短期来看，中国承接的仅仅是量而非质。据中船重工经研中心统计[44]，我国 2013 年全年共接获海洋工程装备订单首次超越新加坡，跃居全球第二，创历史新高，从订单量上看，中国企业共承接了全球 68 个订单中的 37 个，占自升式钻井平台全球订单量的 54%；从订单金额来看，接获订单总值约 77 亿美元，占全球订单总额的 48%，力压取得 36% 订单金额的自升式钻井平台传统建造强国新加坡。此外，在半潜式钻井平台以及浮式生活装置的接单量和接单金额上也都排在全球首位。中国目前已经构筑了比较全面的海工装备产业链，但薄弱的设计和核心配套设备环节是竞争力的短板。中国企业已经全面涉足从上游的海工产品设计、配套设备制造到下游的海工总包建造的整个产业链。虽然在自升式钻井平台的接单量上超越了新加坡，但新加坡所接获订单的76%左右都是采用自主设计，拥有完全的自主知识产权，而我国基本采用欧美设计，所得利润又进一步减少。因此，加强自主设计研发，以及高端装备的建造能力，是目前我国亟须解决的问题。目前，我国的海工设计单位主要有708所、上海船舶设计研究院等，其中中船集团旗下的708所有很强的海工研发设计能力，国内以往建造的海工装备约一半由708所设计。中国的海洋工程设备制造企业主要有中海油服海洋石油工程股份有限公司、烟台莱佛士船业有限公司、上海外高桥造船有限公司、青岛北海船舶重工有限公司、大连船舶重工海洋有限公司和山海关船舶重工有限责任公司等。

国内船舶行业的中流砥柱为国有控股的两大船舶公司，以长江为界划分：长江以南为中国船舶工业集团公司，俗称“南船”，也称“中船”；长江以北为中国船舶重工集团，俗称“北船”，也称“中船重工”。相比较而言，中船的发展更为快速，中船集团造船完工量、新承接船舶订单、手持船舶订单及利润总额均高于中船重工。国内两大船舶集团由于其企业性质，决定了他们从技术、资金、人才、政府支持等各个方面都有其他民营和外资企业不可比拟的优势，而且由于其在行业中的标杆作用和影响力，最具有市场开拓的价值。

虽然我国目前船舶完工量居世界首位，但目前我国造船技术与世界先进国家造船技术相比还有较大差距，具体表现在：设计开发能力不足、精度控制技术薄弱、造船生产效率低下、信息集成技术欠缺、配套设备认知度低及生产管理方式落后等方面。上述原因也直接影响了我国造船企业的造船利润率，2014 年上半年，中国造船业承接新船订单 4 080 万载重吨，同比增长 78.2%；6 月底，手持船舶订单 1.52 亿载重吨，同比增长 39.5%，比 2013 年底增加 16.1%。然而，订单的“井喷”，并未使造船企业的业绩获得同步上升，根据 2014 年各造船企业的半年报，除了中国船舶外，其余造船企业的业绩均出现大幅下滑甚至亏损。[45]

经历多年的成长，中国海洋工程和造船业建造实力正在不断增强，但实现低端向高端的转型仍然需要一个长期的技术创新与积累过程。特别需要警惕的是一段时间后，国内可能出现海洋工程和船舶制造产业的产能过剩与同质化竞争现象。从国家角度来讲，需要进一步布局技术创新和成果转化，引导产业结构的合理布局和持续性发展；从企业角度来讲，需要在深入分析自身优势及特征的基础上找准自身定位，不断实现细分领域的技术、经验及业绩积累，逐步形成核心竞争力。

1.5.3　省内现状

广东省是国家规划建设的三大造船基地之一，现有的船舶企业中，仅有广州中船龙穴造船有限公司能建造大型船舶，其余大部分船厂主要生产中小型船舶，相对国内其他造船

强省而言，万吨以上造船台数较少且分布较为分散。在海洋工程装备方面，自招商局工业集团有限公司进驻深圳建设孖洲岛修造船基地后，广东省海洋油气开发装备产业才逐渐有了一定的规模。

目前，广东省海洋工程装备发展所取得的阶段性成果包括：具备建造超大型油船、液化天然气船、液化石油气船、大型滚装船等高技术、高附加值的船舶产品和海洋钻井平台、移动式多功能修井平台、大型工程船、浮式生产储油船等海洋工程装备的能力，珠江口年造船能力达到 200 万 ～ 300 万 t。[46]

广东省海洋工程装备存在的主要问题：一方面，大型造船设施不足制约了广东造船业的快速发展；另一方面面临的困境是船舶配套产业发展滞后，严重制约着广东船舶制造配套产品的国有化水平。此外，自主创新能力不强，专业技术人才不足导致整体设计能力薄弱，产品开发能力较差，极大地制约了广东省海洋工程装备制造业的发展。

按照《广东省国民经济和社会发展第十二个五年规划纲要》（粤府〔2011〕47 号）的要求，积极引导广东地区的船舶企业向东西两翼发展，依托港口建设修船项目，同时进一步关注海洋工程装备制造的发展。其中明确指出，广东将重点在广州、珠海、中山三地布局建设船舶制造及海洋工程装备重点项目，形成珠三角“船舶制造”以及“海洋工程装备制造”基地，促进省内海洋工程装备集群化发展。

第 2 章　高端装备制造产业标准化现状分析

本章以广东省重点发展的高端装备制造产业四大子产业标准化国内外发展现状为主题。通过对比国内外产业标准化发展模式、发展水平，旨在让读者了解我国产业目前标准化的发展水平和未来产业在标准化方面的需求。

鉴于四个产业的覆盖面较大，难以为读者一一展示产业标准化的每个细节。因此，本章从概述产业标准化组织情况、产业标准制修订情况两个方面来总结产业的标准化发展现状。产业标准化组织是产业内部最权威、最具影响力的标准化管理机构和标准化工作的组织者，因此了解标准化组织的架构、已有工作成果及工作计划就相当于了解产业标准化工作的进展。通过本课题组对产业相关国内外标准的梳理，并对所收集的标准做一定的数理统计分析，可以帮助读者了解产业标准的分布情况、制修订情况及未来标准制修订的方向。

2.1　标准与技术应用、产业发展的关系

国家发布的高端装备制造产业相关的产业政策中，都明确提出了标准化的建设目标，如中华人民共和国科学技术部《智能制造科技发展“十二五”专项规划》（国科发计〔2012〕193 号）中提出了“制定相应技术与安全标准”的产业发展目标；在多个发展专项中也提出要建立产品的相关技术标准，如国家重大专项研究课题“高档数控机床与基础制造装备”中专设的子课题“数控机床关键功能部件标准体系框架的研究”，用于系统性地推进功能部件的标准制修订；有针对产业标准化建设而发布的指导性文件，如《国家智能制造标准体系建设指南》。

标准化工作在我国装备制造业的发展进程中扮演越来越重要的角色，标准化已经被认为是推动产业发展和技术进步的有力工具。

2.1.1　标准化是装备制造业提升创新能力的关键

中国装备制造业在高端领域所表现出的弱势，如核心技术尚未掌握、核心零部件无法自主生产等，都反映出中国装备制造业创新能力的严重不足。这有产业外部生存环境诱导的因素，但同时也反映了产业创新机制落后的问题。

标准是固化创新成果的有力工具，可以衍生出新的创新机制。把部分自主创新成果转化为标准，并通过对标准的宣贯和实施，使之广泛应用；通过对标准的周期性修订逐步实现引导产业发展的目标；标准是对成熟技术和经验的总结，为技术创新提供了一个便捷可靠的借鉴，构成了创新的一个基础；标准制修订的过程本身也是一个创新的过程，是对成

果和经验的升华，具有重要价值。

2.1.2　标准化是装备互换性的保证

互换性是指某一产品（包括零件、部件、独立功能组件）与另一产品在尺寸、功能上能够彼此互相替换的性能。任何一种产品在成批生产过程中均要遵循互换性原则，这样可以有效保证产品质量并降低成本。而制定标准的初衷在于规范重复性事物和概念，使其达到统一，以获得最佳秩序和社会效益。标准化是实现互换性的前提，使得互换性有章可循。互换性又推动了标准化活动，促进其进一步发展。

对于装备制造业而言，互换性显得尤为重要：

首先，装备本身作为独立个体，其内部零件、部件、独立功能组件要求具备互换性，以保证装备的稳定性及质量。在装备设计时，应遵循相应的国家标准，如机械零部件的尺寸及公差应优先选用国家标准推荐的基本尺寸和极限偏差。

其次，多种装备互联组成更为庞大的生产制造系统，制造系统对装备的互通互联性有着严格的要求——装备之间的信息、信号能够无阻碍地交换或传输，这就要求装备之间需要遵循一致的软件、硬件接口或通信传输协议。同时，随着智能制造的理念衍生出新的制造模式，产品要求在其全生命周期都与客户需求有更紧密的结合，这就导致了产品生命周期各阶段的交互能力及智能化水平的不断提升，由此对制造系统中装备、人、产品间的信息交换在数量、处理速度等方面有了更高的要求，建立统一的参考模型、数据接口和通信协议是实现智能制造的基础。

2.1.3　标准化是突破技术壁垒的关键

技术壁垒是指科学技术上的关卡，即指国家或地区政府对产品制定的（科学技术范畴内的）技术标准，如产品的规格、质量、技术指标等，达不到一定技术标准的不能进口，或达到某种技术标准的产品不能出口（即限制高科技产品出口），从而在技术方面对进出口贸易构成壁垒。发达国家设置的技术壁垒一般都蕴涵保护和促进本国相关产业发展的战略企图，即通过设置技术壁垒削弱发展中国家的比较优势，阻止发展中国家的技术赶超，持久保持自身优势，从而在国际经济交往中获得持久的利益。用技术标准来设置壁垒是发达国家开发的一种新的不平衡的贸易政策，但技术壁垒只要符合世界贸易组织《技术性贸易壁垒协议》的原则和国际标准则被认定是合理的、允许的。

对于如何突破技术壁垒，一些学者已给出了回答：在国家层面需要积极完善相关法律制度，以限制国外企业在国内滥用技术标准、专利的行为；完善技术标准与知识产权保护的互动机制，促进中国标准国际化，推动前沿技术课题的标准化。对产业内部而言，要有选择地构建一批技术水平高、国家利益大、涉及面广和非常急需的企业技术标准、行业技术标准和地区技术标准，建立以企业为主体制定技术标准的新模式。

2.2 智能制造装备产业标准化发展现状

2.2.1 国外现状

2.2.1.1 标准化组织概况

基础与共性技术是智能制造装备产业发展的基础，其本身属于产业的高端领域，是产业的核心技术。从标准的角度来看，基础与共性技术的标准具有较强的通用性。通过检索基础与共性技术大类的标准可以发现，我国标准的采标率较高，这也验证了基础与共性技术的标准在国际上趋于大同的趋势。作为智能制造装备产业的下游产品，如各类专用数控机床、智能专用装备等，由于目前在技术层面上有不同的架构方案，可能导致性能指标的差异；再者，由于一些装备是适用于特定的工况场合，其专用性较强，也无法形成统一的标准。因此，本课题选取了自动化系统与集成、仪器仪表等隶属于基础与共性技术的领域，对这些领域的标准化情况进行深入调研，研究这些领域相关的国际标准及相应的标准化技术委员会情况。

目前国际上涉及智能制造装备标准化研究的组织主要有国际标准化组织（ISO）和国际电工委员会（IEC），国外涉及智能制造装备标准化研究的组织主要集中在发达国家的各科专业委员会及相关企业。ISO是国际标准化领域中最重要的组织，其制定标准的内容涉及广泛，从基础的紧固件、轴承各种原材料到半成品和成品，其技术领域涉及信息技术、交通运输、农业、保健和环境等；同时制定的标准在绝大多数领域都具备世界范围的认可。IEC主要负责电气、电子工程领域的标准化，其制定的标准在自动化领域被广泛使用，部分技术标准已成为国际唯一认可的标准。

注：以下统计结果截至2016年12月。

（1）自动化系统与集成

“集成”是我国制造业信息化领域研究的主要内容之一，其中包含了一系列要突破的关键技术，是“十一五”期间《国家中长期科学和技术发展规划纲要》（国发〔2005〕044号）和《“十一五”国家高技术研究发展计划（863计划）申请指南》[47]的重要发展领域。同时，“集成”也是软件质量保证、软件互操作和软件重用等重要使用技术的应用领域。

这一领域不但规定了装备硬件、软件的接口或协议，也规定了装备间如何互联以及制造系统中信息流动的规则。因此，统一接口并具备互换性对装备来说至关重要。工业自动化系统与集成是制造系统中最关键的一环，并且属于装备的通用与共性技术，其标准化对规范技术及产业发展有关键作用。

涉及该领域的标准化组织主要有ISO和IEC的标准化技术委员会，如ISO/TC 184（自动化系统与集成标准化技术委员会）、IEC/TC 65/SC 65E（企业系统中的设备和集成分技术委员会）、IEC/TC 65/SC 65C（工业过程测量、控制和自动化/工业网络分技术委

员会）。下面将对上述标准化组织做一简介。

① ISO/TC 184

目前 ISO/TC 184 为该领域影响力最大的标准化组织，其发布的现行标准 810 项，在研标准 40 项。下设 3 个分技术委员会（Sub Committee，SC）和 1 个工作组（Work Group，WG）。各分技术委员会分别是 SC 1（物理设备控制）、SC 4（工业数据）、SC 5（企业系统和自动化应用的互操作性、集成和架构）。

SC 1（物理设备控制）下设 WG 7（物理设备集成的数据建模）、WG9（制造系统间接口）工作组。目前该分委会负责的 ISO 标准共计 20 项，在研 2 项。

SC 4 下设 WG 2（产品特征和数据库）、WG 3（石油、天然气、流程和能源）、WG 8（制造流程和管理信息）、WG 11（实施方法和一致性方法）、WG 12（产品模型数据交互规范、产品建模和资源）、WG 13（工业数据质量）、WG 15（数字制造）、WG 21（SMRL 验证团队）、WG 22（参考数据验证团队）、WG 23（词汇验证团队）工作组。目前该分委会负责的 ISO 标准共计 741 项，在研 25 项。

SC 5 下设 WG 1（建模和架构）、WG 4（制造软件及其环境）、WG 5（开放式系统应用框架）、WG 6（应用服务接口）、WG 8（制造流程和管理信息）、WG 9（制造运营管理的关键性能指标）、WG 10（制造系统的能效评估和其他相关因素对环境的影响）工作组，SG 3（集成了信息化和工业化企业的评估框架）、SG 4（设备性能目录）两个研究组（Study Group，SG），WG 5（企业控制系统集成）、JWG 6（交流、展示、显示用格式和方法的相关信息和数据）两个联合工作组。目前该分委会负责的 ISO 标准共计 49 项，在研 13 项。

ISO/TC 184 的工作领域包括：提供自动化系统以及自动化系统集成的设计、采购、制造、运输、技术支持、维修和产品回收及相关服务。ISO/TC 184 的标准化领域包括信息系统、自动化和控制软件以及集成技术。

② IEC/TC 65/SC 65E

IEC/TC 65/SC 65E 是 IEC/TC 65 的分技术委员会，其制定的标准主要涉及设备的性能和功能、方法和工业过程自动化应用（包括诊断和维护技术）的特定数据表达等领域，已发布标准 81 项，在研标准 8 项。

SC 65E 下设 WG 2（产品性能和分类）、WG 3（调试）、WG 4（现场设备工具 FDT 的接口规范）、WG 7（用于过程控制、电子设备描述语言 EDDL、现场设备集成 FDI 的功能块）、WG 8（用于过程控制的对象连接与嵌入，OPC）、WG 9（自动化标记语言——工程数据交换格式）、WG 10（智能设备管理）、WG 11（状态监测）工作组，JWG 5（与 ISO/TC 184/SC 5 相关的企业控制）、JWG 6（设备描述）、JWG 7（压力残余比例极限——与 SC 65B 共同承担）、JWG 8（温度残余比例极限——与 SC 65B 共同承担）、JWG 14（工业自动化系统的能效）、JWG 17（控制阀——由 SC 65B 管理）联合工作组。

③ IEC/TC 65/SC 65C

IEC/TC 65/SC 65C 为 IEC/TC 65 的分技术委员会，其主要制定用于工业过程测量和控制的数字数据通信子系统，以及用于研究、开发和测试目的仪表系统的标准。已发布标准 149 项，在研标准 13 项。

SC 65C 下设分委会 WG 12（现场总线的功能安全）、WG 13（网络安全）、WG 15（高可靠性网络）、WG 16（无线网络）、WG 17（无线网络的共存）工作组，JWG 10（工业布线）、JWG 14（工业自动化系统的能效）联合工作组以及维护组（Maintenance Teams，MT）MT 9（现场网络维护）。

（2）仪器仪表

仪器仪表涉及的种类繁多，本书中统计的领域包括实验室仪器仪表、工控自动化仪表这两大类。每类均有相关的标准化技术委员会负责，如与工业自动化仪表相关的标准化组织有 IEC/TC 65（工业过程测量、控制和自动化标准化技术委员会）的 SC 65A 和 SC 65B 分技术委员会、ISO/TC 30（封闭管道中流体流量的测量标准化技术委员会）等；与实验室仪器仪表相关的标准化组织有 IEC/TC 66（测量、控制和实验室设备的安全标准化技术委员会）。

① IEC/TC 65/SC 65A

IEC/TC 65/SC 65A 为 IEC/TC 65 的系统安全分技术委员会，其工作范围包括工业过程测量和控制系统的通用标准，如系统的操作条件（包括电磁兼容性要求）、系统的评价方法、功能性安全等等。目前 IEC/TC 65/SC 65A 已发布标准共计 49 项，在研标准 4 项。

SC 65A 下设 WG 4（EMC 要求）、WG 14（功能安全指南）、WG15（流程工业用警报系统的管理）、WG 16（工业过程测量和控制）、WG 17（人为因素和功能安全）工作组，AHG 17（术语）特设组及 4 个维护组。

② IEC/TC 65/SC 65B

IEC/TC 65/SC 65B 为 IEC/TC 65 的测量和控制设备分技术委员会，其工作范围包括应用于工业过程测量和控制系统的特定设备（硬件和软件）的标准化，如测量设备、分析仪器、执行器和可编程逻辑控制器，以及设备互换性、性能评价和功能定义。目前 IEC/TC 65/SC 65B 已发布标准共计 95 项，在研标准 18 项。

SC 65B 下设 WG 5（温度传感器及仪表）、WG 6（测试与评价性能）、WG 7（可编程控制系统）、WG 9（末控元件：过程控制阀）、WG 14（分析设备）、WG 15（功能块）、WG 16（无线通信设备的电源）工作组，JWG 17（控制阀的残余比例极限）、JWG 7（压力的残余比例极限）、JWG 8（温度残余比例极限）联合工作组，同时成立了专门的项目组（Project Teams，PT）PT 61207 -7、PT 61987 - 24、PT 62492 - 2、PT 62829 用于标准的制定。

③ IEC/TC 66

IEC/TC 66（测量、控制和实验室设备的安全标准化技术委员会）主要负责测试和测量设备、工业过程控制设备、实验室设备安全标准的制定。这些设备包括：A. 测量、测试、产生、分析、简单和复杂电磁物理量的设备和系统（注：仅局限于安全类标准）；B. 工业过程测量和控制的设备和系统（注：电气/电子/可编程系统的功能性安全标准归属于 SC 65A；分析室（Analysis House，AH）的安全标准属于 SC 65B）；C. 材料分析、操作和制备的实验室设备（设备指的是用于科学研究、医药、工业、教育和环境监测的材

料制备、处理、分析设备、仪器、系统及相应的附件）。该标准化技术委员会下设 WG 1（通用要求）、WG 2（电气测量和测试设备的安全要求）工作组，MT 10（特殊的实验室设备）、MT 13、MT 14、MT 15、MT 16、MT 17 维护组，和 JWG 13（工业过程测量、控制和自动化设备的安全要求（不包括 TC 65 管理的功能性安全标准））联合工作组。目前 IEC/TC 66 已发布标准共计 26 项，在研标准 1 项。

④ ISO/TC 30

ISO/TC 30（封闭管道中的流体流量的测量标准化技术委员会）的主要工作范围为制定闭合管道中的流量测量规则和方法标准，具体包括：A. 方法和定义；B. 检验、安装、操作规则；C. 仪器和设备的结构；D. 测量条件规定；E. 测试数据及误差的收集、评价和解释。该标准化技术委员会下设 SC 2（压力差分设备）、SC 5（速度和质量法）、SC 7（流量法（包含水表））分委会和 1 个工作组 WG 2（说明流量计性能的方法）。目前 ISO/TC30 已发布标准 43 项，在研标准 7 项。

（3）数控机床与基础制造装备

数控机床与基础制造装备涉及的国际标准化组织主要有 ISO/TC 39 机床、ISO/TC 29 小工具标准化技术委员会。

① ISO/TC 39

ISO/TC 39（机床技术标准化技术委员会）主要制定加工金属、木工、塑料用的机床标准，这里的机床指的是通过外力去除材料实现加工的设备。ISO/TC 39 制修订的标准主要涉及机床术语类标准、机床性能参数检验等方法类标准，基本不涉及具体型号机床的标准。该标准化技术委员会下设 SC 2（机床测试条件）、SC 4（木工机床）、SC 6（机床噪声）、SC 8（夹持工件用主轴和卡盘）、SC 10（安全）分委会及 WG 7（滚珠丝杠）、WG 9（出现在机床的指示用符号）、WG 12（机床的环境评价）、WG 16（微系统的制造设备）工作组。目前 ISO/TC 39 已发布标准 152 项，在研标准 38 项。

② ISO/TC 29

ISO/TC 29（小工具标准化技术委员会）主要制定在机床上使用的工具及手工工具标准。ISO/TC 29 以不同种类的工具为标准化的对象，规定其外观尺寸、材料要求及性能参数。目前 ISO/TC 29 已发布标准 436 项，在研标准 96 项。该标准化技术委员会下设 SC 2（高速钢刀具及附件）、SC 5（磨料磨具）、SC 8（模具）、SC 9（硬材料刀具）、SC 10（工具五金）分委会，以及 WG 34（展示和交换用切削工具数据）、WG 37（旋转工具系统的平衡）工作组。目前 ISO/TC 29 已发布标准 460 项，在研标准 35 项。

（4）无人机

① ISO/TC 20/SC 16

ISO/TC 20/SC 16（航空航天器技术委员会无人机系统分委员会）创建于 2014 年，秘书处设在美国航空工业协会（AIA），致力于无人机系统标准的制修订，具体制定无人机、无人机地面站、两者间射频通信相关的材料、零部件、设备标准；同时也包括无人机系统维护和服务设备标准。目前在研 4 项标准。ISO/TC 20/SC 16 下设三个工作组，分别为 WG1（无人机系统通用规范）、WG2（生产制造要求）和 WG3（运行要求）。

除 ISO/TC 20/SC 16 之外，国际上涉及无人机系统的标准化组织有 ASTM F38（美国材料与试验协会国际组织无人机系统委员会）、SAE International（国际自动机工程师学会）、DIN NL（德国标准学会航空航天委员会）等。

② ICAO

ICAO（国际民用航空组织）于 1944 年成立，其主旨是促进全世界民用航空安全、有序发展。ICAO 与其成员国或行业团体达成国际民航标准、建议措施（SARP）及政策，用于确保当地民航业务和法规符合国际规范。ICAO 处于民用航空适航技术体系的最顶层，除 ICAO 之外，国际上还有 JARUS（无人航空器系统规章制定联合局）、RTCA（美国航空无线电协会）、EUROCAE（欧洲民航设备组织）等标准化组织在民用无人机系统适航领域开展了标准研究并取得成果。[48]

ICAO 于 2007 年成立了 UASSG（无人机研究小组），该小组的工作内容是协助 ICAO 秘书处编制标准和建议措施、空中导航服务程序和民用无人机的指南材料，支持无人机安全和高效地进入非限制空域。2011 年 UASSG 发布了 328 - AN/190 通告，期待各国协助 ICAO 制定适航政策。其后，UASSG 增加了无人机的管理要求，明确要求无人机应进行适航审定、无人机运行人应持有运营证书，操作员应持有执照。2015 年 3 月，ICAO 组织了 RPAS（遥控航空器系统）研讨会，讨论 RPAS 手册相关指导材料。

2.2.1.2 标准制修订概况

（1）自动化系统与集成

目前这一领域仍有待完善，其中有的技术标准尚存空白，如数控系统架构的统一，世界领域存在不少于五种，且彼此之间互用性较差，导致了使用不同数控系统架构的数控机床无法通信。这主要是由产业发展特点决定。世界范围内多个大型自动化设备制造商在齐头并进地研发数控技术，技术架构的不同导致了系统架构的不同；同时又鉴于知识产权的保护原因，数控系统基本没有公开源代码，这就更加剧了标准难以统一的问题。另一方面，由于制造技术的更新进步，新的概念层出不穷，随着这些新技术逐步推向工程应用，与之匹配的标准亟待制定。

根据本书统计的该领域标准化组织制定标准的情况，可以得到图 2 - 1 所示的标准分布图。从图中可以看出，目前自动化系统与集成领域已形成了较为完备的体系，其中 ISO/TC 184/SC 4 工业数据的标准最多，占总数的 71%，其次为 IEC/TC 65/SC 65C 工业网络，占 14%；ISO/TC 184/SC 5 和 IEC/TC 65/SC 65E 均属企业系统集成类标准，两者合计占 13%；物理设备控制标准数量较少，占 2%。工业数据的统一是自动化系统与集成要解决的首要问题，工业网络作为系统集成的硬件条件，标准的数量也彰显了其重要性。系统集成主要是指制造系统的高度集成，是符合“工业 4.0”特点的制造业主流发展方向。这一点从计划项目的分布情况也可以印证。从图 2 - 2 可以看出系统集成类标准数量有一定的上升，这反映了制造过程集成的一个大趋势，即随着“互联网 + 制造”模式的不断推陈出新，亟待新标准来描述制造模型和完善智能制造体系。另外，工业数据类标准仍为最重要的标准化方向。相对于现行标准的比例，工业网络计划标准比例有所下降，表明其需求有下降的趋势。

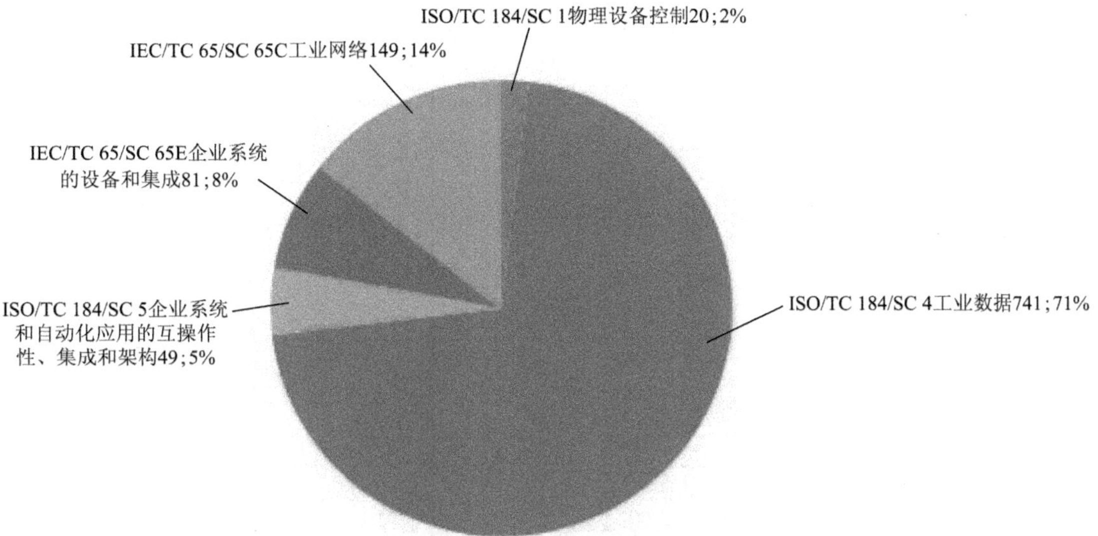

图 2-1　自动化系统与集成领域国际标准分布（现行）

（资料来源：本课题统计）

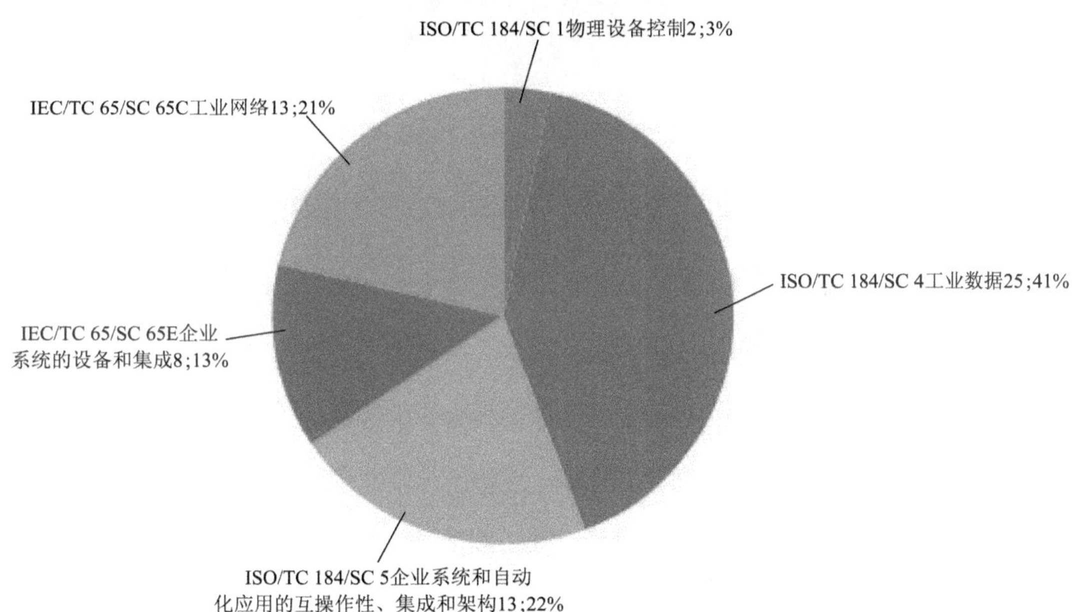

图 2-2　自动化系统与集成领域国际标准分布（计划）

（资料来源：本课题统计）

（2）仪器仪表

根据 2.2.1.1 中仪器仪表相关标准化组织标准的制定情况绘制了标准分布图（见图 2-3）。为了便于标准分布情况的说明，本书按工业控制系统类（IEC/TC 65/SC 65A

发布标准)、工控自动化仪表之显示仪表类（IEC/TC 65/SC 65B/WG 5、ISO/TC 30 发布标准)、工控自动化仪表之控制器类（IEC/TC 65/SC 65B/WG 6、IEC/TC 65/SC 65B/WG 7、IEC/TC 65/SC 65B/WG 14、IEC/TC 65/SC 65B/WG 15 发布标准)、工控自动化仪表之末端执行元件类（IEC/TC 65/SC 65B/WG 9 发布标准)、实验室仪器仪表类（IEC/TC 66 发布标准）对标准进行分类。

从图 2 - 3a 可以看出，仪器仪表领域以 IEC 标准为主。从分布图 2 - 3b 可以看出，工业

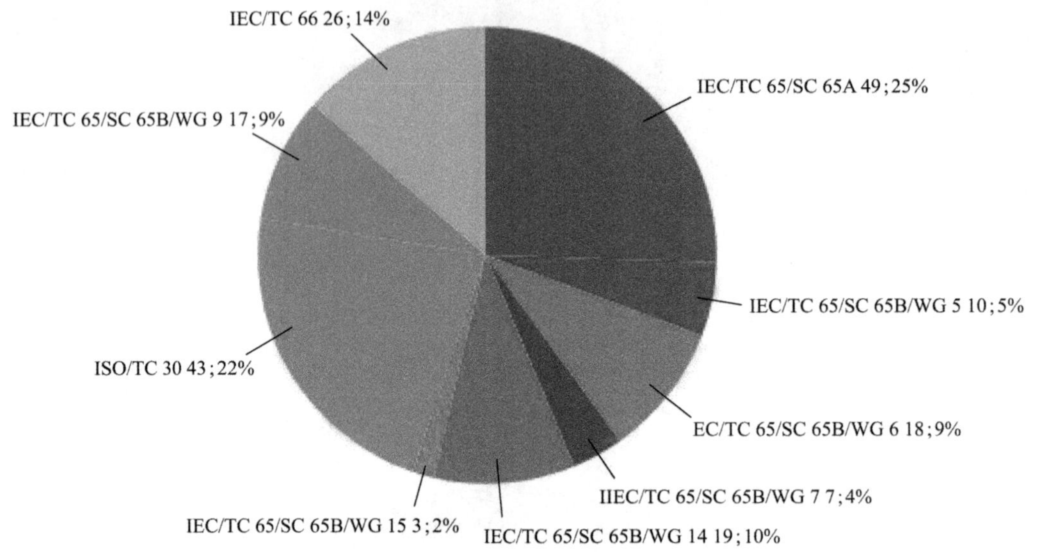

（a）仪器仪表相关标准化组织发布标准情况

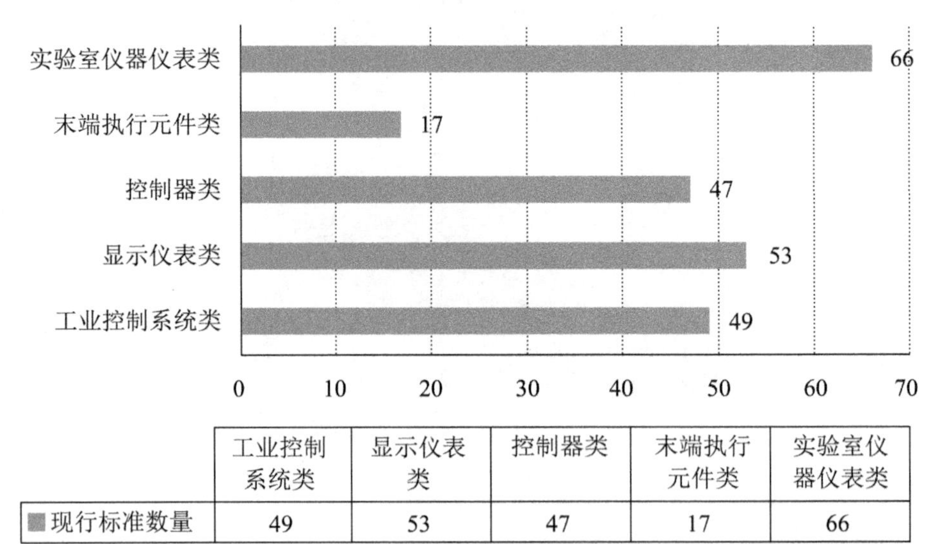

	工业控制系统类	显示仪表类	控制器类	末端执行元件类	实验室仪器仪表类
■现行标准数量	49	53	47	17	66

（b）仪器仪表标准分布图

图 2 - 3　仪器仪表领域国际标准分布（现行）

（资料来源：本课题统计）

自动化仪表是目前仪器仪表行业使用最频繁，应用最广的一类仪器仪表，工控自动化仪表中显示仪表类标准数量最多，显示仪表类标准中因 ISO/TC 30 发布标准的加入，扩展了显示仪表的外延，即工业测控系统中具备物理量获取功能的仪表或传感器均纳入其中，因此数量有了大幅提升；控制器类和工控系统类的标准数量次之，控制器类标准体系健全，基本覆盖了目前主流的工控系统或设备，如 PLC、DCS、FCS 等，工业控制系统类标准侧重于描述工业控制系统的通用性能及安全特性，控制器和工业控制系统决定了一个工业控制系统功能扩展性和数据处理分析能力，是系统的“大脑”，其重要性不言而喻；末端执行元件类标准主要涵盖控制阀、执行机构等，其种类单一，因此数量不多。相对于工业自动化仪表，实验仪器仪表类标准数量要少很多，但其仍是仪器仪表中重要的一大类。

（3）机床领域

机床领域统计范围包括 ISO/TC 39 机床、ISO/TC 29 小工具标委会发布的标准，如图 2 - 4a 所示。从图 2 - 4b 可知，机床类标准（ISO/TC 39/SC 2、ISO/TC 39/SC 4、ISO/TC 39/SC 6、ISO/TC 39/SC 10 发布的标准）合计 100 项，机床功能部件类标准（ISO/TC 39/SC 8 发布的标准）11 项，机床用工具类标准（ISO/TC 29/SC 2、ISO/TC 29/SC 5、ISO/TC 29/SC 8、ISO/TC 29/SC 9 发布的标准，因 ISO/TC 29/SC 10 制定标准的范围手工用工具，因此不计入）合计 352 项。上述数据说明工具类标准最多，这与工具种类多样化和工具标准化程度较高有关；机床类标准大多涉及机床通用特性，因此数量并不多。但从目前 ISO/TC 39 分委会的覆盖范围来看，其基本覆盖了机床的通用特性。机床功能部件类标准不论是从标准数量还是标准内容来看，均不能涵盖目前应用较广的机床功能部件，未来该领域还需加大标准制定的力度。

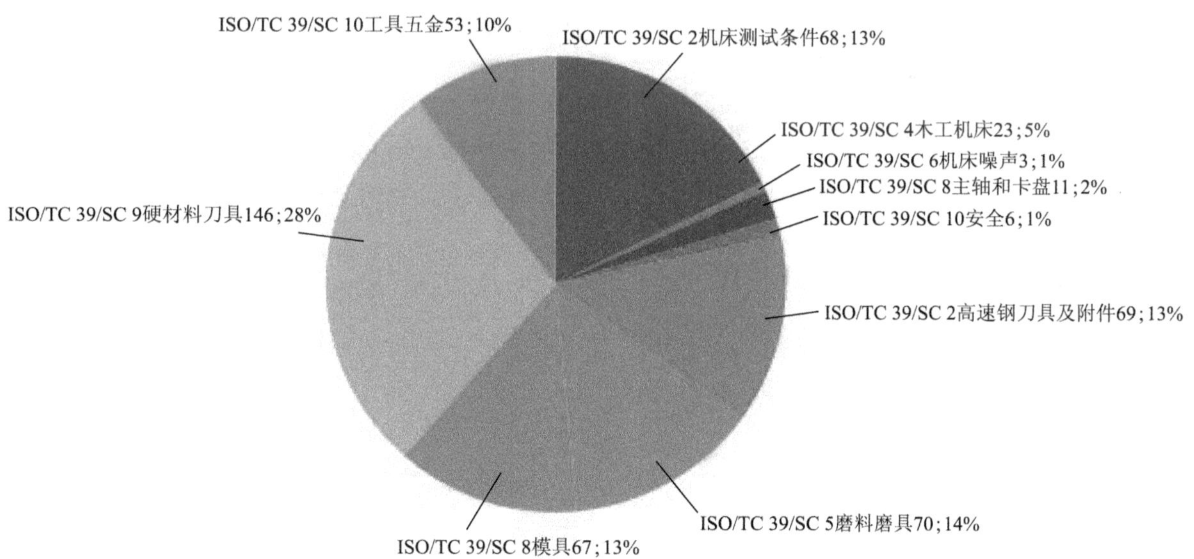

（a）机床相关标准化组织发布标准情况

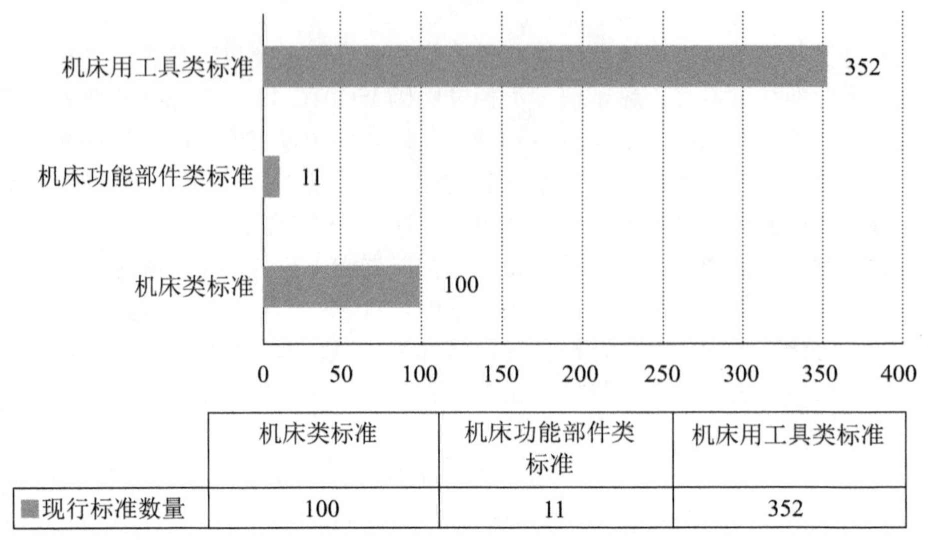

	机床类标准	机床功能部件类标准	机床用工具类标准
■现行标准数量	100	11	352

（b）机床标准分布图

图 2－4　机床领域国际标准分布（现行）

（资料来源：本课题统计）

2.2.2　国内现状

在我国，智能制造装备的标准化工作由不同领域的标准工作组、标准化技术委员会及其地方标准研究机构承担。本文将按照大类对智能制造装备的标准化组织进行整理，并对标准制修订情况进行分析和总结。

2.2.2.1　标准化组织概况

（1）关键基础零部件及通用部件

关键基础零部件及通用部件涉及的标准化组织共四个，如表 2－1 所示。

表 2－1　关键基础零部件及通用部件涉及的标准化组织

序号	标准化组织（TC/SC）名称	标准领域	秘书处	分技术委员会（SC）情况	现行标准数/项	计划发布标准数/项
1	SAC/TC 518 全国变频调速设备标准化技术委员会	变频调速设备	天津电气传动设计研究所有限公司		4	3
2	SAC/TC 2 全国微电机标准化技术委员会	微电机、特种电机、微电机的控制与驱动电路	西安微电机研究所		50	5

续表

序号	标准化组织（TC/SC）名称	标准领域	秘书处	分技术委员会（SC）情况	现行标准数/项	计划发布标准数/项
3	SAC/TC 52 全国齿轮标准化技术委员会	负责全国齿轮的参数、公差及其齿轮传动的设计计算，质量检测和齿轮用工艺技术等专业领域标准化工作	郑州机械研究所		78	19
4	SAC/TC 3 全国液压气动标准化技术委员会	液压、气动	北京机械工业自动化研究所	SC 1　液压传动和控制 SC 2　气压传动和控制 SC 3　密封装置 SC 4　液压污染控制	112	17

（2）高档数控机床及基础制造装备

高档数控机床及基础制造装备涉及的标准化组织共四个，如表 2－2 所示。

表 2－2　高档数控机床及基础制造装备涉及的标准化组织

序号	标准化组织（TC/SC）名称	标准领域	秘书处	分技术委员会（SC）情况	现行标准数/项	计划发布标准数/项
1	SAC/TC 22 全国金属切削机床标准化技术委员会	金属切削机床、附件、功能部件等专业领域	北京机床研究所	SC 1　车床 SC 2　铣床 SC 3　钻镗床 SC 4　齿轮机床 SC 5　磨床 SC 6　锯刨床 SC 7　重型机床 SC 8　仪表机床 SC 9　机床附件 SC 10　功能部件 SC 11　组合机床 SC 12　机床电器 SC 13　机床安全	228	29

续表

序号	标准化组织（TC/SC）名称	标准领域	秘书处	分技术委员会（SC）情况	现行标准数/项	计划发布标准数/项
2	SAC/TC 161 全国特种加工机床标准化技术委员会	负责全国特种加工机床等专业领域标准化工作	苏州电加工机床研究所有限公司		34	6
3	SAC/TC 220 全国锻压机械标准化技术委员会	负责全国锻压机械等专业领域标准化工作	济南铸造锻压机械研究所	SC 1　机械压力机 SC 2　锤与锻机 SC 3　液压机 SC 4　剪折机械	60	31
4	SAC/TC 186 全国铸造机械标准化技术委员会	负责全国铸造机械产品及相关功能部件、产品性能检测方法等专业领域标准化工作	济南铸造锻压机械研究所有限公司	SC 1　熔炼与浇注 SC 2　金属热成型 SC 3　抛喷丸	35	6

（3）智能仪器仪表与控制系统

智能仪器仪表与控制系统涉及的标准化组织共六个，如表 2－3 所示。

表 2－3　智能仪器仪表与控制系统涉及的标准化组织

序号	标准化组织（TC/SC）名称	标准领域	秘书处	分技术委员会（SC）情况	现行标准数/项	计划发布标准数/项
1	SAC/TC 124 全国工业过程测量和控制标准化技术委员会	负责全国工业过程测量和控制（即工业自动化仪表）等专业领域标准化工作	机械工业仪器仪表综合技术经济研究所	SC 1　温度、物位、机械量仪表及结构装置 SC 2　控制仪表及装置、工业控制计算机系统 SC 3　压力仪表 SC 4　工业通信（现场总线）及系统（归属自动化系统与集成） SC 5　可编程序控制器及系统 SC 6　分析仪器及分析技术 SC 7　工业在线校准方法 SC 8　智能记录仪表 SC 9　石油产品检测仪器 SC 10　系统及功能安全	529	201

续表

序号	标准化组织（TC/SC）名称	标准领域	秘书处	分技术委员会（SC）情况	现行标准数/项	计划发布标准数/项
2	SAC/TC 338 全国测量、控制和实验室电气设备安全标准化技术委员会	测量、控制和实验室电器设备及仪器的安全	机械工业仪器仪表综合技术经济研究所		4	6
3	SAC/TC 526 全国实验室仪器及设备标准化技术委员会	动力测试仪器、试验箱及气候环境试验设备、实验室离心机、应变测量仪器、噪声测量仪器、实验室高压釜等实验室仪器与装置	机械工业仪器仪表综合技术经济研究所		4	79
4	SAC/TC 122 全国试验机标准化技术委员会	负责全国金属材料试验机、非金属材料试验机、工艺试验机、测力（扭矩）机、平衡机与振动台、无损检测仪器、试验机功能附件和与试验机专业相关的试验设备与仪器等专业领域标准化工作	长春机械科学研究院有限公司	SC 1　无损检测仪器 SC 2　振动试验设备	78	65
5	SAC/TC 153 全国电子测量仪器标准化技术委员会	负责全国电子测量仪器、系统（硬件和软件）及附件，电子医疗仪器，电子应用仪器和教学仪器等专业领域标准化工作	中国电子技术标准化研究院		87	22

续表

序号	标准化组织（TC/SC）名称	标准领域	秘书处	分技术委员会（SC）情况	现行标准数/项	计划发布标准数/项
6	SAC/TC 104 全国电工仪器仪表标准化技术委员会	负责全国电工仪器仪表等专业领域标准化工作	哈尔滨电工仪表研究所	SC 1　电能测量和负荷控制设备 SC 2　电工和电磁测量设备 SC 3　交直流仪器、测量电源装置、记录仪表	120	66

（4）自动化系统与集成

自动化系统与集成领域涉及的标准化组织共三个，如表 2－4 所示。

表 2－4　自动化系统与集成涉及的标准化组织

序号	标准化组织（TC/SC）名称	标准领域	秘书处	分技术委员会（SC）情况	现行标准数/项	计划发布标准数/项
1	SAC/TC 159 全国自动化系统与集成标准化技术委员会	面向产品设计、采购、制造和运输、支持、维护、销售过程及相关服务的自动化系统与集成领域的标准化工作。包括信息系统、工业及特定非工业环境中的固定和移动机器人技术、自动化技术、控制软件技术及系统集成技术	北京机械工业自动化研究所	SC 1　物理设备控制 SC 2　机器人与机器人装备 SC 3　工业数据 SC 4　体系结构、通信和集成框架	236	53
2	SAC/TC 124/SC 4 工业通信（现场总线）及系统分标准化技术委员会	对口 IEC/TC 65/SC 65 C（工业网络）				
3	SAC/TC 367 全国机床数控系统标准化技术委员会	机床数控系统	武汉华中数控股份有限公司		7	8

（5）智能专用设备

智能专用设备涉及的标准化组织共六个，如表 2－5 所示。

表 2－5　智能专用设备涉及的标准化组织

序号	标准化组织（TC/SC）名称	标准领域	秘书处	分技术委员会（SC）情况	现行标准数/项	计划发布标准数/项
1	SAC/TC 71 全国橡胶塑料机械标准化技术委员会	负责全国橡胶炼胶、硫化、压延、挤出、成型等设备和塑料炼塑、压延、挤出、注射、喷塑、压力、真空、中空泡沫成型、编织设备机械等专业领域标准化工作	北京橡胶工业研究设计院	SC 1　橡胶机械 SC 2　塑料机械	43	5
2	SAC/TC 192 全国印刷机械标准化技术委员会	负责全国印前、印中、印后辅助加工以及与此相关的机械设备等专业领域标准化工作		SC 1 丝网印刷设备	26	4
3	SAC/TC 201 全国农业机械标准化技术委员会	负责全国农业机械（包括耕作机械、种植机械、植保机械、收获机械、场上作业机械、农副产品加工机械、排灌机械、畜牧机械、饲料加工机械、养殖机械和割草机械，不包括草坪机械）等专业领域标准化工作	中国农业机械化科学研究院	SC 1　植保与清洗机械 SC 2　农业机械化 SC 3　畜牧机械 SC 4　排灌设备和系统 SC 5　耕种和施肥机械	379	77
4	SAC/TC 465 全国建材装备标准化技术委员会	水泥、水泥制品、轻质装饰装修、玻璃工业及深加工、墙材工业、建筑陶瓷、玻璃纤维等领域技术装备，不包括矿山机械	中材装备集团有限公司	SC 1　陶瓷机械	2	10

续表

序号	标准化组织（TC/SC）名称	标准领域	秘书处	分技术委员会（SC）情况	现行标准数/项	计划发布标准数/项
5	SAC/TC 328 全国建筑施工机械与设备标准化技术委员会	包括基础施工设备、混凝土机械、道路施工与养护设备、骨料加工机械和设备、钢筋加工设备和模板、装修和维护用高处作业吊篮和擦窗机等设备、其他常用机械与设备	北京建筑机械化研究院	SC 1　混凝土机械 SC 2　基础施工设备	14	32
6	无人机系统标准化协会理事会及技术委员会	研究制定引领支撑无人机产业发展的先进标准，构建中国无人机系统团体标准体系	中国航空综合技术研究所		2	

2.2.2.2　标准制修订概况

需要指出的是，纳入到本书的智能制造装备产业标准是从各领域相关标准化组织发布的现行、计划标准根据 3.2.3 的编制说明部分收录，并不是全部收录。以下对各领域相关标准制修订说明如下：

（1）关键基础零部件及通用部件

关键基础零部件及通用部件标准分布根据表 5－1 中的 A01 门类的标准分布情况进行绘制（如图 2－5 所示）。从图中可以看出，关键零部件标准的数量较多，说明了关键零部件标准化在装备标准化中的重要支撑作用。但由于中国自动化设备产业上游产业链的产品大部分为中低端产品，虽有相关的产品标准，但需要关注与国际先进标准的差异，及时修订。而对于一些待突破的产品，需关注国际相关标准并及时制定国内标准。

“A0101 新型传感器及系统”的标准数量占据总数的 31%，位居第二位。该子类的收录范围包括各类传感器，如热敏传感器、力敏传感器、磁敏传感器、湿敏传感器、声敏传感器、化学传感器等。但其中采用新原理、新工艺的传感器标准并不多见。另外，部分类型传感器的检测及试验方法类标准缺失。

“A0102 精密传动装置”是此门类标准数量最多的子类，收录范围覆盖了轴承、齿轮、制动装置、减速器、变速器等常见的传动系统零部件。这些标准中，大部分以设备配套件的形式出现，如“JB/T 10857－2008 滚动轴承农机用圆盘轴承”；小部分以通用零部件的形式出现。如“GB/T 28280－2012 滑动轴承质量特性机器能力及过程能力的计算”。

从标准类型来看，产品标准、试验方法标准数量居前两位。从标准内容来看，已出现了一些代表先进技术水平的、关键零部件相关标准，如“GB/T 30819－2014 机器人用谐波齿轮减速器”，但总体来说，数量占总数的比例较低，是远期标准制定的热点。

“A0103 液气密元件及系统”的标准数量最少，且高端化产品的标准更少，如高压大流量液压元件和液压系统、智能化阀岛、高性能密封装置等。

“A0104 伺服控制系统”的标准数量居子类中的第三位，收录范围包括交直流伺服电动机、力矩电机、变频器等构建伺服系统的关键部件。数控机床的精度和速度等技术指标往往取决于伺服系统，而伺服系统的精度由其关键部件决定。这一子类的标准并没有完全覆盖伺服控制系统的所有部件，如伺服系统中采用的高精度测量元件、伺服系统用的驱动装置尚无相关标准。另外，高性能的伺服电机、新型伺服系统等代表伺服系统先进水平的标准缺失。

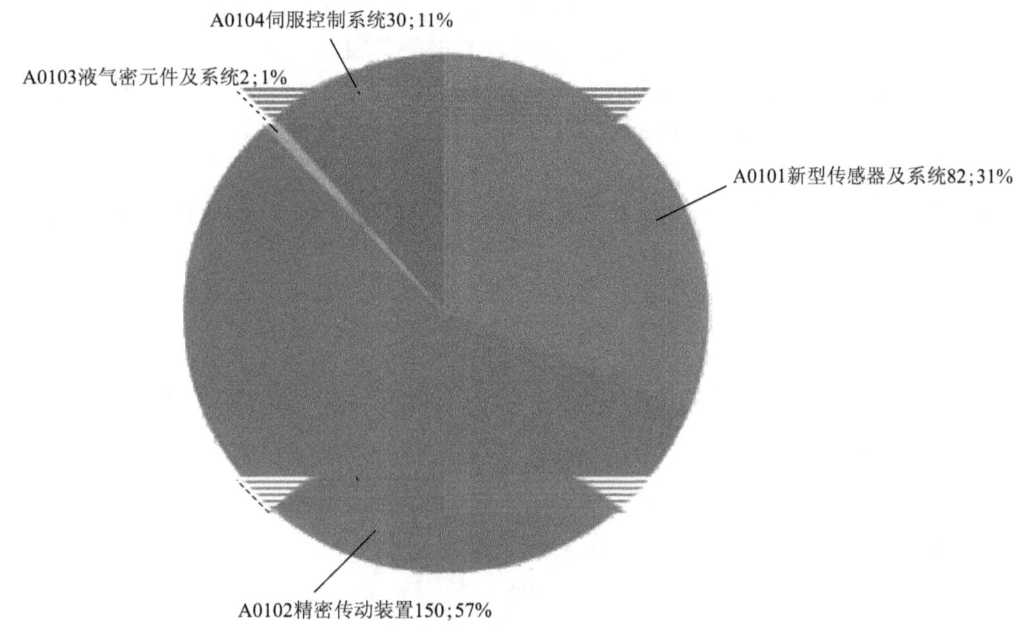

图 2－5　关键基础零部件与通用部件标准分布

（资料来源：本课题统计）

（2）高档数控机床及基础制造装备

高档数控机床与基础制造装备标准的分布根据表 5－1 中的 A04 门类的标准分布情况进行绘制（如图 2－6 所示）。从图中可以看出：

“A0401 金属切削数控机床”子类的标准最多。收录范围覆盖了所有搭载数控系统的金属切削机床，按类型分为车床、铣床、磨床、钻床、齿轮加工机床、加工中心、复合加工机床等。所收录标准多是围绕具体类型机床产品的系列标准，覆盖了参数定义、技术条件、检验方法等闭合的机床认证体系。这也从侧面反映了机床标准研究方法的成熟和严谨。收录标准中已出现多种属于数控机床高端产品的标准，如五轴联动加工中心、重型龙门钻床等产品的标准。

“A0402 特种加工数控机床”子类的标准数量次之，收录范围包括：采用特种加工工艺如电火花加工、激光加工等的机床。这一子类弥补了金属切削加工由于零件形状限制而无法加工的缺陷，是金属切削加工机床的有利补充。在收录标准中仍缺失某些类别的特种加工机床如电化学加工机床。而收录的激光加工机床标准也未完全覆盖全面所有的激光加工工艺，如激光打孔、激光微调、激光打标等。

“A0403 金属成形数控机床”子类标准数量占比为 13%，收录范围包括压力成型机床如冷墩机、轧制设备，铸造工艺设备如冲天炉、造型机、压铸机、注射成型机等。其中压力成型机床标准数量占比低。压力成型由于其工艺的多变性，衍生出多种压力成型工艺，如冲压、轧制、挤压、拉拔等。后续可加强压力成型机床标准的研制。铸造工艺设备标准则需要向高端铸造设备方向发展。

“A0404 机床功能部件”子类的标准数量位居第二位，收录范围包括：机床传动部件如丝杠、直线导轨、主轴等，机床配件如夹具、刀架等，机床主体部件如工作台等。机床的功能部件因机床类型的不同而在尺寸、结构上有较大差异，因此该子类的标准数量多。在这些标准中出现了一些数控机床领域新技术衍生出的产品标准，如直接驱动技术所产生的电主轴。

“A0405 机床数控系统”子类标准数量最少，收录范围大部分来源于全国工业自动化系统与集成标准化技术委员会的物理设备控制分委会所制定的标准，小部分来源于全国数控系统标准化技术委员会制定的标准。前者发布的标准多以采标的方式，后者发布的标准是对中国本土研发数控系统的反映。未来中国本土数控系统的标准不论是质量还是数量都有待提升。

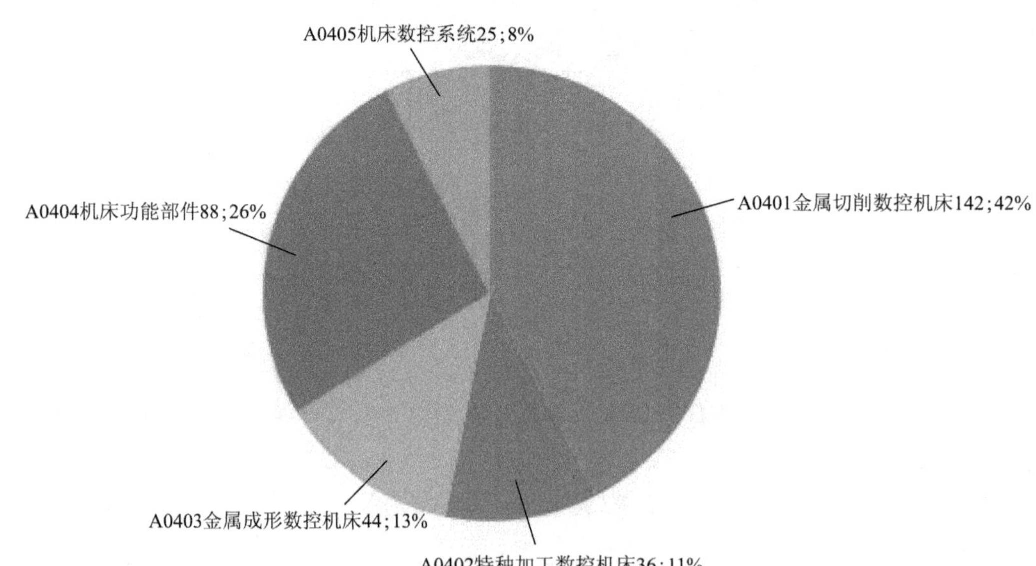

图 2－6　数控机床与基础制造装备标准分布

（资料来源：本课题统计）

（3）智能仪器仪表与控制系统

图 2－7 为智能仪器仪表与控制系统标准的分布图，其根据表 5－1 中的 A02 门类的标准分布情况进行绘制。总体来说，仪器仪表标准数量较多，这与仪器仪表的多样性有直接联系。

“A0201 精密实验室仪器与设备”子类标准数量位居第二，收录范围包括各类分析仪器，如色谱、气相、波谱、频谱、质谱、光谱、分光镜等；实验室用计量仪器仪表，如用于几何、温度、力学、电磁学、光学、声学、电子学、时间频率、电离辐射计量的仪器仪表；各类力学、动力学试验机；无损检测仪器。收录标准主要来源于全国实验室仪器及设备、全国试验机标准化技术委员会发布的标准。总体来看，该子类覆盖全面，基本覆盖常见的实验室仪器类型，但从国标、行标预立项情况来看，待制定的标准数量较多，说明这一领域缺口仍然较大。再者，欠缺高值仪器设备的标准。从采标率来看，无损检测仪器、试验机的采标率高，分析仪器的采标率较低。

“A0202 智能工业自动化仪表”子类收录了在工业生产过程中，对各类工艺参数进行检测、显示、记录或控制的仪表标准。收录标准主要来源于全国工业过程测量和控制标准化技术委员会 SC1、SC3、SC6、SC8 发布的标准。

“A0203 工业控制计算机”子类标准数量最多，收录范围包括 IPC（PC 总线工业电脑）、DCS（分散型控制系统）、FCS（现场总线系统）、PLC（可编程控制器）标准。对一些国际通用性强的仪器（如各类控制器）或通信协议（如总线协议），目前国标、行标保持了较高的采标率。但仍有数量不少的国际标准等待中国标准采标。

“A0204 新型环保仪表”子类收录了环境保护标准（HJ）中相关环境监测仪器仪表标准，包括空气和废气监测仪器、污染源、水质监测仪器等环境监测仪器仪表。目前该子类数量不多且未覆盖所有类型的环境监测仪器。

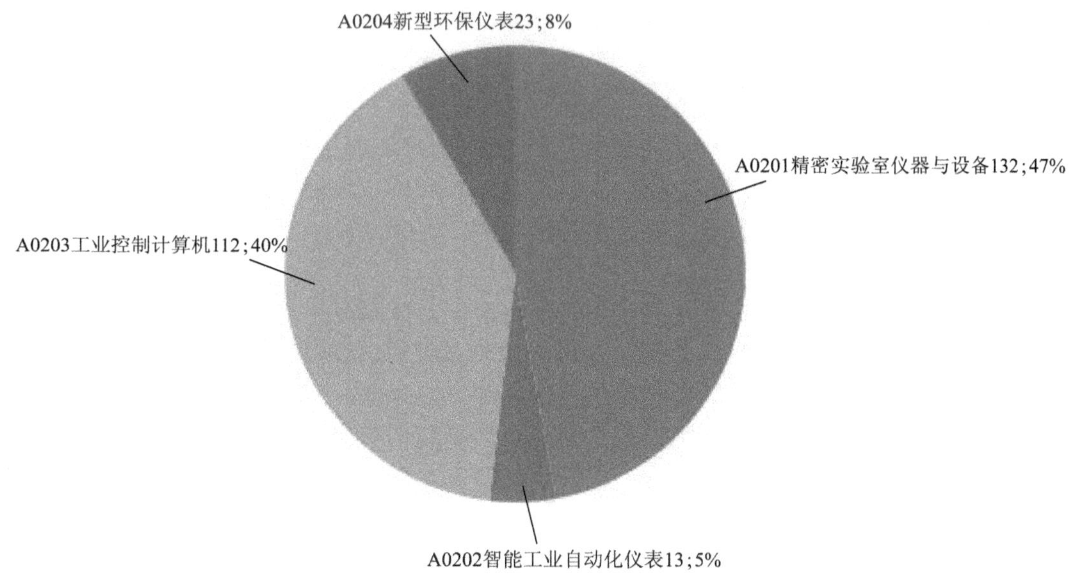

图 2－7　智能仪器仪表与控制系统标准分布
（资料来源：本课题统计）

根据仪器仪表产业的发展现状及未来的技术趋势，提出的仪器仪表领域标准化的重点方向有：

①信息安全类标准：工控系统开放性的不断增强所带来的信息技术与控制技术要如何融合的问题；工控系统与其他信息化系统结合所带来的信息安全问题，如规范操作系统平台互操作、数据库系统互操作、通信协议等；国产工业控制软件中尚待突破的核心技术如精密采集、精准时钟、智能算法、故障定位、中断调度等算法的相关标准。

②大数据（Big Data）与仪器仪表相结合的标准：仪器仪表测量和传递了大量的信息，大数据技术是对其生成的海量数据进行专业化的处理，从中获取有价值的数据。大数据技术是继云计算、物联网之后信息技术领域的又一次颠覆性变革，具有重要的战略地位，因此该领域标准是重点之一。

③《中国制造2025》（国发〔2015〕28号）与仪器仪表相融合的标准：《中国制造2025》（国发〔2015〕28号）通过CPS网络实现人、设备与产品的实时连通、相互识别和有效交流，从而构建一个高度灵活的个性化和数字化的智能制造模式。仪器仪表将是《中国制造2025》（国发〔2015〕28号）制造模式下的重要一环，规范仪器仪表与《中国制造2025》（国发〔2015〕28号）如何融合是标准化的主要内容。

④环境监测仪器：随着我国在环保方面投资的持续增加，环保产业将成为国民经济新的增长点，我国环境监测专用仪器仪表制造行业正处于高速增长期。同时，环境监测大多属强制性检定内容，因此环境监测仪器的标准是保证检测正确性的关键。

⑤军转民技术与仪器仪表的结合标准：军转民趋势的明晰，将带动很多军工技术应用到民用产品的研发与制造中。那么，应用军转民技术的仪器仪表数量将不断增加，可能出现标准化大量的空白。

⑥能源计量标准：能源计量是企业能源管理和节能工作的基础，如果企业没有合理配备能源计量器具，能源管理部门就难以获得准确可靠的能源计量数据，也就难以进行科学的分析和统计。

⑦“四基”标准：“四基”是《工业和信息化部关于加快推进工业强基的指导意见》（工信部规〔2014〕67号）中提出的概念，指的是关键基础材料、核心基础零部件（元器件）、先进基础工艺和产业技术基础。我国工业“四基”发展滞后、关键产品（技术）长期依赖国外，已成为制约我国工业转型升级和创新驱动发展、实现由大到强转变的重大问题。

⑧物联网相关仪器仪表标准：我国物联网技术创新体系不完善，物联网核心环节如高端传感器、无线传感网络、海量数据存储和处理等方面基础薄弱，在关键技术和高端产品等方面与国外有一定差距。物联网相关仪器仪表标准是重要的标准化领域。

⑨系统集成标准：倾向于给用户提供整体自动化技术解决方案。

⑩云计算与仪器仪表融合的标准：嵌入式产品和系统的智能以及联网程度日渐提高，云计算也将带来效率、移动性、业务生产率以及功能的大幅提升。

（4）自动化系统与集成

自动化系统与集成标准项目的分布根据表5-1中的A03门类的标准分布情况进行绘

制，如图 2－8 所示。从图中可以看出：

“A0301 工业通信网络”子类标准数量次之，收录标准主要来源于全国工业过程测量和控制标准化技术委员会发布的标准。“工业通信网络”指的是生产设备之间用于传递信息所构建的各种网络形式。该子类的收录范围包括各类现场总线协议、网络协议等。从所收录标准的明细中可以发现，采标率较高，且以采用 IEC 标准为主。随着工业 4.0 制造模式的推广及应用，未来这一子类将会补充更多的网络通信形式的标准。

“A0302 工业数据”子类与“工业通信网络”子类标准数量相差不大，该子类收录标准涉及产品数据表达和交换、零件库结构和制造管理数据等。搜录标准来源于全国自动化系统与集成标准化技术委员会 SC4 分委会发布的标准。这一子类的标准基本是以系列标准的形式存在，且系列内包含标准数量庞大，达上千之多，是系统性很强且成熟度较高的标准，如标准名称为“产品数据表示和交换”的系列标准（STEP 标准），是目前 CAD（计算机辅助设计）/CAM（计算机辅助制造）中通用的数据交换接口标准之一。这些标准采标率相当高，基本上是国际标准的直接转换，说明这些标准在行业内部有较高的认可度。但对比所采标的国际标准发现，系列中仍有大部分标准尚未采标。

“A0303 体系结构和集成框架”子类标准数量最多，占据总数的一半。收录标准主要来源于全国自动化系统与集成标准化技术委员会 SC5 分委会发布的标准，收录范围包括制造报文规范、自动化词汇、企业建模、企业参考体系结构和方法论、过程表达、全局编程环境的需求、工业界实用的制造专规、制造软件能力专规、通用设备接口、企业控制系统集成、开放系统应用集成框架、过程规范语言等标准。

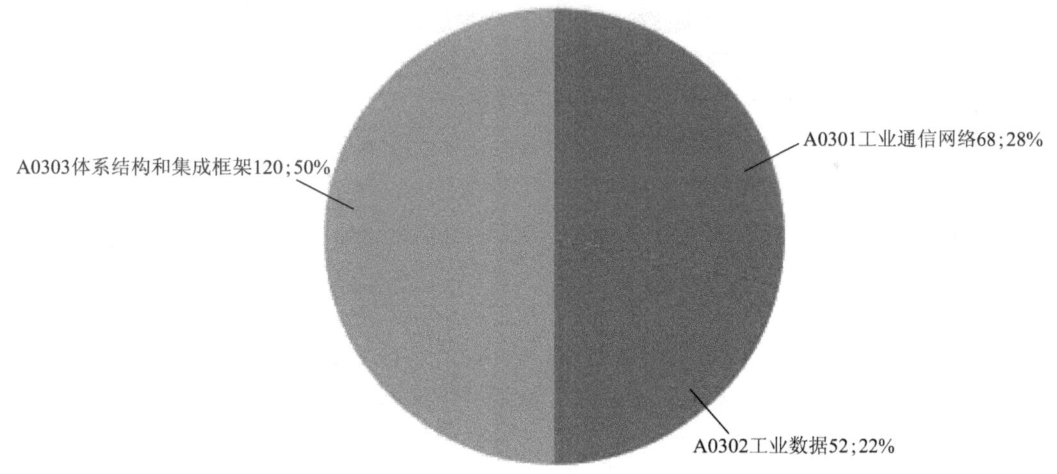

图 2－8　自动化系统与集成标准分布

（资料来源：本课题统计）

（5）智能专用设备

智能专用设备标准的分布根据表 5－1 中的 A05 门类的标准分布情况进行绘制（见图 2－9）。从图中可以看出，“现代农业机械”子类与“重型工程机械”的标准数量居前两位，其余装备标准数量均在 10% 左右。

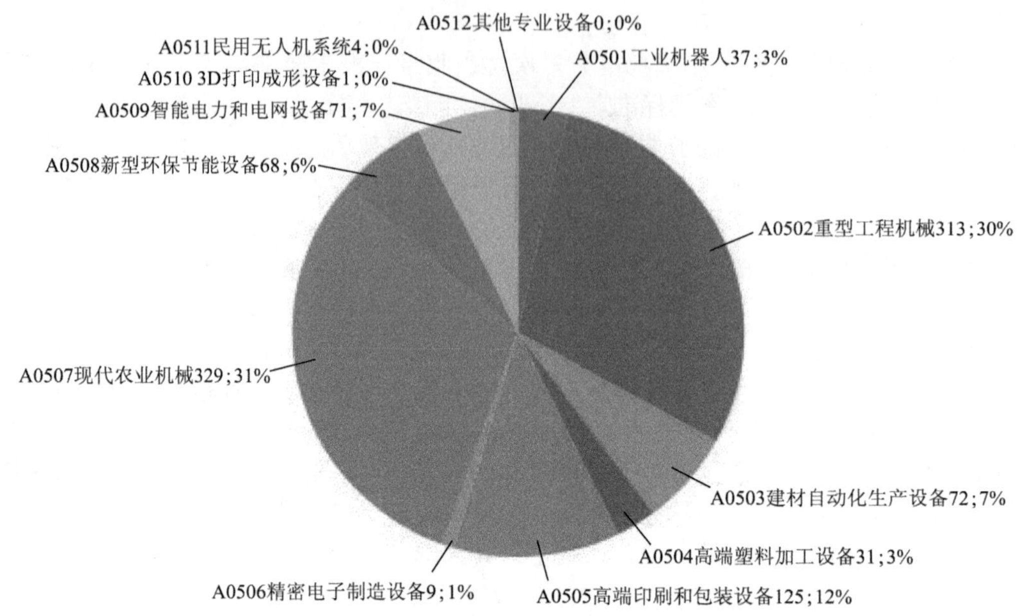

图2－9　智能专用设备标准分布

（资料来源：本课题统计）

“A0501 工业机器人”子类是关注度比较高的领域，收录标准主要以工业机器人为主，主要来源于全国自动化与系统集成标委会 SC2 分委会发布的标准。所收录的标准以机器人本体标准为主，零部件标准少。已发布的机器人本体标准规定了机械、软件、硬件接口，但这些标准发布时间较早，且大多是直接采标，未来可扩展更多的接口标准。机器人集成应用的标准较少，未来需根据所应用工况制定相应的标准，以规定机器人本体的技术要求及接口。服务型机器人虽不属于工业机器人范畴，但其预期市场巨大，未来也是标准制定的重点领域。

“A0502 重型工程机械”子类收录标准的范围包括：挖掘机、推土机、起重机等常见的工程机械，收录标准覆盖国家标准（GB）、机械行业标准（JB）、建筑工业标准（JG）等标准类型。除了通用的工程机械外，专用的工程机械标准数量也占有很大比例，如应用于采矿、港口搬运的工程机械。总的来说，该子类标准覆盖齐全，既有针对设备提出的术语定义、技术条件、检验方法、安全规则，也有针对设备关键零部件的标准，是一个比较成熟的标准领域。

“A0503 建材自动化生产设备”子类收录范围包括：水泥加工设备、石材加工设备等。收录标准主要以建材工业标准（JC）为主。该子类未覆盖全面建材加工的各领域，如陶瓷、玻璃加工机械等。

“A0504 高端塑料加工设备”子类收录标准包括：挤出机、吹塑机、注塑机等常见的塑料或橡胶成型设备，以行业标准为主，如机械工业标准（JB）、化工标准（HG）。总的来说，标准数量不多，未来需重点关注高端产品标准的制定。

“A0505 高端印刷和包装设备”子类标准数量占总数的第三位，其收录范围包括：饮料灌装设备等包装设备，覆膜机、印刷机、喷绘机、贴标机等印刷设备。收录标准主要以机械行业标准（JB）、轻工标准（QB）、国家标准（GB）为主，其中行业标准占大多数。近些年来，印刷设备标准出现了井喷式增长，如 2013 年立项标准的数量突然增多。从立项标准的名称来看，中高端产品标准的数量占了多数。

“A0506 精密电子制造设备”子类目前标准数量低于 50 项，收录范围包括：表面贴装设备、半导体封装设备、电真空器件及平板显示器生产设备、印制电路板生产设备（PCB 设备）等。目前该子类标准未覆盖该领域的设备大类，如尚无显示器生产设备的相关标准。同时已有的标准涉及的设备类型也远未覆盖大类中的所有机型，如表面贴装设备常见的设备有：贴片机、印刷机、锡膏检测设备、波峰焊设备、回流焊设备、AOI 检测设备等。这主要是由于我国在一些机型上缺乏自主研发制造的能力，长期以来这些机型均依靠进口。然而这样的短板也无法在短期内补齐，长期来看，依然需要突破该领域的技术瓶颈，使设备获得稳定的性能，从而才能实现标准零的突破。

“A0507 现代农业机械”子类收录标准的范围包括：拖拉机、收获机械、喷灌机、播种机、饲料机械、施肥机等常见的农业机械。农业机械标准化领域是一个门类设置齐全、历史悠久的领域，因此其标准化水平较高，但随着农业机械化水平的不断提升，对农业机械的发展提出更高的要求：绿色化、智能化、自动化。另外农业机械本身利润低，加之农业机械制造企业多为中小型企业，因此农业机械的技术含金量普遍偏低。因此，未来需突破高端农机产品，并加强其标准化工作。另外，富有地域特色的农机装备也是目前农机行业的一大缺口。

“A0508 新型环保节能设备”子类收录标准的范围包括：污水、废气处理设备、焚烧设备、噪声处理设备等。以机械行业标准（JB）、城镇建设行业标准（CJ）、环境保护标准（HJ）、国家标准（GB）为主。其中一部分标准都是近些年发布的，我国对环保的重视程度，将促进该领域更多标准的出现。

“A0509 智能电力和电网设备”子类收录了各类电力仪器仪表或设备，用于对各种物理量、物质成分、物性参数等进行监测、检测、测试、探测、检出、测量、观察、计算处理。该子类绝大多数是电力行业标准（DL）。未来智能电网技术所带来的技术升级，如配电网络系统、配电站自动化和电力运输、智能电网网络和智能仪表，将会促进更多产品标准的制定。

“A0510 3D 打印成型设备”子类收录标准的范围包括材料逐层堆积的方式构造物体的设备，目前该子类只有一项标准发布，该领域所采用的 3D 打印工艺在国内尚未成熟，但其本身具备成型时间短、成本低廉、成型形状多样化的优点，使其拥有广阔的前景。标准制定将有益这个新兴行业的快速发展。

“A0511 民用无人机系统”子类收录的是民用无人机及其配套设备的标准。民用无人机是近几年才迅猛发展起来的产业，而且深圳聚集了一大批民用无人机企业，占中国民用无人机产业的 70% 以上。因此，目前该领域查询到的现行或立项标准大多是由广东省企业发布或起草，形式主要以广东省地方标准、深圳无人机联盟标准为主。总体来说，目前该子类标准的制定尚处于起步阶段，且目前行业水平技术严重不平衡，以次充好现象严重，市场缺乏规范。因此未来需建立产业标准体系，并逐步推进各级标准的制修订。

“A05012 其他专用设备”子类收录标准的范围是概念较新且未能聚集成规模性发展的装备产业。目前该子类收录的标准涉及电动平衡车标准等。未来可将智能穿戴、智能家居等领域标准纳入。

2.2.2.3 标准体系建设情况

由于智能制造装备本身概念较新，因此鲜有智能制造装备产业标准体系建设的研究报道。可以查阅到的仅有中国机械工业联合会（以下简称中机联）标准部提出的智能制造装备标准体系[49]，标准体系框架如图 2－10 所示。其框架第一层级基本按照产品大类的分类方法，将智能制造装备分为高档数控机床与机床装备、智能专用设备、智能仪器仪表与控制系统、关键基础零部件及通用部件四个子领域。第二层级进一步按照行业的独立性将产品大类细分为更小的子类。

该体系框架对比文献［2］可以发现，第一层级基本涵盖了智能制造装备产业的大类，但第二层级的有些大类之下所覆盖的领域仍不完善，如智能专用设备未覆盖文献［50］指出的八大重点发展领域，仅包含三个领域。另外，从文献［49］的标准数量统计可以看出，该标准体系收录的标准远少于目前各行业现行的标准数量，推测是由于该标准体系涵盖的仅为智能制造装备产业重点发展产品所致。再者，中机联提出的标准体系尚无法体现出地方特色，它属于一个技术层面的标准体系。

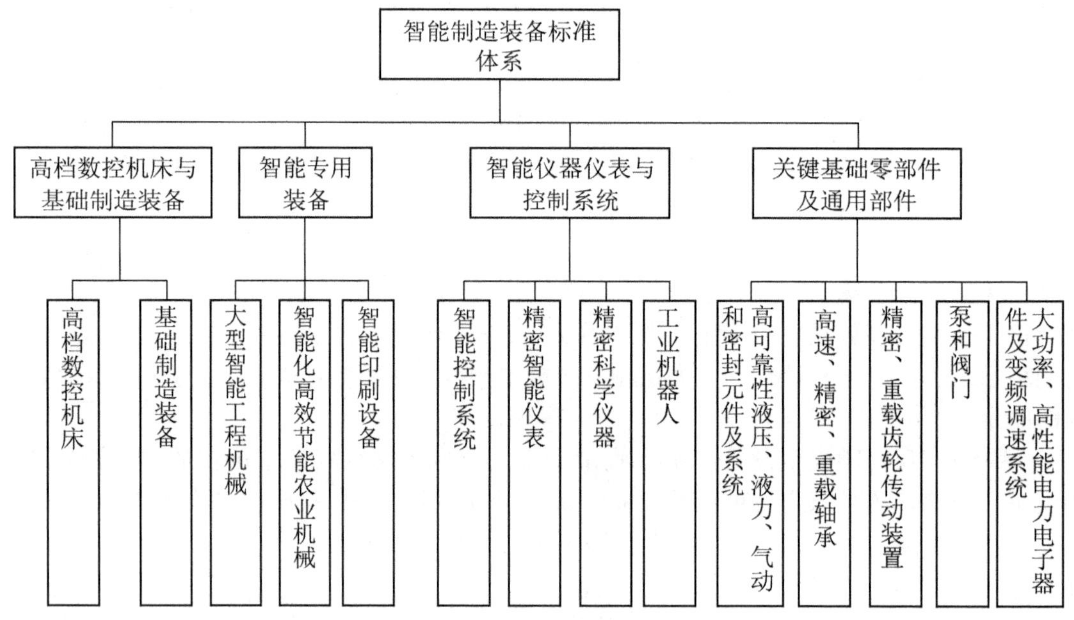

图 2－10　中机联提出的智能制造装备标准体系

2.3　通用航空装备产业标准化发展现状

通航装备为民用航空装备的一个分支，其技术层面、产业链结构都与其他民航装备类似。除通航装备所具备的特殊功能外，通航装备引用的标准大多为民用航空装备所共用。同时，国内外尚无专门从事通用航空装备标准化工作的组织，通航装备的标准化工作一直以来是作为民航装备标准化工作的一个模块来开展，因此下文将重点论述民用航空装备产业标准化的发展现状。

2.3.1　国外现状

2.3.1.1　标准化组织概况

国际范围内的航空工业标准化组织较多，按层次分为国际标准化组织、国家/行业标准化组织。

影响力较大的国际标准化组织有 ISO 下属的航空和航天器技术委员会 ISO/TC 20 和国际航空航天质量工作组（IAQG）。

ISO/TC 20 是目前航空航天工业最具影响力的国际组织，主要负责飞机、航天器以及相关的维修和保养设备所涉及的材料、零部件和设备的标准化。ISO/TC 20 下设 9 个分技术委员会，如表 2－6 所示。目前该技术委员会发布标准 636 项，预立项标准 118 项。

国际航空航天质量工作组（IAQG）是由世界各地的航空、航天和国防原始设备制造商（OEMs）组成的全球合作性组织，该组织致力于在国际航空航天制造商的互信基础之上，通过建立并保持有效的动态合作，实现在整个价值流过程中对质量和成本的显著改进。该组织在 ISO 9000 族标准的基础上添加了反映航空特点的附加要求，形成了世界范围内航空航天工业统一的质量管理体系要求——AS 9100 质量管理体系标准。该标准覆盖了民航、军用航空以及航天要求所必需的附加要求，是目前航空工业制造应用最广泛的质量管理体系。

表 2－6　ISO/TC 20 分技术委员会架构

分技术委员会编号	名　称
SC1	航空电气要求
SC4	航空航天紧固件系统
SC6	标准大气
SC8	航空术语
SC9	航空货运和地面设备
SC10	航空航天流体系统和组件
SC13	空间数据和信息传输系统
SC14	空间系统和操作
SC16	无人机系统

目前航空工业水平位于前列的有美国、欧洲的部分国家。这些先进国家或地区也形成了相应的标准化组织，如美国机动车工程师学会SAE、美国航空航天工业协会AIA、美国航空航天学会AIAA、欧洲航空工业协会AECMA。这些组织普遍是由行业内部发起成立，发展至今入会企业数量较多，几乎涵盖了行业内部所有核心企业（如AIA有正式会员公司75家，准会员公司137家，涵盖了美国所有重要商业、军用和公务飞机、直升机、飞机发动机、导弹、空间飞机制造商以及部分航空材料、相关零部件和设备制造商）。这些学会（协会）在全行业得到了普遍认可，具有良好的权威性。其所制定的标准具有很强的实用性，能够体现企业的实际需求，有效地服务了行业；能够提出具有前瞻性的标准化工作方向（如AIA每年评出世界航空航天十大焦点问题并组织研讨）以引导行业的发展；建立多个数据库为行业发展提供支撑（如AIA建设有国家航空航天行业标准库、航空航天数据库、航空航天工业经济指标库等）；其中一部分组织与国际标准化组织对接（如AIAA与ISO/TC 20/SC 14对接），有效推动了航空工业国际标准的制修订。

2.3.1.2　标准制修订概况

目前世界范围内航空航天工业标准总数估计超过数十万项，现存上百个标准化组织，这必定会出现标准重复制定、冗余的现象。

从企业使用标准的情况来看，全球著名飞机制造商企业都非常重视标准的使用，企业内部标准体系完善，但内部标准（自主制修订标准）数量仍然较多。如波音公司目前使用标准34 000余项，其中内部标准有8 500项，占总数的25%（截至2006年）；空客公司使用标准12 000余项，其中内部标准有9 960项，占总数的83%（截至2008年）[51]。这表明，虽然现存的航空标准数量巨大，但就企业的实际使用情况来说，外部标准通用性较差，这主要源于不同企业标准体系无法统一。导致这种情况的深层次原因是企业、行业协会、政府各自为政，缺乏统一的规划和战略部署。

从标准类型来说，航空工业标准主要包括：零部件标准，材料和工艺标准，质量标准，环境、健康和安全标准，试验和验证标准，加工标准，操作和设备标准七大类。标准类型分布见图2-11，其中零部件标准占总数的50%，材料和工艺标准次之（20%），质量标准居第三位（15%），这几类标准所占比例总和均超过85%。这种分布情况与飞机设计制造的关键技术基本吻合，如材料是飞机设计的基准，影响了飞机的重量、动力系统的配置等关键技术指标，同时也极大地影响了飞机的安全性。零部件是构成飞机的通用组件，由于飞机使用的零部件数量非常多，如连接件、弹性元件、机载设备等，因此目前标准数量最多。同时，一些类型的标准还亟待补充完善，如试验方法标准等。在美国适航条例中，规定了飞机性能参数的认证。但如何认证，官方并未明确规定，可见试验方法标准的匮乏。但试验方法又极大地影响了飞机的适航认证，其重要性可见一斑。另外，由于全球制造业的融合导致供应链的全球化，这要求全球航空工业要制定详细的、系统的供应链管理体系，以保证飞机的质量。

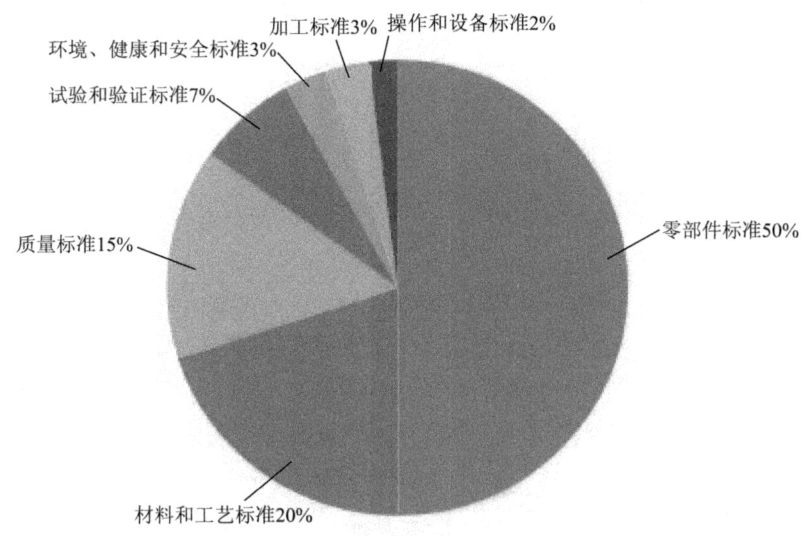

图 2－11　航空航天工业全球标准的类型分布

资料来源：参考文献［52］

2.3.2　国内现状

2.3.2.1　标准化组织概况

涉及航空工业的全国标准化技术委员会（简称标委会）有 SAC/TC 435、SAC/TC 427、SAC/TC 359，这些标委会主要负责国家标准的制修订工作。由于这三个标委会成立时间均较晚（2008 年之后），因此由其主持制修订的标准较少，仅 35 项。但国家标准仍然具有不可替代的作用，一方面国家标准是对中国国家军用标准和行业标准的有力补充，另一方面国家级标委会是 ISO 组织在中国的对口单位，代表中国参与国际标准化活动，直接决定了中国航空工业标准化在世界的地位。

集团标准是中国航空工业比较特殊的一类标准。中国航空工业集团公司是中国最大的航空工业公司，下属单位覆盖了中国民用航空工业 80% 以上的骨干企业。中国航空综合技术研究所（301 所）是中航工业专门负责标准化的单位。近几年，中国航空工业集团公司欲整合内部标准，建立统一的标准数据库，供集团下属单位使用。301 所是此工作的具体负责单位，已经整合了 GB、GJB、HB、国内其他行业标准、国际先进标准、成员单位企业标准等 25 种标准，共 12.3 万项；将行业及以上标准没有规定而又需要在集团层面统一的技术和技术管理要求，制定为集团公司标准 Q/AVIC；将集团公司标准按产品的分解结构进行细分，构建了新的体系框架。这些集团公司标准是向外部标准的提升、转化的基础，以提高集团的影响力。集团公司标准运作的方式与国外大型飞机制造商标准化工作模式非常类似，意在加强集团公司的内部标准，其关注的是跨单位的统一通用要求，是成员单位企业标准的有力扩充。

企业标准是航空制造公司使用频率最高的标准。鉴于飞机制造具有工艺复杂、技术资本高度密集的特点，航空制造商的标准化工作围绕具体型号展开，同时标准化伴随在飞机的全生命周期，即设计、制造、试验、试飞、适航、销售、售后的全过程。中国商用飞机公司就是一个很好的案例，目前已围绕 ARJ21 系列开展了综合标准化，即将飞机各个生命周期环节所使用的标准集成到一个信息系统中，以方便工程师随时使用。譬如结构设计工程师在设计机翼的时候，可以从信息系统中快速找到机翼的设计标准、零部件标准等设计机翼涉及的标准。

广东省航空装备产业主要以通航产业为主，中航通飞公司是典型的代表，该公司在通用飞机标准化上做了很多深入的探索。中航通飞研究院（中航工业特飞所）是中航通飞的研究机构，负责其标准化工作，已完成大型灭火/水上救援水陆两栖飞机（AG600）型号的标准体系建设，该标准体系以适航审定要求为牵引，梳理了适航标准及其引用技术标准，同时对国内外现有先进标准进行搜集、分析和转化。

2.3.2.2　标准制修订概况

国内航空装备标准主要分为以下几个层次：国家标准（以 GB 开头的标准）、行业标准（以 HB 开头的标准）、军用标准（以 GJB 开头的标准）、民航行业标准（以 MH 开头的标准）、其他行业标准（包括以 QJ 开头的航天行业标准、以 SJ 开头的电子行业标准）、中国航空工业集团标准 Q/AVIC、企业标准。编者统计了与航空装备相关的国家标准及行业标准，形成了广东省通用航空装备产业标准明细。根据该明细得出的标准数量分布情况（如图 2 - 12 所示）可以看出，B0302 工艺装备、B0202 飞机零部件、B0207 机载设备、

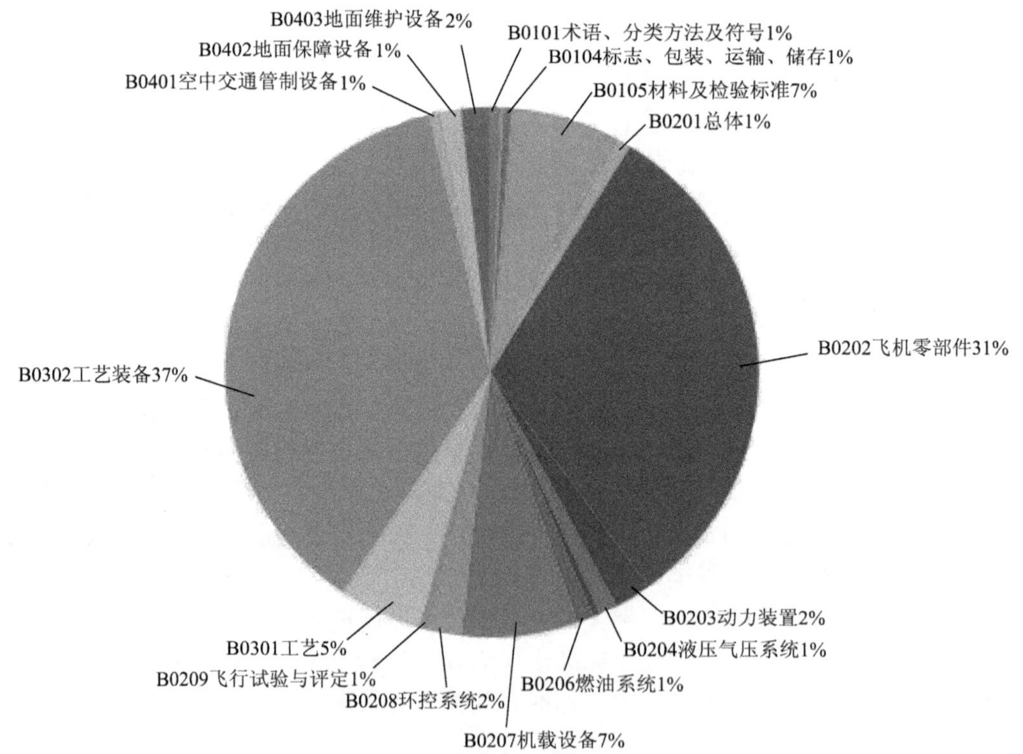

图 2 - 12　航空装备产业标准数量分布

（资料来源：本课题统计。注：比例低于 1% 的图例比例不标出，其中 B0102 可靠性、B0103 环境条件、B0205 航电系统比例低于 1%）

B0105 材料与试验方法占标准数量的前 4 位，且占比超过 80% 。

由于中国的航空装备最早从军用航空工业起步，军用航空装备基础好，底子厚，因此现存标准很多是从军用标准转换而来。现存 HB 标准有 4 261 项，技术领域覆盖全面，是目前民用航空工业外部标准使用频率最高的标准，也是现存数量最多的标准类型。其他标准类型按照标准数量排名依次为：GJB 标准 374 项、MH 标准 139 项、其余类型标准 477 项。航空装备标准仍需进一步加大采标力度，目前采标的标准数量仅为 119 项；采标范围较广，如 ISO（国际标准）、MIL（美国军用标准）、TSO（技术标准规范，用于适航审定）、FAR（美国联邦航空条例）、JIS（日本国家标准）、ASTM（美国材料标准）、SAE（美国机动车标准）等。

2.3.2.3 标准发展趋势

中国航空装备产业的标准发展方向未来主要有以下几点：

（1）要以满足适航审定要求为出发点

民用飞机要想进入市场，必须通过合格审定，而合格审定的依据是适航条例。适航条例中引用大量的技术标准，以规范和指导民用飞机的研制和制造，因此需要在飞机的研发过程中尽量引用适航条例相关的引用标准；适航条例中只对指标提出要求，而对如何验证指标并没有做强制规定，因此要大力研发各种试验方法标准。

（2）要积极开展国外先进标准的分析和转化

中国在民用飞机制造领域，放眼世界来看，尚未达到如波音和空客的先进水平。不论是从标准数量，还是标准质量来看，国外标准均高于中国。我们在前期对标准的搜集整理发现，中国在航空装备领域标准的采标率较低，因此需要对国外先进标准进行搜集，对通用基础类标准以及核心技术涉及的标准进行对比分析，同时将已在其他型号研制过程中得到验证的标准及时转为己用。

（3）注重军民标准体系的融合

军用技术常以先进性、高质量著称，军机标准的要求一般高于民机标准，但长久以来，中国军机标准和民机标准的发展一直是两条线，彼此甚少联系。随着中国市场对民机爆炸式的需求，迫切需要民航领域的军民融合：一方面，可以及时将军用技术转化为民用，提高民机质量和技术水平，同时民机标准化方面的空白也可得到军机标准的填补，军机完善的标准体系必将带动民机领域的发展；另一方面，军工厂也亟须转换角色，走向民机的市场。因此，军民融合的标准体系亟待建立，这有利于民用企事业单位提高航空市场上的竞争力。

（4）要注重型号间的差异性对标准带来的影响

飞机不同于其他装备，不同型号的飞机彼此有较大的差异。根据飞机的总体设计要求，在各个关键性能参数上就有明显的差异，但这种差异性在目前标准中尤其在通用技术标准中无法表现出来；要关注对供应商的管理，由于目前零部件的供应商数量众多，因此需要对供应商提出明确的要求，确保质量。

2.4　城市轨道交通装备产业标准化发展现状

2.4.1　国外现状

2.4.1.1　标准化组织概况

1863 年英国建成第一条地铁线路，1888 年美国建成第一条有轨电车线路，城市交通进入了轨道交通时代。经过一个多世纪的发展，在现代化的国际性大都市中，轨道交通作为连接城市主要枢纽的主干交通线，在公共交通系统中处于骨干（或主动脉）地位。东京、伦敦、维也纳等城市轨道交通在公共交通的分担率占到 90 % 以上。到 2009 年底，全世界已有 53 个国家（地区）的 175 个城市建成了地铁或者轻轨等轨道交通系统。

在轨道交通发展的同时，一些国家大力开展轨道交通标准化工作。轨道交通标准主要涉及三类标准，即国际标准、区域性标准和工业发达国家标准。

国际标准主要有：国际标准化组织（ISO）标准、国际电工委员会（IEC）标准和国际铁路联盟（UIC）标准等。ISO 标准在城市轨道交通车辆上不如 IEC 标准多，但在铁路钢轨、转辙及辙叉方面的标准几乎覆盖了各类钢轨、轨枕及道岔。城市轨道交通采用电力牵引、电动车辆，有完善的供电系统。特别是近年来，交流传动技术发展很快，电力电子新技术在城市轨道交通车辆上大量使用，因此，对 IEC 标准依靠程度也越来越高。UIC 标准是解决欧洲各国间铁路互通互用中存在技术问题产生的标准，偏重于车辆、牵引供电、供电功率、架空接触网、通信、信号、运营以及线路等方面，在城市轨道交通产品标准中也有采用。

区域性标准主要有欧洲标准（EN），欧共体为了建立单一市场，实现成员国产品和服务的自由流通，减少成员国间的贸易技术壁垒，降低产品成本，制定了欧洲标准。欧洲标准通常为非强制性的，除非某一管理部门要求必须使用该标准。欧洲标准由下列三个欧洲标准化组织制定：即 CEN（欧洲标准化委员会）、CENELEC（欧洲电工标准化委员会）和 ETSI（欧洲电信标准学会）。CENELEC 负责制定统一的欧洲电工电子标准，与 IEC 有密切的合作关系，例如制定了以计算机控制的信号系统作为对象的铁道信号标准，即 EN50126 ～ EN50129 的系列标准，是对整个铁路系统在系统生命周期内安全管理、电子电器系统软件和信号系统等安全保障工作的指导。ETSI 主要制定在欧洲内外使用的电信标准，如 TS134229 - 2 V8. 1. 0 通用移动通信系统（UMTS）等。CEN 负责制定上述两个委员会以外的欧洲标准，与 ISO（国际标准化组织）有密切的合作关系，CEN 直接采用 ISO 标准或由 ISO 参与 CEN 的草案阶段工作，目的是尽可能地使欧洲标准成为国际标准，使欧洲标准有更广阔的市场，已有 40% 的 CEN 标准成为 ISO 标准。

工业发达国家标准包括德国、英国、法国、日本和美国等国家标准。DIN（德国国家）标准是一种比较先进、齐全、实用的标准，在国际上享有较好的声誉，有半数 DIN 标准被 ISO、IEC 以及 EN 等国际和区域性标准采用。法国铁路系统，特别是高速铁路十

分重视标准化的建设，对标准的技术要求较高。日本是城市轨道交通高度发展的国家，机车车辆属于日本国家标准（JIS）的 E 系列，JIS 的 E 系列中共收入近百份标准，由术语、结构、试验验收方法等方面的内容组成，其中尤以试验验收方法方面的标准为多，素以细致、实用著称。

2.4.1.2　标准制修订概况

国外在国家标准的层面上没有专门的城市轨道交通标准，城市轨道交通的通用标准多数包含在铁路、电力牵引、供电等专业标准中，专用性标准多由行业协会组织或轨道交通运营企业自行制定。

城市轨道交通通风与空调、给水排水及消防系统、屏蔽门、自动售检票等机电设备，涉及机械、电力、电子、自动化、通信网络、计算机/软件等多种行业和专业，产品种类繁多、应用广泛，主要是采用一般的工业和民用相关的国际标准或各设备厂家的企业标准。

国外城市轨道交通类型较多，是由众多技术装备集成的产品，涉及机械、电力、电子、金属及塑料、橡胶等金属和非金属材料行业。其产品主要面向国际市场，一般数量少、品种繁多，技术与质量要求高是其主要特点，并体现在以下几个方面：

（1）标准功能专业化

IEC 着重于电力电子、电工专业方面的标准，UIC 着重于整合欧洲铁路运输技术方面的标准，ETSI（欧洲电信标准学会）主要制定在欧洲使用的电信标准等。

（2）重视标准的先进性

国外工业发达国家都将先进技术，特别是电子、电工、控制、自诊断等，包括 VVVF（变频调速系统）交流传动、列车通信网络等技术从速纳入到标准中，提高标准知名度，促进这方面的先进技术尽可能快地转化为生产力，以便使本国制造商在竞争激烈的国际市场上占据有利地位。

（3）标准系列化

国外标准逐步实现系列化，即围绕一个大系统做标准，以 VVVF 系统为例，主电路图中的重要部件在国际和国外先进标准如在 IEC 标准、JIS 标准中均有相应的专项标准，已成系列，使用起来非常方便。在车辆安全防火标准方面也有同样情况，如 NFP（法国标准）中有 92－501，92－503，92－505，92－507，92－509，92－511 以及 92－595 等系列化的标准。

（4）重视试验验收方面的标准

从产品角度看，如何生产出具有一定性能和高质量的产品是制造商的事，产品性能需要按一定的试验和验收方法，由用户来确认。据不完全统计，不论是国际标准还是外国先进标准，有半数以上为性能要求和试验验收方面的标准，在 IEC、EN、JIS、NFP 等标准中均有体现，且有逐步扩大的趋势。

（5）标准的国际化已成为发展趋势

随着国际贸易和文化交流的不断扩大，特别是贸易全球化和经济区域集团化，以及高新技术的迅猛发展，对国际标准的需求日益增长。采用国际标准，或者说是标准的国际化或标准的国际趋同，已成为全球普遍发展趋势。1980 年生效实施的《贸易技术壁垒协定》（GATT/TBT），更促使标准趋同活动呈现出前所未有的活跃局面。积极采用国际标准，实现标准趋同，将是未来发展的趋势。

（6）标准制定紧密结合市场，系统集成的知名厂商支持和资助甚至直接参与国外产品的开发、研制，为将先进技术尽快转化为生产力，抢占国际市场，直接承担制定或资助标准制定，如美国的 3com、IBM、AT&T、Bell 等著名公司和研究单位也发布各种协议、规程和行业标准。

（7）国际标准制定主导权，是工业发达国家的标准化战略

取得国际标准制定的主导权，使国际标准反映本国的技术，已成为各国在国际社会中提高本国地位的重要国际战略，特别是欧洲各国正在战略性地推进本国技术的国际标准化，确保国际市场的优势地位。

2.4.2 国内现状

国内城市轨道交通建设始于 20 世纪 60 年代，经过 30 多年，只建设北京、天津两城市规模很小的地铁，发展缓慢，标准化工作未能得到重视。直到 20 世纪 90 年代，国内开始加快城市轨道交通建设，才陆续开展城市轨道交通标准编制工作，到目前为止，现行城市轨道交通国家标准共 102 项，行业标准 164 项，地方标准 48 项（广东省地方标准 1 项），在编标准 41 项（2009—2014 年国家和行业立项标准）。

2.4.2.1 标准化组织概况

在城市轨道交通快速发展的新阶段，为更好地规范和引领城市轨道交通产业发展，经国家标准化管理委员会批准，建设部地铁与轻轨研究中心筹建（秘书处承担单位），于 2006 年 12 月 20 日在北京召开全国城市轨道交通标准化技术委员会成立大会，标委会编号为 SAC/TC 290，由 53 名委员组成，负责城市轨道交通领域国家标准制修订工作，具体领域包括地铁、轻轨、有轨电车及其他新型城市有轨客运交通系统的车辆、供电系统、通信系统、信号系统、通风和空调系统、给排水和消防系统、防灾监控报警系统（FAS）、设备自动监控系统（BAS）、自动售检票系统（AFC）、屏蔽门（安全门）系统以及维修、检测、救援设备等。

为适应住房城乡建设标准化管理需求，进一步增强标准化技术管理力度，保障标准的编制质量和水平，更好地发挥标准对住房城乡建设事业的支撑保障作用，根据国家住房和城乡建设部《关于调整住房和城乡建设部标准化技术支撑机构的通知》（建标〔2011〕98 号）的要求，2012 年 2 月正式筹建“住房和城乡建设部城市轨道交通标准化技术委员会”，秘书处承担单位为中国城市规划设计研究院，主要负责城市轨道交通工程及产品方面的工程建设标准、行业标准和产品标准的规划、制修订及宣贯实施等业务。

2.4.2.2 标准制修订概况

为了促进轨道交通发展，适应轨道交通建设的需要，我国于 20 世纪 80 年代用了十多年时间制定了第一批轨道交通标准，涉及轨道交通的车辆、供电、信号等关键技术，标准实施后在城市轨道交通建设中起到极大作用。

轨道交通产业涉及多个专业领域，如铁道、信号与通信、电力供电、电气设备等行业已有相对较为完整的标准体系及大量标准，故大部分标准直接采用，暂未制定专门的城市轨道交通产业标准，轨道交通产业专用标准偏少。采用符合城市轨道交通要求的相关标准如下：

（1）大量采用相关铁路标准

常规钢轮、钢轨方式的轨道交通与铁路系统在系统组成、运营管理等方面有很多相似之处，在城市轨道交通建设的起步阶段，城市轨道交通的车辆、供电、信号、环境保护与安全卫生等方面大量采用相关的铁路标准。

（2）大量采用其他行业的相关标准

城市轨道交通是典型的技术密集、机电设备密集的系统工程，涉及车辆、供电、通信信号等多个专业。在通风和空调、给水排水和消防、防灾报警、自动扶梯和升降梯等机电设备方面，目前还没有轨道交通方面专用的标准体系，但作为通用产品及技术，其标准还是比较成熟和完善的。目前，这些产品主要是借用一般工业和民用建筑上的相关标准，有国家标准、行业标准、地方标准，也有设备厂家的企业标准。近年来，轨道交通通风和空调、给水排水和消防、自动扶梯和升降梯等方面出现一些新技术、新设备、新材料等，还仅限于生产厂家的企业标准，产品的行业标准将逐步提到日程上来。

（3）国际和国外标准在实际应用上受到重视

进入 20 世纪 80 年代，国内进入又一轮开展城市轨道交通建设的阶段，由于大量引进国外先进设备和产品，在国内缺乏标准的情况下，城市轨道交通建设大量引用国际标准和国外先进国家的标准。

（4）专用标准加快制修订步伐

随着新一轮的轨道交通工程的建设和装备业的发展，以及我国城市轨道技术在国际上的突起，为促进城市轨道交通快速发展，尽快与国际市场接轨，并打入国际市场，我国城市轨道交通标准化工作应加强与国际标准化组织、先进国家标准化组织，特别是城市轨道交通行业协会的交流与合作，城市轨道交通产业的专用标准制修订工作也加速。近年来，在基础通用标准、新产品、新技术、工程工艺和安全管理等方面，制定了大量标准，为加快形成我国城市轨道交通标准体系起到了积极的推动作用。

2.5　海洋工程装备与船舶制造产业标准化发展现状

2.5.1　国外现状

2.5.1.1　标准化组织概况

船舶制造业及海洋工程装备制造业的标准一般有两个主要来源：其一是国际海事组织（IMO）、国际船级社协会（IACS）等国际组织，IMO 制定的公约（规则）是国际技术法规，必须由各个缔约国通过履约和立法过程而强制执行；其二是各标准化组织，其中比较有代表性的有国际标准化组织（ISO）、国际电工协会（IEC）、美国材料与试验协会（ASTM）、美国石油协会（API）、欧洲标准化委员会（CEN）等。

国际船级社协会（IACS）是一个建立和维护船舶和离岸设施的建造和操作的相关技术标准的机构。作为该领域全球性的标准化组织，IACS 致力于联合各船级社利用技术支持、检测证明和开发研究，通过海事安全与海事规范维护，追求全球船舶安全与海洋环境清洁。目前，IACS 在世界范围内共有 13 个正式成员，全球逾 90% 的货运船舶吨位的船舶已被这 13 个船级社成员的船级规范所覆盖。值得一提的是国际标准化组织船舶与海上技术委员会（ISO/TC 8）的秘书处设在我国国家标准化管理委员会，这为我国争夺国际标准话语权提供了有力的保障。ISO/TC 8 下设 10 个分技术委员会，各分技术委员会承担的标准制修订范围如表 2－7 所示。

表 2－7　国际标准化组织船舶与海上技术委员会（ISO/TC 8）及各分技术委员会（SC）所承担的标准制修订领域

分技术委员会名称	标准领域	秘书处
SC 1　救生和消防安全	救生设备和装置、安全装置及消防等领域	美国国家标准学会
SC 2　海洋环境保护	水下噪声辐射、环境响应、船上垃圾、AFS（弯道辅助照明系统）国际公约的风险评估、SCR（氯丁橡胶）反应物及船体和螺旋桨性能变化的测量	美国国家标准学会
SC 3　管道和机械	液货舱压力真空安全阀，加热、通风和空调设备，港口设施，管道组成件的防火测试，压舱水管道，阀门等领域	美国国家标准学会
SC 4　舾装和甲板机械	救生艇降放装置、甲板机械、舾装、起重设备、海运集装箱系固设备及极地甲板机械等领域	中国国家标准化管理委员会
SC 6　船舶导航和操作	陀螺罗盘、回声测深设备、磁罗盘和罗盘箱、高速船探照灯、电子海图数据库、发送航向装置、指示器、航海数据记录仪、昼间信号灯、操纵、通信网络系统及速度试验数据分析等领域	日本船舶技术研究协会
SC 7　内河船舶	内河船舶船用机械设备、驳船航行要求等领域	德国标准化学会
SC 8　船舶设计	船舶保护涂层及检验方法、舱门及液化天然气运输船倾斜测量等领域	韩国技术标准局

续表

分技术委员会名称	标准领域	秘书处
SC 11　联运和近海航运	海铁联运、近海航运的数据交换，航行安全等领域	韩国技术标准局
SC 12　大型游艇	游艇设计规则、安全保障、甲板装置和游艇质量等领域	意大利标准化协会
SC 13　海上技术	海洋勘探、观测、监测、探测等领域	中国国家标准化管理委员会

国外海洋钻采设备制造主要涉及的标准研究机构为国际标准化组织（ISO）、美国石油协会（API）、欧洲标准化委员会（CEN）、挪威船级社（DNV）等。其中：ISO/TC 67（石油、石化和天然气工业用设备材料及海上结构技术委员会）主要负责石油、石化和天然气工业在钻井和采油、管线管输送和液体及气体碳氢化合物处理用材料、设备和海上结构范围内标准的制修订，共有 8 个分技术委员会（SC）；API 有油田设备和材料（CSOEM）、炼油设备（CRE）、管道标准、安全与防火（SFPS）及石油计量（COPM）五个标准化技术委员会；由欧洲标准化委员会（CEN）发布的 EN 标准中，与海洋钻采装备有关的标准文件由与 ISO/TC 67 对口的 CEN/TC 12（石油和天然气工业用材料、设备和海上结构物技术委员会）负责；挪威船级社（DNV）也是国际知名的船级社和国际权威的认证机构，其宗旨是保护海上人员生命财产安全和环境。

2.5.1.2　标准制修订概况

初步统计，国外海洋工程装备产业现有标准 2 201 项。对于一般行业来说，在国际标准中，ISO 和 IEC 的国际标准是最重要的，但对船舶行业而言，IMO 所颁布的公约、规则、决议等和 IACS 规范和法定检验规则的影响和作用远甚于 ISO 和 IEC 的标准。上述公约、规则等规范很大程度上影响着船舶的设计、建造、入级/法定检验和航行要求。截至 2010 年 8 月，IMO 共颁布了 60 个公约，其中 47 个已生效，13 个待生效，其中影响较大的有《国际安全散装运输谷物规则》（Grain Code）、《国际散装运输危险化学品船舶构造和设备规则》（IBC Code）和《国际散装运输液化气船舶构造和设备规则》（IGC Code）等。IACS 的《油船共同规范》和《散货船共同规范》等船舶建造与入级规范对船舶设计和建造的影响极大。此外，ISO/TC 8/SC 8 船舶设计分技术委员会共有 41 项现行的标准，涉及船舶建造和营运过程中与设计、建造、机构、舾装、设备、方法、技术以及海洋环境保护等方面。ISO/TC 8 制定的标准虽然不具有强制性，但对 IMO 的技术支撑作用显著提升了其在船舶领域的约束力。

ISO/TC6 7（石油、石化和天然气工业用设备材料及海上结构技术委员会）现行标准 191 份，主要覆盖范围为石油、石化和天然气工业在钻井和采油、管线管输送和液体及气体碳氢化合物处理用材料、设备和海上结构等方面。而现有的美国石油协会（API）标准体系几乎涵盖了石油钻采装备产品的各个方面，标准项目之间具有较好的配套性、综合性及良好的工程实践和作业经验。欧洲标准化委员会（CEV）发布的 EN 标准作为区域性文件在技术内容上与相应的 ISO 标准完全相同，在石油天然气工业方面的标准采标率接近

98%，在海洋钻采装备方面的标准则完全相同。随着海上石油开采的迅速发展，挪威船级社（DNV）也进一步加强了海洋钻井平台和钻采设备的标准化工作，现有110多项相关的规范、标准和推荐做法。

近年来，国际海事组织（IMO）和国际船级社（IACS）等国际性组织不断地推进船舶技术标准的提高和升级，主要集中在目标型新船建造标准（GBS）、船舶温室气体减排、船舶压载水公约、船舶循环再利用公约、船舶结构防腐蚀标准等。总体上看，近几年国际船舶规范标准正在向新型船舶规范标准体系发展，并朝着目标化、环保化、专业化和用户友好化的目标转型。而在海洋钻采设备标准方面，ISO/TC 67 近几年的标准化发展重点体现在：标准制定中更加重视健康、安全与环保，加大海洋钻采设备标准的制修订力度，加强与其他标准化组织的合作，从国际标准化的角度转化标准。

2.5.2 国内现状

2.5.2.1 标准化组织概况

我国现有的海洋工程和船舶制造相关标准化技术委员会共6个，分别是：TC 12 海洋船、TC 283 海洋、TC 96 石油钻采设备和工具、TC 355 石油天然气、TC 531 船舶电气及电子设备、TC 129 船舶舾装。拟筹建的技术委员会1个，为全国海洋工程装备标准化技术委员会。各TC负责的标准制修订领域如表2－8所示。

表2－8　我国海洋工程和船舶制造相关的TC或SC

分技术委员会名称	标准领域	秘书处
TC 12　海洋船	船舶基础、修造船工艺、船用材料、航海仪器、船用电气设备及大型游艇等领域	中国船舶工业集团第708研究所
TC 96　石油钻采设备和工具	石油钻采设备和工具等领域	中国石油集团勘探开发研究院石油工业标准化研究所
TC 129　船舶舾装	海洋船舶的船用装置、舱面属具、舱室设备、系泊设备和救生设备等领域	江南造船（集团）有限责任公司
TC 283/SC 5　海洋工程勘察与测绘	海洋工程勘察与测绘等方面的质量、安全和环境保护要求等领域	国家海洋局第一海洋研究所
TC 355　石油天然气	石油地质、石油物探、石油钻井、测井、油气田开发、采油采气、油气储运、油气计量及分析方法、石油管材、海洋石油工程、安全生产、环境保护等领域	中国石油勘探开发研究院
TC 531 船舶电气及电子设备	船舶电气及电子设备相关领域	中国船舶重工集团公司第七〇四研究所

2.5.2.2　标准制修订概况

2012 年 4 月，工业和信息化部、国家标准化管理委员会印发《船舶工业标准体系》(2012 版)[53]，该标准体系共包括金属船舶制造、非金属船舶制造、娱乐船和运动船制造和修理、船用配套设备制造、海洋工程及其他浮动装置制造、船舶修理及拆船共 6 个大类、14 个中类、55 个小类。现有标准 1 984 项，包括国家标准（GB）531 项，船舶行业标准（CB）1 453 项。计划新增标准 790 项，对口国际标准转化率为 70%。该体系中包括海洋钻采装备标准共 89 项，其中包括陆地和海洋钻采装备通用的标准 68 项，如钻井和修井设备、提升设备、井口装置及采油树（水上）、井控设备、井架底座等；有海洋钻采装备专用标准 21 项，如海洋钻井隔水管设备、海洋水下生产系统等。在 89 项标准中有国家标准 33 项，石油行业标准 56 项，其中等同和修改采用 ISO 和 API 标准的 44 项，采标率 49.4%，非等效采用 API 标准 2 项，而在海洋钻采设备 21 项专用标准中，采标率则超过 80%。近年来，我国海洋工程装备产业在自升式平台设计、建造领域取得了一大批重大自主创新成果，部分产品实现了历史性突破，但在标准化工作方面，支撑自升式平台设计、建造的标准体系尚未建立健全，远不能满足新形势下我国海洋工程装备自主研发设计和总装建造的整体需求。

为了进一步落实《“十二五”国家战略性新兴产业发展规划》（国发〔2012〕28 号），加快提升我国海洋工程装备制造业创新能力，提升行业技术水平，2012 年 6 月，上海外高桥造船有限公司启动了我国第一个“海洋工程装备 ——自升式钻井平台国家综合标准化示范项目”，为尽快形成我国自主研发的海洋工程装备标准体系奠定了基础。2014 年 6 月工信部发布了《海洋工程装备科研项目指南（2014 版）》，从工程与专项、特种作业装备、关键系统和设备三个方面，提出了 2014 年海洋工程装备制造业的重点科研方向，提出要建立相应的 FLNG（浮式液化技术）设计建造规范与标准体系，初步形成水下油气生产系统的标准体系。

我国海洋工程装备标准化起步较晚，海洋工程装备专用标准基本上以采用国际和国外先进标准为主，具有自主知识产权的标准项目还较少，这种对 ISO 和 API 标准的依赖，在今后相当长的一段时期内仍然是标准化工作的重点，但从长期发展的角度来说，有必要加快我国海洋工程装备主导产品的国家标准制修订工作、实质性参与国际标准的制修订工作、开展国际标准化技术交流与合作。

第3章　广东省高端装备制造产业标准体系

3.1　概述

标准体系是一定范围内的标准按其内在联系形成的科学的有机整体。产业的标准体系是指与产业相关的已经制定、正在制定以及需要制定的标准按其内在联系形成的科学的有机整体。

标准体系表指一定范围标准体系内的标准，按特定形式排列起来的图表。标准体系表包括标准体系结构图、标准明细表、标准统计表和编制说明。

标准体系结构图主要反映标准体系的总体组成类别和层次结构关系，是对标准体系的概括。标准明细表是按照标准体系框架图的层次关系形成的标准集合。标准明细表按标准涵盖的范围来说，应包括国内标准、国际先进标准。按标准的时效性来说，既应包括现行标准，也应包括预立项标准。

产业的发展一般分为四个阶段：第一阶段为关键技术突破阶段，第二阶段为技术快速发展阶段，第三阶段为市场快速开拓阶段，第四阶段为产业成熟稳定阶段。战略性新兴产业标准化发展模式与传统产业有很大不同，主要表现在：前者的标准制定是一种“前驱”模式；后者的标准制定一般是在第二到第四阶段按照“企业标准—地方标准—行业标准—国家标准—国际标准”的顺序逐步推进。由于战略性新兴产业往往是以重大技术突破和重大发展需求特性为基础，因此产业发展具有较多关键技术点，战略性新兴产业的标准可以在产业发展的第一阶段根据这些关键技术点进行布局，并制定出相应的标准。这种“前驱”的发展模式大大提高了标准对产业的引导作用，从而形成标准与技术相互促进的发展态势。

在这种背景下，产业标准体系的建立对广东省高端装备制造产业的发展有以下重大意义：

①产业标准体系的构建应考虑所适用的产业的范围，同时还需要考虑产业的技术特点及发展趋势。因此，现存的国外或全国范围内的标准体系都有其自身的出发点，未必适用于广东省产业的发展，根据广东省产业的发展情况建立标准体系是有其必要性的。

②通过建立产业标准体系框架，有利于标准化管理机构及企业了解未来产业标准化工作的重点和方向，避免盲目性，为产业标准化工作提供指南。

③产业标准体系框架及标准明细表可供产业利益相关者系统地了解产业标准化缺失的国际标准、国内标准，掌握产业标准化发展的现状和发展趋势，为企业参与或开展相应的

标准研制提供可靠的参考和指南。

按照《国务院关于加快培育和发展战略性新兴产业的决定》（国发〔2010〕32 号）、《广东省战略性新兴产业发展“十二五”规划》（粤府办〔2012〕15 号）等相关文件要求，本研究报告提出广东省高端装备制造产业标准体系共划分为“A 智能制造装备产业分体系”“B 航空装备产业分体系”“C 轨道交通装备产业分体系”“D 海洋工程装备与船舶制造产业分体系”和“E 卫星及应用产业分体系”五个分标准体系，如图 3 - 1 所示，其中“卫星及应用产业分体系”因有专项规划研究，不列入本项目研究范围（虚线表示）。

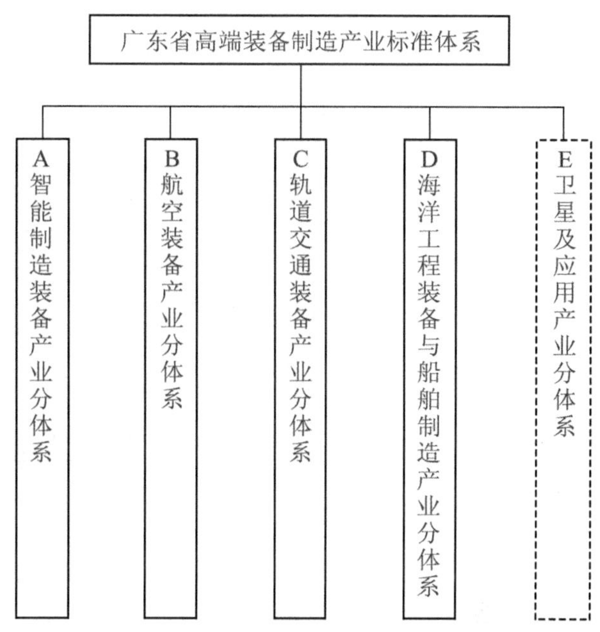

图 3 - 1　广东省高端装备制造产业标准体系总结构图

3.2　广东省智能制造装备产业标准体系

3.2.1　编制原则

按照 GB/T 13016—2009《标准体系表编制原则和要求》，广东省智能制造装备产业标准分体系编制工作首先应做到系统性、完整性、科学性、实用性、可扩充性等。此外，还应充分结合和考虑以下因素：

①根据《智能制造装备产业“十二五”发展规划》[2]、《智能制造装备产业“十二五”发展路线图》[3]、《广东省装备制造业调整和振兴规划实施意见》（粤府办〔2009〕121 号）、《广东省数控一代机械产品创新应用示范工程“十二五”实施方案》[25]文件、政策。

②参考中机联的研究成果《智能制造装备标准体系研究》[49]、全国工业自动化系统与集成标准化技术委员会等小行业标准体系建设的成果和经验。

③充分吸收和借鉴国际标准化组织的经验，同时参考国际标准分类法（ICS）[54]和中国标准文献分类法（CCS）[55]。

④紧密结合广东省智能制造装备产业发展对标准的需求。

3.2.2　标准体系结构图

广东省智能制造装备产业标准体系结构见图 3 - 2。

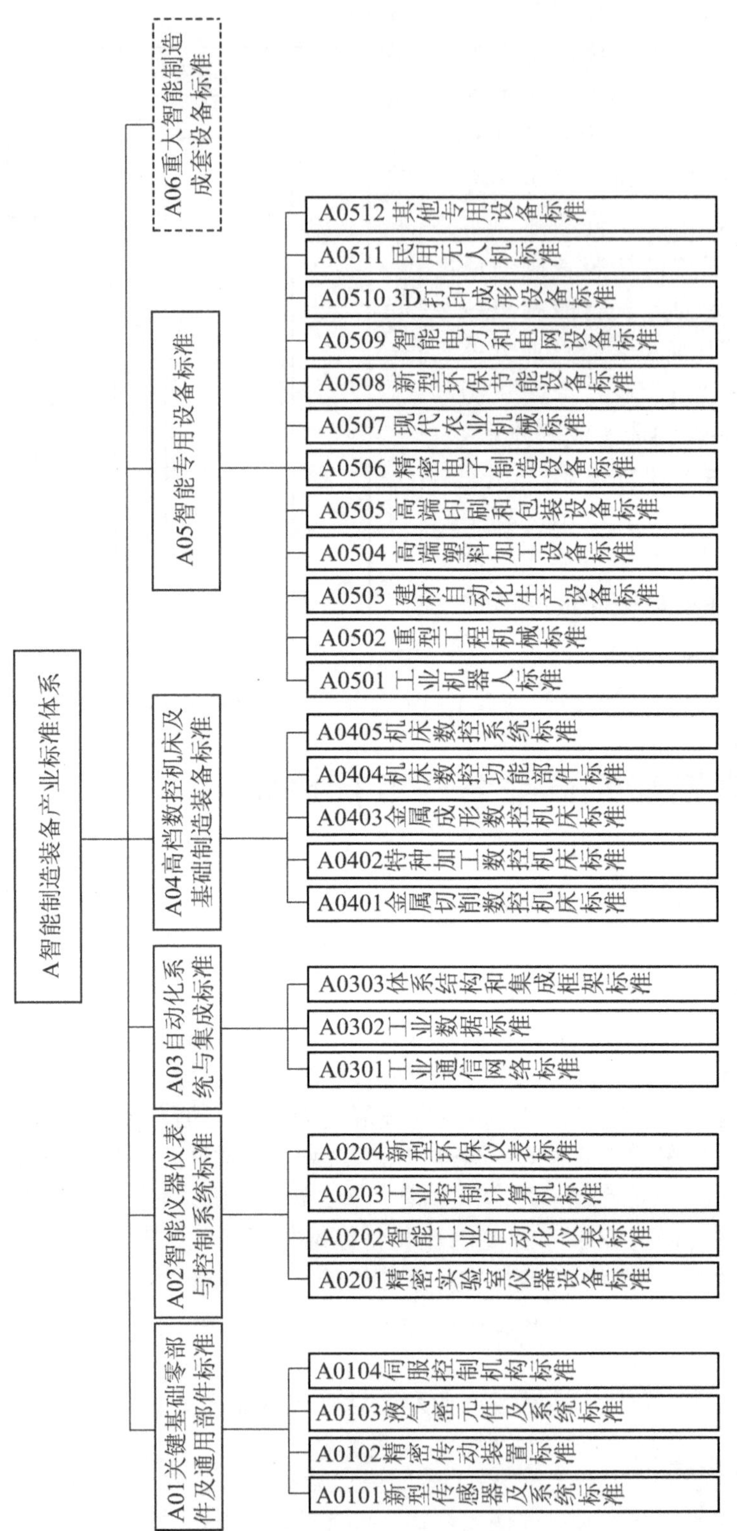

图3-2 广东省智能制造装备产业标准体系结构

3.2.3　编制说明

3.2.3.1　体系设计依据

本体系框架采用序列结构。

该体系包括关键基础零部件及通用部件标准（A01）、智能仪器仪表与控制系统标准（A02）、自动化系统与集成标准（A03）、高档数控机床及基础制造装备标准（A04）、智能专用设备标准（A05）、重大智能制造成套设备标准（A06）六大序列。分类方法参考了中机联标准部的研究成果《智能制造装备标准体系研究》[49]（以下简称《研究》）对智能制造装备产业门类的分类方法，也基本符合《智能制造装备产业“十二五”发展规划》[2]（以下简称《规划》）中提出的智能制造装备产业的四大类重点产品。不同点在于：

①本体系增加了“自动化系统与集成”这一门类。自动化系统与集成主要用于解决自动化设备、仪器仪表硬件与软件系统之间数据传递、信息共享、协调操作的问题，符合未来工业设备大型化、连续化、高参数化的要求；同时这一门类目前现行标准数量较多，是智能制造装备产业标准化的关键领域。

②本体系增加了“重大智能制造成套设备”，这是依据《智能制造装备产业“十二五”发展路线图》[3]（以下简称《发展路线图》）所提出的“重大智能制造成套装备”的概念。由于重大智能制造成套装备一般都有专项标准化规划进行研究，因此本项目暂时不研究重大智能制造成套设备（用虚线表示）。

各序列的分类情况及原则如下：

①关键基础零部件及通用部件标准包括新型传感器及系统标准、精密传动装置标准、液气密元件及系统标准、伺服控制机构标准四类。分类方法基本符合《研究》中关键基础零部件及通用部件的分类，同时参考了《规划》提出的“核心智能测控装置与部件”的定义，对名称做了修正，如“高可靠性液压、液力、气动和密封元件及系统”修正为“液气密元件及系统”；“精密、重载齿轮传动装置”修正为“精密传动装置”；并根据《规划》中“核心智能测控装置与部件”的定义，增加了“新型传感器及系统”。

②智能仪器仪表与控制系统标准包括精密实验室仪器设备标准、智能工业自动化仪表标准、工业控制计算机标准、新型环保仪表标准四类。分类方法符合《研究》中的分类原则，同时又对名称按照中国标准文献分类法（CCS）的分类号做了一定的修正或者归类，将《研究》中提出的“压力、流量、物位、成分分析仪表”修正为“智能工业自动化仪表”；“质谱仪器、色谱仪器、光谱仪器及联用仪器等”归类为“实验室仪器”，“力学性能测试设备、新型无损检测材料测试和无损探伤仪器等”归类为“试验机”，并将两者合并为“精密实验室仪器设备”；“逻辑控制、运动控制、模拟控制等功能有机集成的可编程控制系统（PLC）”“分散型控制系统（DCS），具有与现场总线设备实现动态数据交换功能的现场总线控制系统（FCS），先进执行器等”归类为“工业控制计算机”。

③自动化系统与集成标准包括工业通信网络标准、工业数据标准、体系结构和集成框

架标准三类。分类方法基本符合全国工业自动化系统与集成标准化技术委员会分技术委员会SC的架构方式（包括物理设备控制、机器人与机器人装备、工业数据、体系结构、通信和集成4个SC）。与其不同的是，考虑到机器人与机器人装备在《规划》中归属于智能专用设备，因此移至智能专用设备门类。物理设备控制移至“高端数控机床与基础制造装备”门类的“机床数控系统”子类中。

④高档数控机床及基础制造装备标准包括金属切削数控机床标准、特种加工数控机床标准、金属成形数控机床标准、机床数控功能部件标准、机床数控系统标准五类。金属切削数控机床包括：车床，钻、镗、铣床，磨床，齿轮与螺纹加工机床，插、拉、刨、锯床，组合机床；特种加工数控机床包括：电火花加工机床、超声波加工机床、激光加工机床；金属成形数控机床包括铸造、锻造、焊接、冲压、挤压设备；机床数控功能部件是指主要应用于数控机床的具有完整结构与接口，具有相对通用性并可实现数控机床独立功能的关键部件；机床数控系统是决定机床装备的性能、功能、可靠性和成本的关键因素。

⑤智能专用设备标准包括工业机器人标准、重型工程机械标准、建材自动化生产设备标准、高端塑料加工设备标准、高端印刷和包装设备标准、精密电子制造设备标准、现代农业机械标准、新型环保节能设备标准、智能电力和电网设备标准、3D打印成形设备标准、民用无人机标准及其他专用设备标准十二类。鉴于目前机械设备尚处于“数控一代”的产品转型，因此本课题的智能专用设备泛指采用自动化技术的机械设备。智能专用设备的分类方法主要依据中国机械工业联合会提出的智能专用设备重点发展领域：“重点突破工业机器人、智能工程机械、智能印刷装备、智能环保装备、自动化纺织设备、农业生产装备、煤炭采掘装备、矿山机械设备”，“要重点发展新一代大型电力和电网装备以及机器人产业，全断面掘进机、快速集成柔性施工装备等智能化大型施工机械，以及大型先进高效智能化农业机械等”，同时根据广东省产业的发展情况，参考了《广东省装备制造业调整和振兴规划实施意见》（粤府办〔2009〕121号）、《广东省数控一代机械产品创新应用示范工程“十二五”实施方案》[25]，对上述领域有所取舍，并根据每个领域设备高端化、智能化概念的具体所指，对名称做了修正，依次为“工业机器人、重型工程机械、高端印刷和包装设备、新型环保设备、现代农业机械、智能电力和电网设备”。同时，根据广东省产业的发展情况，增加了“精密电子制造设备”。建材生产专用设备的提出符合重大智能制造成套设备“建材制造成套设备”这一发展方向。包装设备是“智能制造装备发展专项”的重点发展领域，并与印刷设备合并为“印刷和包装设备”。3D打印是运用金属粉末或塑料等可黏合材料，采用逐层打印的方式快速成型零件的技术。3D打印成形设备已列入“2013年智能制造装备发展专项”，且在广东省有良好的产业基础和应用价值，因此将其纳入本体系。

3.2.3.2 明细说明

（1）A01关键基础零部件及通用部件标准

关键基础零部件及通用部件标准主要指智能制造装备配套的齿轮、轴承、液压件等关

键零部件标准，包括新型传感器及系统标准、精密传动装置标准、液气密元件及系统标准、伺服控制机构标准四个标准门类。具体如下：

A0101 新型传感器及系统标准。主要围绕四大类传感器开展产品、接口定义、标定方法等标准的研制。四大类传感器分别是：①新原理、新传感效应的传感器；②微型化、低功耗传感器；③集成化、多功能化、智能化传感器；④采用先进工艺的传感器。如 GB/T 26807—2011《硅压阻式动态压力传感器》等。

A0102 精密传动装置标准。精密传动装置标准主要包括高速精密重载轴承，高速精密齿轮传动装置，高速精密链传动装置，高精度高可靠性制动装置，谐波减速器，大型电液动力换挡变速器，高速、高刚度、大功率电主轴，直线电机、丝杠、导轨等产品的相关标准。如 GB/T 1356—2001《通用机械和重型机械用圆柱齿轮　标准基本齿条齿廓》等。

A0103 液气密元件及系统标准。液气密元件及系统包括液压、气压、密封三大类元件及系统。液气密元件及系统是以液体或气体为介质，传递动力和运动的装置，是动力、传动与控制系统的关键基础件。液气密元件及系统标准包括大流量液压元件和液压系统、高转速大功率液力耦合其调速装置、智能化阀岛、智能定位气动执行系统、高频响电液伺服阀和比例阀、高性能密封装置等产品的相关标准。如《液压传动连接带米制螺纹和 O 形圈密封的油口和螺柱端　第 3 部分：轻型螺柱端（L 系列)》等。

A0104 伺服控制机构标准。伺服控制机构指使输出的机械位移（或转角）准确地跟踪输入的位移，用来精确地跟随或复现某个过程的反馈控制系统。伺服系统一般由三部分组成：控制器，功率驱动装置，反馈控制器和电动机。现代伺服系统的技术发展趋势有：高效率，直接驱动，高速、高精、高性能化，一体化和集成化，通用化，智能化，网络化和模块化，支持预测性维护，专用化和多样化，小型化和大型化。伺服控制机构标准主要包括伺服电动机、伺服驱动器（控制器标准入智能仪器仪表与控制系统标准子体系）、变频调速装置等产品的相关标准。如 GB/T7344—1997《交流伺服电动机通用技术条件》等。

（2）A02　智能仪器仪表与控制系统标准

仪器仪表指用以检出、测量、观察、计算各种物理量（如温度、压力、位置、转速等）、物质成分、物性参数等的设备。仪器仪表的发展方向是数字化、智能化、虚拟化、网络化方向，而这些特性从广义上来讲，均属于智能化的范畴。

工信部编制的《战略性新兴产业分类目录》[56] 中对智能仪器仪表的定义为，用于连续或离散智能制造过程和装备以及非制造产业中，连续测量温度、压力、位置、转速等变量的仪器和仪表的制造，包括传感器及其系统、智能测量仪器仪表、在线分析仪器、在线环境监测专用仪器仪表、智能电动执行机构和阀门定位器，以及调节阀、特殊变量在线测量仪表和仪器、在线无损探伤仪器、在线材料性能试验仪器；智能电表、水表、煤气表、热量表及其监测装置等其他智能仪器仪表[56]。

结合上述的描述，本研究报告将智能仪器仪表与控制系统标准划分为精密实验室仪器设备标准、智能工业自动化仪表标准、工业控制计算机标准、新型环保仪表标准四个标准门类。具体如下：

A0201 精密实验室仪器设备标准。主要包括动力测试仪器、试验箱及气候环境试验设备、实验室离心机、应变测量仪器、噪声测量仪器、实验室高压釜等实验室仪器与装置以及金属材料试验机、非金属材料试验机、工艺试验机、测力（扭矩）机、平衡机与振动台、无损检测仪器等试验机标准。如 GB/T 21186—2007《傅立叶变换红外光谱仪》等。

A0202 智能工业自动化仪表标准。主要包括实现压力、流量、温度、物位、密度、成分等工业生产过程参数自动检测、自动控制的智能仪表和自动化装置的标准。如 GB/T 28848—2012《智能气体流量计》等。

A0203 工业控制计算机标准。主要包括 IPC（PC 总线工业电脑）、PLC（可编程控制系统）、DCS（分散型控制系统）、FCS（现场总线系统）标准。如 GB/T 26803.3—2011《工业控制计算机系统总线　第 3 部分系统外部总线并行接口通用技术条件》等。

A0204 新型环保仪表标准。主要包括处于环保仪表的高端领域，且在中国市场未来需求强烈的仪器仪表，如环境质量监测仪器仪表、环境水质监测仪器仪表、废水废气污染源监测仪器仪表、土壤监测仪器仪表、金属监测仪器仪表等标准。如 HJ/T 101—2003《氨氮水质自动分析仪技术要求》等。

（3）A03　自动化系统与集成标准

自动化系统与集成是智能制造装备的技术趋势，是实现仪器仪表产品和自动化系统无缝集成的重要技术手段，是实现产品、系统之间的数据传递、信息共享、协调操作的重要方法。自动化系统与集成标准包括工业通信网络标准、工业数据标准、体系结构和集成框架标准三个标准门类。具体如下：

A0301 工业通信网络标准。主要包括工业领域使用的网络标准、现场总线标准等。如 GB/T 16657.2—2008《工业通信网络现场总线规范第 2 部分：物理层规范和服务定义》等。

A0302 工业数据标准。工业数据标准是一个统一的数据交换标准 STEP（Standard for the Exchange of Product Model Data），主要用于解决制造业中计算机环境下设计和制造（CAD/CAM）的数据交换和企业数据共享的问题，主要包括产品建模和数据库、制造过程信息管理等标准。如 GB/T 17645.1—2008《工业自动化系统与集成零件库　第 1 部分：综述与基本原理》等。

A0303 体系结构和集成框架标准。主要涉及软件互操作专规、测试应用的服务接口、诊断/能力估计和维护应用的集成、制造自动化的环境兼容、系统运行时的动态集成建模、自动化领域中的标准化词汇等标准。如 GB/T 15312—2008《制造业自动化术语》等。

（4）A04　高档数控机床及基础制造装备标准

数控机床与基础制造装备属于装备中的“母机”，是成型机械零件必需的装备。

高档数控机床及基础制造装备应重点涵盖机床关键技术及基础共性技术研究。目前，

数控机床关键技术包括高速化技术、复合化技术、智能化技术、超精密加工技术和绿色化技术；基础共性技术研究包括：数控机床设计理论及设计软件研究、数控机床结构动态优化设计研究、数控机床可靠性研究等。

该子体系包括金属切削数控机床标准、特种加工数控机床标准、金属成形数控机床标准、机床数控功能部件标准、机床数控系统标准，共五个标准门类。具体如下：

A0401 金属切削数控机床标准。主要包括采用数控技术的车床、铣床、钻床、镗床、磨床、齿轮加工机床、螺纹加工机床、刨床、插床、拉床、锯床等机床的相关标准。如 GB/T 21948. 1—2008《数控升降台铣床检验条件精度检验　第 1 部分：卧式铣床》等。

A0402 特种加工数控机床标准。主要包括火花加工机床、超声波加工机床、激光加工机床等数控机床的相关标准。如 GB/T 16462. 1—2007《数控车床和车削中心检验条件第 1 部分：卧式机床几何精度检验》等。

A0403 金属成形数控机床标准。主要包括铸造、锻造、焊接、冲压、挤压等数控机床设备标准。如 JB/T 10168—2000《闭式高速精密压力机技术条件》等。

A0404 机床数控功能部件标准。主要包括主轴单元、滚珠丝杠副、滚动导轨副、刀库、刀架、工作台、刀具等标准。如：JB/T 10890. 1—2008《高速精密滚珠丝杠副　第 1 部分：性能试验规范》等。

A0405 机床数控系统标准。主要包括计算机数字控制 CNC 系统的数控编程标准。如 GB/T 8870. 1—2012《自动化系统与集成机床数值控制程序格式和地址字定义　第 1 部分：点位、直线运动和轮廓控制系统的数据格式》等。

（5）A05　智能专用设备标准

智能专用设备是指使用自动化控制技术的机电设备（基础制造装备不包含在内），因其不具有通用性，只专用于某个行业，故称之智能制造专用设备。因此，该子体系的分类方法按照行业进行划分，包括工业机器人标准、重型工程机械标准、建材自动化生产设备标准、高端塑料加工设备标准、高端印刷和包装设备标准、精密电子制造设备标准、现代农业机械标准、新型环保节能设备标准、智能电力和电网设备标准、3D 打印成形设备标准、民用无人机标准，其他专业设备标准，共十二个标准门类。具体如下：

A0501 工业机器人标准。工业机器人是面向工业领域的多关节机械手或多自由度的机械装置，它能自动执行工作，是靠自身动力和控制能力来实现各种功能的一种机器。工业机器人标准包含机器人本体、机器人集成应用、机器人关键零部件及用于机器人的各类检测方法等标准。如 GB 11291. 1—2011《工业环境用机器人安全要求　第 1 部分：机器人》等。

A0502 重型工程机械标准。重型工程机械主要指的是机重 30t 及以上液压挖掘机、320 马力及以上推土机、10t 及以上液压式振动压路机、300t 及以上履带式起重机、100t 及以上全路面起重机、大型全断面掘进机、快速集成柔性施工装备等智能化大型施工机械。重型工程机械标准主要包括上述产品的相关标准，如 GB/T 19932—2005《土方机械液压挖掘机司机防护装置的试验室试验和性能要求》等。

A0503 建材自动化生产设备标准。主要包括生产建筑陶瓷、墙体材料、石材等建筑材料所使用的自动化生产设备的相关标准；如 JC/T 335—2006《水泥工业用回转烘干机》等。

A0504 高端塑料加工设备标准。主要包括精密化、高速化、微型化、超大型化、节能化的塑料加工设备，如精密注塑机、一步法注拉吹机、大型双螺杆挤出机等的相关标准。如 GB 25431. 1—2010《橡胶塑料挤出机和挤出生产线第 1 部分：挤出机的安全要求》等。

A0505 高端印刷和包装设备标准。主要包括：采用自动化或智能化技术（如自动识别技术）的食品、药品包装机械和采用新技术的喷墨数字印刷机，数字化计算机直接制版机（CTP），高端单张纸胶印机，高端卷筒纸胶印机，高端卫星式柔性版印刷机，高端电子轴印刷机，高速凹版印刷机等印刷设备的相关标准。如 GB/T 24570—2009《无菌袋成型灌装封口机》等。

A0506 精密电子制造设备标准。精密电子制造设备主要包括电真空器件及平板显示器生产设备、电子元件及机电组件生产设备、整机装联及表面贴装设备（SMT 设备）、印制电路板生产设备（PCB 设备）等电子产品生产设备。精密电子制造设备标准指的是这些产品的相关标准。如 GB/T 13947—1992《电子元器件塑料封装设备通用技术条件》等。

A0507 现代农业机械标准。主要包括采用自动化或智能化技术的高效、节能农业机械如耕种机械、收获机械、农副产品加工机械、畜牧及养殖机械、设施农业机械、农村废弃物利用设备等的相关标准。如 GB/T 1592. 1—2008《农业拖拉机后置动力输出轴 1、2 和 3 型　第 1 部分：通用要求、安全要求、防护罩尺寸和空隙范围》等。

A0508 新型环保节能设备标准。主要包括污水处理设备、垃圾焚烧设备、废气处理设备、脱硫设备、中央空调节能、噪声控制设备等设备的相关标准。如 JB/T 11832—2014《污水处理厂鼓式螺压污泥浓缩设备》等。

A0509 智能电力和电网设备标准。主要包括：融入通信、信息和控制技术的火力、光伏、风力发电设备，储能设备，高压、超高压输变电装备，电力设备状态维修与在线监测设备等的相关标准。如 DL/T 1067—2007《蒸发冷却水轮发电机（发电/电动机）基本技术条件》等。

A0510 3D 打印成形设备标准。主要包括采用高分子聚合反应、熔融沉积、选择性激光烧结、粉末 - 黏合剂等不同成形技术的快速成型设备标准。目前暂无标准。

A0511 民用无人机标准。主要包括民用无人机系统相关的技术标准，如 SQL/UASSIA01—2015《民用无人机系统通用要求》。

A0512 其他专用设备标准。其他不属于上述领域，但未来有可能纳入本体系的机电设备的相关标准。

3.3　广东省通用航空装备产业标准体系

3.3.1　编制原则

按照 GB/T 13016—2009《标准体系表编制原则和要求》，广东省通用航空装备产业标准分体系编制工作首先应做到系统性、完整性、科学性、实用性、可扩充性等。此外，还应充分结合和考虑以下因素：

①根据《高端装备制造业“十二五”发展规划》（工信部联规〔2012〕145 号）《民用航空工业中长期发展规划（2013—2020 年）》[57]《广东省航空产业发展规划（2010—2025 年）》（粤经信技改〔2010〕963 号）《广东省航空航天产业发展“十二五”规划》[36]等文件、政策。

②充分吸收和借鉴国家民用航空产业标准体系建设方面的成果和经验，参考中国标准文献分类法（CCS）[55]和国际标准文献分类法（ICS）[54]的分类方法。

③紧密结合广东省通用航空装备产业发展对标准的需求。

3.3.2　标准体系结构图

鉴于军用航空装备的保密性及广东省航空装备主要以通用航空装备为主的特色，故本标准体系只研究民用航空装备产业。民用航空装备产业包括通用航空装备产业和商业航空装备产业（见图 3－3）。商业航空是以航空器进行经营性的客货运输的航空活动，民用航空的其余部分则被统称为通用航空。商业飞机主要包括大型客机和支线飞机。而通用飞机种类多样，包括从事工业、农业、林业、渔业、矿业、建筑业的作业飞行和医疗卫生、抢险救灾、气象探测、海洋监测、科学试验、遥感测绘、教育训练、文化体育、旅游观光等方面飞行活动的各类飞机。根据广东省产业现状、技术力量及发展方向等综合考虑，本阶段标准体系建设暂不对商业航空装备研究（图 3－3 中虚线表示）。本研究课题构建的广东省通用航空装备产业标准子体系结构如图 3－4 所示。

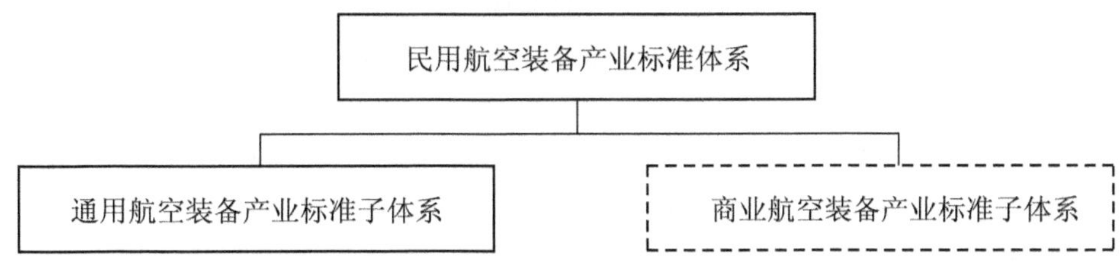

图 3－3　广东省航空装备产业标准体系结构

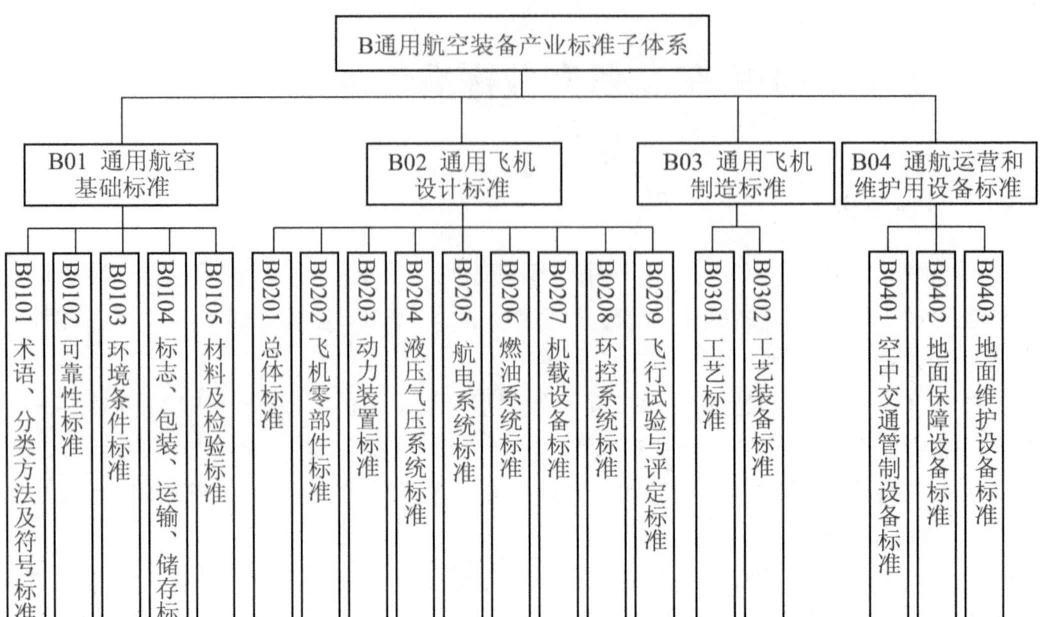

图 3－4　广东省通用航空装备产业标准子体系结构

3.3.3　编制说明

3.3.3.1　体系设计依据

本体系框架采用序列结构。

该体系包括通用航空装备基础标准（B01）、通用飞机设计标准（B02）、通用飞机制造标准（B03）、通航运营和维护用设备标准（B04）四大序列。

分类原则参考了 MH/T 0004—1995《民用航空标准体系表》。民用航空标准体系表是针对民用航空产业的标准体系，而民用航空产业包含了通用航空装备产业，因此本体系根据通用航空装备产业的内涵对民用航空标准体系做了取舍，去掉了如“飞行技术”“航空运输”“安全保障”“航空医学”等不属于装备的内容；去掉了“航空服务与航管设备”中与“航空服务”相关的标准、地面保障与服务中的“机场运行服务”等服务类的标准；去掉了“机场及设施建设工程”等工程类标准，保留了“航空维修工程”中有关通用航空维修装备的内容；将“航空维修装备”“航管设备”和“地面保障与服务”中涉及通航装备的内容合并为通用航空运营和维护设备；将通用飞机细分为“通用飞机设计”和“通用飞机制造”两类，取消其按通用飞机类型的分类方法；将通航产业涉及的通用标准单独列出，即这类标准是被其他门类共同使用。这样，基本明晰了通航装备产业标准的主体内容为通用航空基础标准、通用飞机设计标准、通用飞机制造标准、通航运营和维护用设备四大序列标准。

各序列的分类情况及原则如下所述：

①通用航空基础标准。分类方法基本符合中国标准文献分类法（CCS）“航空、航天综合”V04、V05、V06、V08 的分类，我们将其分为“术语、定义及符号标准”“可靠性标准”“环境条件标准”“标志、包装、运输、储存标准”“材料及检验标准”共五类。

②通用飞机设计标准包括总体标准等九类。分类依据为民航飞机的结构。民航飞机的一般结构包括飞机机体、动力装置、电子仪表系统、电气系统、液压气压系统、环控系统、燃油系统。飞行试验是检验飞机性能的关键步骤，因此也纳入其中。鉴于目前对飞机机体的标准化是通过制定机体零部件标准来实现的，因此将“飞机机体标准”改为“飞机零部件标准”；将电子仪表系统与电气系统合并为机载设备；补充“航电系统标准”；将对飞机设计提出的一些总体要求等单独列为“总体标准”。

③通用飞机制造标准包括工艺标准及工艺装备两类。分类依据主要按照飞机制造流程，将制造流程涉及的标准分为工艺标准及工艺装备标准。

④通航运营和维护设备标准包括空中交通管制设备标准等三类。其分类方法是按照保障飞机正常飞行用设备功能的不同进行分类，分为空中交通管制设备、地面保障设备和地面维修设备。空中交通管制是对航空器的空中活动进行管理和控制的业务，包括空中交通管制业务、飞行情报和告警业务，是保障空中交通畅通，保证飞行安全的重要运营环节。地面保障设备是保障飞行用的各种地面设备，如为飞机提供燃料、电力、食物的设备，行李传输系统，货物运输系统，登机桥和桥载设备等。地面维护设备指的是除地面保障设备之外的用于飞机维修的设备。

3.3.3.2　明细说明

（1）B01　通用航空基础标准

通用飞机基础标准包括：术语、分类方法及符号标准，可靠性标准，环境条件标准，标志、包装、运输、储存标准，材料及检验标准，共五个标准门类。具体如下：

B0101 术语、分类方法及符号标准。主要包括各类通用航空装备及其零部件的术语、分类方法、符号定义。如 HB 7577—1997《机载电子产品型号命名方法》等。

B0102 可靠性标准。主要包括民用飞机通用的可靠性定义及其试验方法。如 HB 7254—1995《直升机可靠性设计准则》等。

B0103 环境条件标准。定义了民用航空装备开展的环境试验及其试验方法（如气候环境、化学因素、机械环境试验等）。如 HB/Z 27—1993《飞机飞行振动环境测量一般技术要求》等。

B0104 标志、包装、运输、储存标准。定义了各类民用航空装备的运输包装、储存、标识标志规范。如 HB7742—2004《直升机桨叶包装、运输和储存要求》等。

B0105 材料及检验标准。主要规定了飞机用材料的选用方法及检验方法。材料及试验方法标准主要包括金属材料标准、非金属材料标准、复合材料标准。如 HB 5188—1996《航空用贵金属及其合金电刷线材》等。

（2）B02　通用飞机设计标准

通用飞机设计标准子体系按照飞机结构的分类原则，包括总体、飞机零部件、动力装置、液压气压系统、航电系统、燃油系统、机载设备、环控系统等标准。其中的总体标准包括结构及强度等设计要求标准。具体如下：

B0201 总体标准。主要包括通用飞机气动、结构、强度要求等标准。如 HB 7495—1997《民用飞机机体结构通用设计要求》等。

B0202 飞机零部件标准。主要包括：通用飞机机械配件标准，紧固件标准，管件、卡箍、密封件标准，弹性元件标准，电子元器件标准，传感元件标准。如 HB 3 - 35—2000《氧气导管固定卡箍》等。

B0203 动力装置标准。飞机的动力装置指的是飞机的发动机以及保证发动机正常工作所必需的系统和附件。动力装置标准包括发动机标准、发动机辅助系统（启动点火系统、操纵调节系统等）标准、发动机零部件标准。如 GJB/Z 101—1997《航空发动机结构完整性指南》等。

B0204 液压气压系统标准。主要定义了用于起落架、襟翼、减速板等部件的收放和舵面助力操纵的液压气压系统及元件标准。如 HB 5823—1983《飞机液压电磁阀通用技术条件》等。

B0205 航电系统标准。主要定义了民用航空装备各类软硬件系统及接口标准，是保障飞机电子仪器仪表集成的技术基础。如 HB 7233—1995《民用机载计算机软件质量保证大纲编写指南》等。

B0206 燃油系统标准。燃油系统是飞机能源的供应系统，是飞机储存燃油，实现按需要的压力和流量将燃油供给发动机的一套机械系统。燃油系统标准是对这一套系统及其零部件制定的标准。如 HB 6483—1990《飞机燃油系统管路安装要求》等。

B0207 机载设备标准。机载设备是对飞机飞行中的各种信息、指令和操纵进行测量、处理、传递、显示和控制的设备，是各种测量传感器、各类显示仪表和显示器、导航系统、雷达系统、通信系统、自动控制系统、电源电气系统等设备和系统的统称。机载设备标准包括航空仪表标准、导航与通信系统标准、机载电气系统标准。航空仪表标准包括发动机仪表、指示飞行状态的仪表、屏幕显示系统等标准。导航与通信系统标准包括机载通信设备、机载雷达和导航设备等标准。机载电气系统标准包括飞机供电系统标准、机上用电设备标准。如 HB 7090—1994《机载导航设备通用规范》等。

B0208 环控系统标准。环控系统是保证飞机座舱和设备舱内具有乘务员和设备正常工作所需的适当环境条件的整套装置。飞机环控系统标准包括座舱气源系统标准、空调系统标准、压力控制系统标准、氧气系统标准、蒸发循环冷却系统标准等。如 HB 7109—1994《民用航空器旅客用连续供氧面罩最低性能要求》等。

B0209 飞行试验与评定标准。飞行试验是飞机在真实飞行环境条件下进行的各种试验，是对理论和地面试验的验证。飞行试验与评定标准是规定飞机飞行试验方法及对试验所获得的设计指标、适航性和使用性能等各类指标的评价方法。飞行试验与评定标准包括整机飞行试验标准、系统飞行试验标准、试飞改装标准、试飞测试与数据分析标准、试飞培训标准、试验实施标准及试飞通用基础标准。

（3）B03　通用飞机制造标准

通用飞机制造标准子体系包括工艺标准、工艺装备标准。

B0301 工艺标准。工艺标准规定了飞机由零部件组装成整机过程中使用的工艺方法及工艺参数，包括工艺基础标准、工艺管理标准、工艺技术标准、产品标识和保护技术标准四个标准门类。如 HB/Z 140—2004《航空用高温合金热处理工艺》等。工艺标准框架见图 3－5。其中：

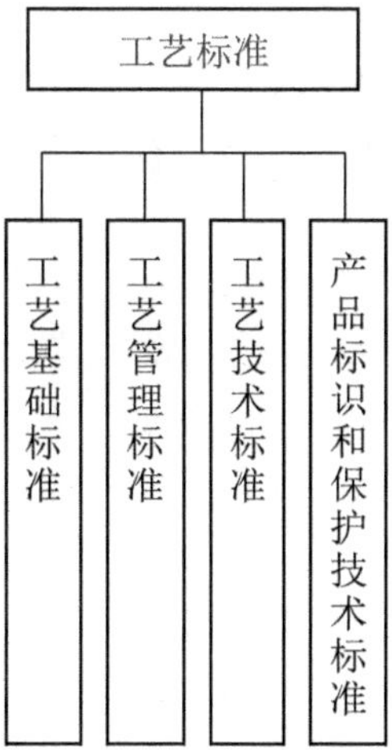

图 3－5　工艺标准框架

• 工艺基础标准指适用面较广的工艺标准，包括工艺术语标准、工艺符号标准、工艺代号标准、工艺分类编码标准、工艺文件标准、工艺要素标准等。

• 工艺管理标准指对策划、组织、指导、控制工艺工作过程的活动进行规范化的标准，包括工艺装备管理标准、工艺研究与开发管理标准、工艺信息资料管理标准等。

• 工艺技术标准涉及产品制造及制造质量标准，按专业划分为金属材料切削加工技术、金属材料成形技术、金属材料热加工技术、表面处理技术、复合材料制件制造技术、非金属材料成形技术、连接技术、装配技术八大领域。

• 产品标识和保护技术标准指对产品进行标识及保护产品在加工、周转过程中免受损伤的标准。

B0302 工艺装备标准。主要包括飞机及零部件制造、装配用工艺装备标准，如 HB/Z 21—1991《型架装配机技术条件》等。工艺装备标准包括工装基础标准、工装设计标准、工装管理标准、通用工装标准、专用工装标准。工艺装备标准框架见图 3－6。其中：

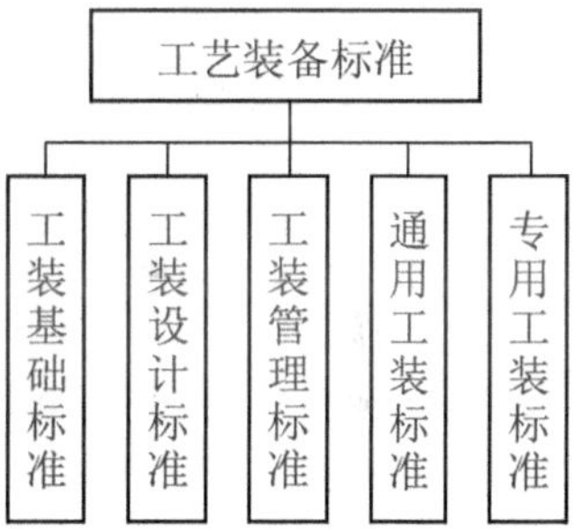

图 3－6　工艺装备标准框架

• 工装基础标准包括编码与标识标准、符号与图样画法标准两个子类，分别规范了工装的分类代码、标识要求和工装图样的简化画法和绘图要求等。

• 工装设计标准包括工装设计方法、技术指标、工装数据管理以及工装结构设计试验和成型仿真试验、质量和性能评定等标准。

• 工装管理标准包括工装制造和管理过程中对生产组织、实物管理等方面的标准。

• 通用工装标准和专用工装标准包括各类工装的生产图样及技术条件以及专用工装设计典型结构等。

（4）B04　通航运营和维护用设备标准

通航运营和维护用设备标准包括空中交通管制设备标准、地面保障设备标准及地面维护设备标准。

B0401 空中交通管制设备标准。主要包括地空通信设备、航空固定通信设备、导航系统、监视系统、气象系统等系统及设备标准。如 MHT 4005—1997《塔台民航管制行业标准机场配置交通设备》等。

B0402 地面保障设备标准。地面保障设备是保障飞行用的各种机场设施，包括地面服务系统及设备、特种车辆。地面保障设备标准包括航班显示系统、指挥控制系统、安全检查系统、航油管理系统、旅客通道设备、机库设备等系统及设备的标准。特种车辆标准包括牵引车、液压加油车、电源车、冷气车、氧气车、消防车、抢救车、清道车等车辆标准。如 GB/T 17836—1999《通用航空机场设备设施》等。

B0403 地面维护设备标准。地面维护设备标准子体系包括飞机地面维护设备标准、维修标准和检测标准。飞机地面维护设备泛指为航空器提供保障服务、确保航空器安全、正常的飞机地面设备。飞机地面维护设备标准包括测试设备标准（如增压测试设备、液压测试设备等）、运输与起重设备标准（如千斤顶、吊车、牵引车等）、专用维护设备标准（如发动机维护设备、氧气维护设备、液压维护设备、电子维修设备等）。维修标准定义了设备维修方法及具体实施步骤。检测标准定义了设备维护过程所进行的指标检测及方法。如 MH/T 6070—2010《民用航空器橡胶和金属轮挡》等。

3.4 广东省城市轨道交通装备产业标准体系

3.4.1 编制原则

按照《标准体系表编制原则和要求》（GB/T 13016—2009），广东省轨道交通装备产业标准体系编制的工作首先应做到系统性、完整性、科学性、实用性、可扩充性等。此外，还应充分结合和考虑以下因素：

（1）根据住房和城乡建设部《关于开展全国工程建设标准构建的通知》（建办标函〔2013〕182 号）要求，广东省轨道交通装备产业标准体系宜采用层次结构进行构建。

（2）充分吸收和借鉴国家住房和城乡建设部 2010 年发布的《城市轨道交通产品标准体系》（建标〔2010〕112 号）的成果和经验。

（3）紧密结合广东省轨道交通装备产业发展对标准的需求，本标准体系注重收集及制修订广东省重点发展的城市轨道交通装备领域的标准及规范。

3.4.2 标准体系结构图

广东省轨道交通装备产业标准体系可分为“城市轨道交通装备标准子体系”和“其他轨道交通装备标准子体系”，如图 3－7 所示。

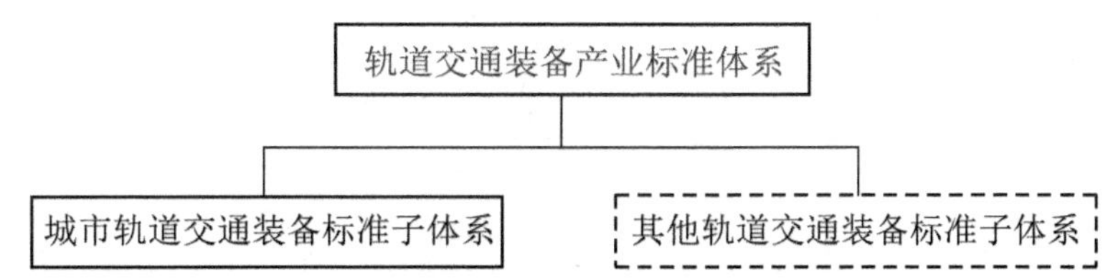

图 3－7　广东省轨道交通装备产业标准体系结构

按照国家标准《城市轨道交通技术规范》（GB/T 50490—2009）规定，城市轨道交通为“采用专用轨道导向运行的城市公共客运交通系统，包括地铁系统、轻轨系统、单轨系统、有轨电车、磁浮系统、自动导向轨道系统、市域快速轨道系统”；“其他轨道交通”泛指除城市轨道交通之外的轨道交通系统，包括普通铁路、高速铁路等运输系统。根据广东省产业现状、技术力量及发展方向等综合考虑，本阶段轨道交通装备标准体系暂不研究其他轨道交通装备标准子体系（以虚线框表示）。

广东省城市轨道交通装备标准子体系结构如图 3－8 所示。

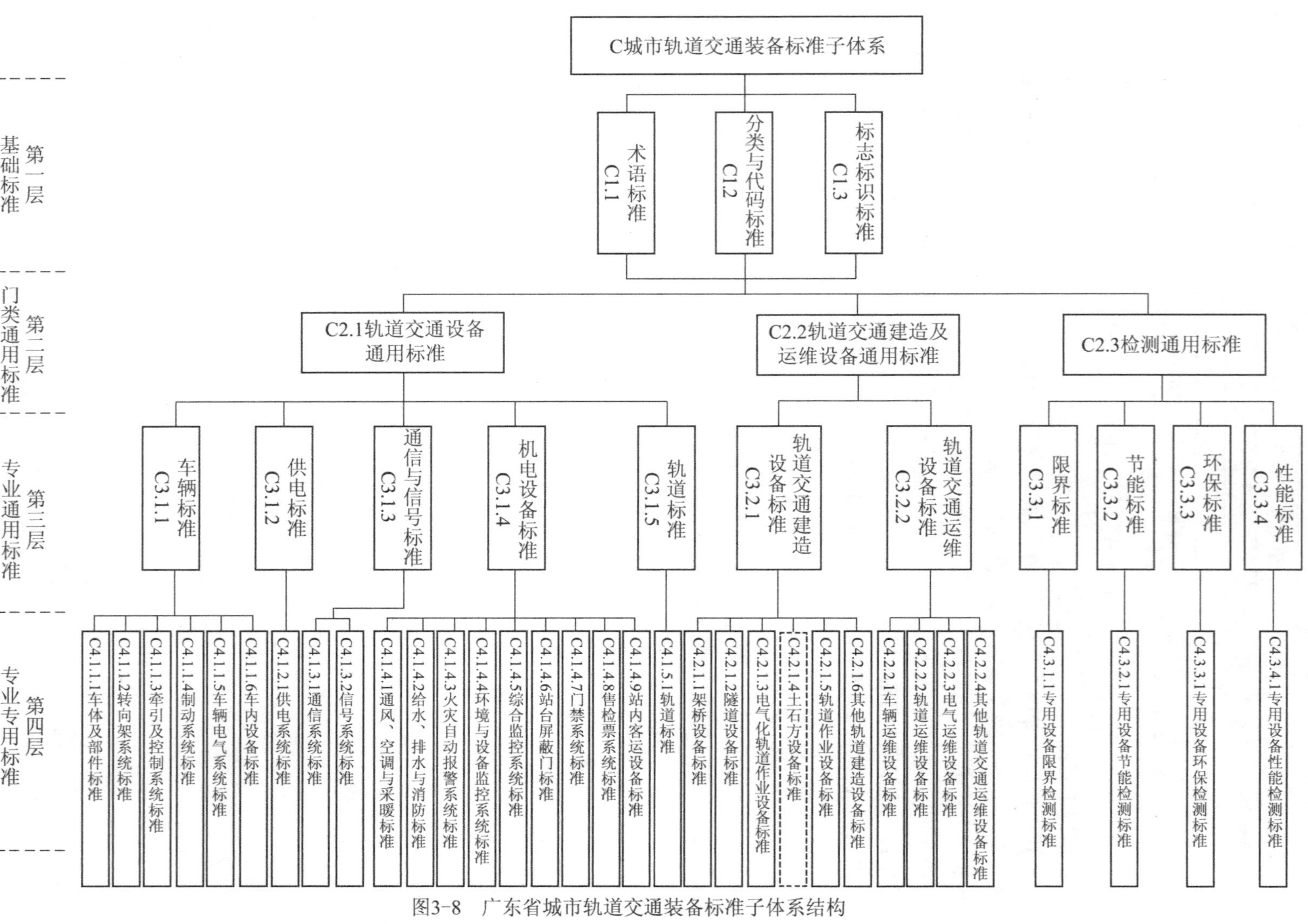

图3-8 广东省城市轨道交通装备标准子体系结构

3.4.3　编制说明

3.4.3.1　体系设计依据

本标准体系采用层次结构，上层标准的内容是下层标准内容的共性提升，上层标准制约下层标准，并指导下层标准。

本标准体系充分借鉴《城市轨道交通产品标准体系》（建标〔2010〕112 号）的构建原则，并充分考虑城市轨道交通装备产业链情况，其中基础标准层（第一层）保持不变，将通用标准层细分为门类通用标准层（第二层）和专业通用标准层（第三层），将专业专用标准层由原先的第三层移至第四层。因此，本标准体系分为基础标准层、门类通用标准层、专业通用标准层和专业专用标准层，共四层。

（1）基础标准

基础标准指城市轨道交通专业范围内具有广泛指导意义的共性标准，如术语、分类、标志标识等。本标准体系对各门类基础性标准进行了综合，统一归入基础标准层（第一层），包含轨道交通专业范围的基础标准和各门类的基础共性标准，包含术语标准、分类与代码标准、标志标识标准。

（2）通用标准

通用标准指针对城市轨道交通某门类或某一专业标准化对象制定的共性标准，如通用的安装、卫生、环保、资源节约、保障公共利益要求，通用的设计、制造要求，通用的检测、试验验收要求等。

通用标准层包括门类通用标准和专业通用标准。门类通用标准指各门类的共性标准，专业通用标准指某个专业中的共性标准。

门类通用标准层（第二层）包括轨道交通设备、轨道交通建造及运维设备和检测三个门类。

专业通用标准（第三层）将轨道交通设备通用标准采用行业标准体系中的统一划分，分为车辆标准、供电标准、通信与信号标准、机电设备标准和轨道标准五个专业通用标准；将轨道交通建造及运维设备通用标准按轨道交通建造和运营维护进行划分，分轨道交通建造设备标准和轨道交通运维设备标准两个专业通用标准；将检测通用标准分为限界标准、节能标准、环保标准和性能标准四个专业通用标准。

（3）专业专用标准

专业专用标准（第四层）是指在某一专业下对某一具体标准化对象制定的个性标准，指具体的产品、过程、试验方法和限值规定等标准，共包括三十三个细分专业。

3.4.3.2　明细说明

（1）基础标准层

基础标准层包含术语标准、分类与代码标准、标志标识标准。具体如下：

C1.1 术语标准。指轨道交通产业装备或设备的术语标准，如 GB/T 5655—1985《城市公共交通常用名词术语》等。

C1.2 分类与代码标准。指轨道交通产业装备或设备的统一分类标准和代码编号标准，如 TB/T 1898—1987《车辆转向架型号编制规则》等。

C1.3 标志标识标准。指轨道交通产业的统一标识标准和标志标准，如 GB/T 5845.5—1986《城市公共交通标志地下铁道标志》、城市轨道交通设备房标识《城市轨道交通设备房标识》等。

（2）门类通用标准层

门类通用标准层包括轨道交通设备通用标准、轨道交通建造及运维设备通用标准和检测通用标准三个门类。

C2.1 轨道交通设备通用标准。主要指轨道交通装备产业通用标准，如噪声要求，轨道交通可靠性、可用性、可维修性要求，电工通用技术要求，产品的通用设计、制造要求等。如 GB 50490—2009《城市轨道交通技术规范》、GB 50688—2011《城市轨道交通设施设计规范》等。

C2.2 轨道交通建造及运维设备通用标准。主要指城市轨道工程建造、线路建设及运营维护过程中使用的设备及配套设备的通用技术要求或试验方法，如 GB/T 25337—2010《铁路大型线路机械通用技术条件》、GB/T 25336—2010《铁路大型线路机械检查与试验方法》等。

C2.3 检测通用标准。主要指城市轨道交通产业装备和设备设施的通用方面对节能、环保以及性能等方面的技术要求及试验方法。

（3）专业通用标准层

专业通用标准层的轨道交通设备通用标准采用行业标准体系中的统一划分，分为车辆标准、供电标准、通信与信号标准、机电设备标准和轨道标准五个专业通用标准；轨道交通建造及运维设备通用标准按轨道交通建造和运营维护进行划分，分轨道交通建造设备标准和轨道交通运维设备两个专业通用标准。检测通用标准分为限界标准、节能标准、环保标准、性能标准。

C3.1.1 车辆标准。指轨道交通车辆的通用技术要求，如车辆产品的制造、检验通用技术条件，车载设备安全规定等。如 GB/T 7928—2003《地铁车辆通用技术条件》、CJ/T 416—2012《城市轨道交通车辆防火要求》、CJ/T 417—2012《低地板有轨电车车辆通用技术条件》等。

C3.1.2 供电标准。指以电力牵引为动力的城市轨道交通产业中用到的电力牵引供配电系统、电力监控及保护系统通用技术要求，如 GB/T 10411—2005《城市轨道交通直流牵引供电系统》、NB/T 42013—2013《城市轨道交通电力监控系统通用技术要求》等。

C3.1.3 通信与信号标准。包括城市轨道交通中的通信系统与信号系统的通用标准。如《城市轨道交通信号系统通用技术条件》、《高速运动下的无线覆盖通用安全技术要求》（2013 年国标已立项）、《城市轨道交通安全防范通信协议与接口》（2012 年国标已立

项）等。

C3. 1. 4 机电设备标准。指轨道交通中涉及的机电设备的通用标准，主要包括通风空调与采暖、给水排水与消防、火灾自动报警系统、环境与设备监控系统、综合监控系统、站台屏蔽门、门禁系统、售检票系统、站内客运系统九个子专业。如：GB/T 20907—2007《城市轨道交通自动售检票系统技术条件》等。

C3. 1. 5 轨道标准。指轨道系统的通用要求，主要包括钢轨、轨枕、道床、轨道减震设备等的通用技术条件，包括 CJ/T 413—2012《中低速磁浮交通轨排通用技术条件》等。

C3. 2. 1 轨道交通建造设备标准。指用于城市轨道工程施工、线路建造所使用的机械设备的通用技术要求，包括架桥设备、隧道设备、电气化轨道作业设备、土石方设备、轨道作业设备和其他轨道交通修造设备。

C3. 2. 2 轨道交通运维设备标准。指用于城市轨道线路检修、运营、维护所使用的专业设备的通用标准，包括车辆运维设备、轨道运维设备、电气运维设备和其他轨道交通运维设备。

C3. 3. 1 限界标准。指轨道交通产业装备和设备设施的通用限界标准，如 CJJ 96—2003《地铁限界标准》等。

C3. 3. 2 节能标准。指轨道交通中装备和设备设施的通用节能设计要求、检测方法等标准。如《城市轨道交通节能设计规范》（待制定）等。

C3. 3. 3 环保标准。指轨道交通中装备和设备设施的通用环境保护设计要求、检测方法等标准。

C3. 3. 4 性能标准。指轨道交通中装备和设备设施的性能检测通用标准。

（4）专业专用标准层

专业专用标准层共包括三十三个细分专业，为车体及部件标准，转向架系统标准，牵引及控制系统标准，制动系统标准，车辆电气系统标准，车内设备标准，供电系统标准，通信系统标准，信号系统标准，通风、空调与采暖标准，给水、排水与消防标准，火灾自动报警系统标准，环境与设备监控系统标准，综合监控系统标准，站台屏蔽门标准，门禁系统标准，售检票系统标准，站内客运设备标准，轨道标准，架桥设备标准，隧道设备标准，电气化轨道作业设备标准，土石方设备标准，轨道作业设备标准，其他轨道建造设备标准，车辆运维设备标准，轨道运维设备标准，电气运维设备标准，其他轨道交通运维设备标准，专用设备限界检测标准，专用设备节能检测标准，专用设备环保检测标准，专用设备性能检测标准。

C4. 1. 1. 1 车体及部件标准。包括轨道车辆车体铝型材或不锈钢型材等原材料，车体门、窗等大部件、车体配套配件、碳钢和不锈钢部件、车体铰接、车钩、车门缓冲器、贯通道等专业专用标准。如 GB/T 30489—2014《城市轨道车辆客室侧门》、YS/T 907—2013《轨道交通用铝合金板材》等。

C4. 1. 1. 2 转向架系统标准。指转向架原材料及部件，包括轮轴、齿轮箱、轴箱、牵引装置、基础制动装置、二系悬挂装置、各类吊座、托架等专业专用标准。如 CJ/T 365—2011《地铁与轻轨车辆转向架技术条件》、TB/T 2368—2005《动力转向架构架强度试验方法》等。

C4. 1. 1. 3 牵引及控制系统标准。指受电弓、主变压器、牵引变流器、驾驶操纵台、牵引电机、高压控制箱、牵引控制装置、列车控制网络、列车速度监控装置等以及由此带来的管路、线缆、连接器、母线等专业专用标准。如 GB/T 12528—2008《交流额定电压 3kV 及以下轨道交通车辆用电缆》、GB/T 21561. 2—2008《轨道交通机车车辆受电弓特性和试验　第 2 部分：地铁与轻轨车辆受电弓》等。

C4. 1. 1. 4 制动系统标准。指空气压缩机、动控制器、制动控制单元、各类阀、制动盘、制动缸、空气软管及金属管路等专业专用标准，如《城市轨道交通车辆制动机技术要求》（待制定）等。

C4. 1. 1. 5 车辆电气系统标准。指除牵引系统主电路之外其余车辆装置的供电、受流、电气控制等专业专用标准，包含照明的电源、牵引、制动控制装置的控制电源、空调通风装置电源、通信信号装置电源、车门控制系统等方面的标准。

C4. 1. 1. 6 车内设备标准。指照明、座、椅、洁具、整体卫生间、旅客信息设备、车辆音视设备、饮水机、电茶炉、电加热器、洗脸间热水器、伴热装置、除湿装置、空调装置等专业专用标准；还包含各类内装板材、风道、地板、地板布、车内门、防寒材、卷帘等车体内饰专业专用标准。如 GB/T 25119—2010《轨道交通机车车辆电子装置》、GB/T 19842—2005《轨道车辆空调机组》等。

C4. 1. 2. 1 供电系统标准。指城市轨道交通产业中用到的电力牵引供电方式和电压等级、电力牵引的接触网，电力牵引的供配电设备等专业专用标准。如 CJJ/T 198—2013《城市轨道交通接触轨供电系统技术规范》、GB/T 1402—2010《轨道交通牵引供电系统电压》等。

C4. 1. 3. 1 通信系统标准。指城市轨道交通中通信要求的通信专用标准，如 GB/T 28792—2012《列车无线调度通信系统技术条件》。

C4. 1. 3. 2 信号系统标准。主要包括城市轨道交通信号系统与控制系统性能及接口要求、城市轨道交通信号基础设备（包括：地面、车载信号、电动转辙机、道口防护设备以及新型轨道设备等）要求、车载设备或机电设备接口要求等标准或规范。如 GB/T 12758—2004《城市轨道交通信号系统通用技术条件》。

C4. 1. 4. 1 通风、空调与采暖标准。主要包括通风设备、空调设备、排烟设备和采暖设备等轨道交通专业产品的设计、产品、加工工艺、设备性能等标准。如《地铁用轴流风机》（待制定）等。

C4. 1. 4. 2 给水、排水与消防标准。主要包括城市轨道交通中用的泵类、阀门类、消防设备、自动灭火系统等设备标准。

C4. 1. 4. 3 火灾自动报警系统标准。指城市轨道交通设施中的火灾自动报警系统

（FAS）的标准。

C4.1.4.4 环境与设备监控系统标准。指城市轨道交通设施中的环境与设备监控系统（BAS）的标准。

C4.1.4.5 综合监控系统标准。指城市轨道交通设施中对机电设备的实时集中监控功能和各系统之间协调联动的综合监控系统（ISCS）等专业专用标准。

C4.1.4.6 站台屏蔽门标准。包含屏蔽门及配件产品标准、安全技术标准以及检测标准等专业专用标准。如 CJ/T 236—2006《城市轨道交通站台屏蔽门》等。

C4.1.4.7 门禁系统标准。指城市轨道交通中设计安全的重要设施的通道门、系统和设备用房门及管理用房门，只要包括各级系统、终端设备、传输网络、电源及门禁卡等标准。

C4.1.4.8 售检票系统标准。主要包括自动售检票机产品及主要部件产品标准、售检票系统技术标准、非接触 IC 卡车票技术标准等。如 CJJ/T 162—2011《城市轨道交通自动售检票系统检测技术规程》等。

C4.1.4.9 站内客运设备标准。主要包括城市轨道交通用电梯、自动扶梯、轮椅升降台、自动人行道等产品标准及主要部件标准。如《城市轨道交通用重型自动扶梯技术规范》（待制定）等。

C4.1.5.1 轨道标准。指城市轨道交通产业中特殊的钢轨、道岔、轨枕、扣件、道床等的专业技术标准。如 CJ/T 285—2008《城市轨道交通轨道橡胶减振器》等。

C4.2.1.1 桥架设备标准。用于城市轨道工程施工中架桥及其配套设备，主要包括桥架机和桥架配套设备等标准。

C4.2.1.2 隧道设备标准。用于城市轨道交通隧道、地下工程设备，主要包括隧道掘进机、盾构机、挖装机、运碴设备、隧道通风检测仪等标准。

C4.2.1.3 电气化铁道作业设备标准。用于轨道交通的电气化施工设备，主要包括电气化架线机、电气化放线机、电气化绝缘子清洗机、电气化高空作业车等标准。

C4.2.1.4 土石方设备标准。用于城市轨道工程施工中对土壤、硬岩或其他材料进行切削、挖掘铲土、转运、压实的设备等标准。由于城市轨道交通工程施工中所使用的土石方设备多为通用设备，故本体系中暂不研究。

C4.2.1.5 轨道作业机械标准。以轨道（钢轨及其联结件、轨枕和道床等）为作业对象的线路设备等标准。如铺轨设备、钢轨焊接设备、轨枕作业设备、道砟捣固设备、配碴整形设备、轨道动力稳定设备、起拨道设备等标准。

C4.2.1.6 其他轨道交通建造设备标准。除以上轨道交通建造设备外，用于轨道交通工程施工、运输、动力提供等辅助用途的设备等专业专用标准。如轨行式装运设备、公务安全防护设备等。

C4.2.2.1 车辆运维设备标准。指城市轨道交通车辆及相关设备的运营管理、维修保养过程中所使用的设备，如驾车机、车辆称重均衡设备、转向架清洗设备、轮对清洗设备电机清洗/干燥设备等标准。

C4. 2. 2. 2 轨道运维设备标准。指以轨道（钢轨、轨枕和道床等）为运营管理、维修保养的设备，如换轨（枕）设备、轨道检修设备、线路清理设备等标准。

C4. 2. 2. 3 电气运维设备标准。指城市轨道交通中电气化检测及维修的设备，如接触网综合检修设备、接触网维修设备等标准。

C4. 2. 2. 4 其他轨道交通运维设备标准。除以上运维设备外，用于轨道交通设备运营和检修的设备标准。

C4. 3. 1. 1 专用设备限界检测标准。指轨道交通设备及配套设备的限界检测专用标准。

C4. 3. 2. 1 专用设备节能检测标准。指轨道交通设备及配套设备的节能检测专用标准。

C4. 3. 3. 1 专用设备环保检测标准。指轨道交通设备及配套设备的环保检测专用标准。

C4. 3. 4. 1 专用设备性能检测标准。指轨道交通设备及配套设备的性能检测专用标准。

3. 5 广东省海洋工程装备与船舶制造产业标准体系

3. 5. 1 编制原则

按照 GB/T 13016—2009《标准体系表编制原则和要求》，广东省海洋工程装备与船舶制造产业标准分体系编制工作首先应做到系统性、完整性、科学性、实用性、可扩充性等。此外，本体系的编制充分结合和考虑以下因素：

①符合《船舶工业“十二五”发展规划》[58]《海洋工程装备制造业中长期发展规划》（工信部联规〔2011〕597 号）的相关要求和规划。

②充分吸收和参考国际标准化组织（如：ISO、IMO、IACS 等）有关海洋工程装备与船舶标准的分类方法以及工业和信息化部，国家标准化管理委员会《船舶工业标准体系》（2012 版）[53]标准体系建设方面的成果和经验。

③紧密结合广东省海洋工程装备与船舶制造产业的标准化需求。

3. 5. 2 标准体系结构图

广东省海洋工程装备与船舶制造产业标准体系结构如图 3 - 9 所示。

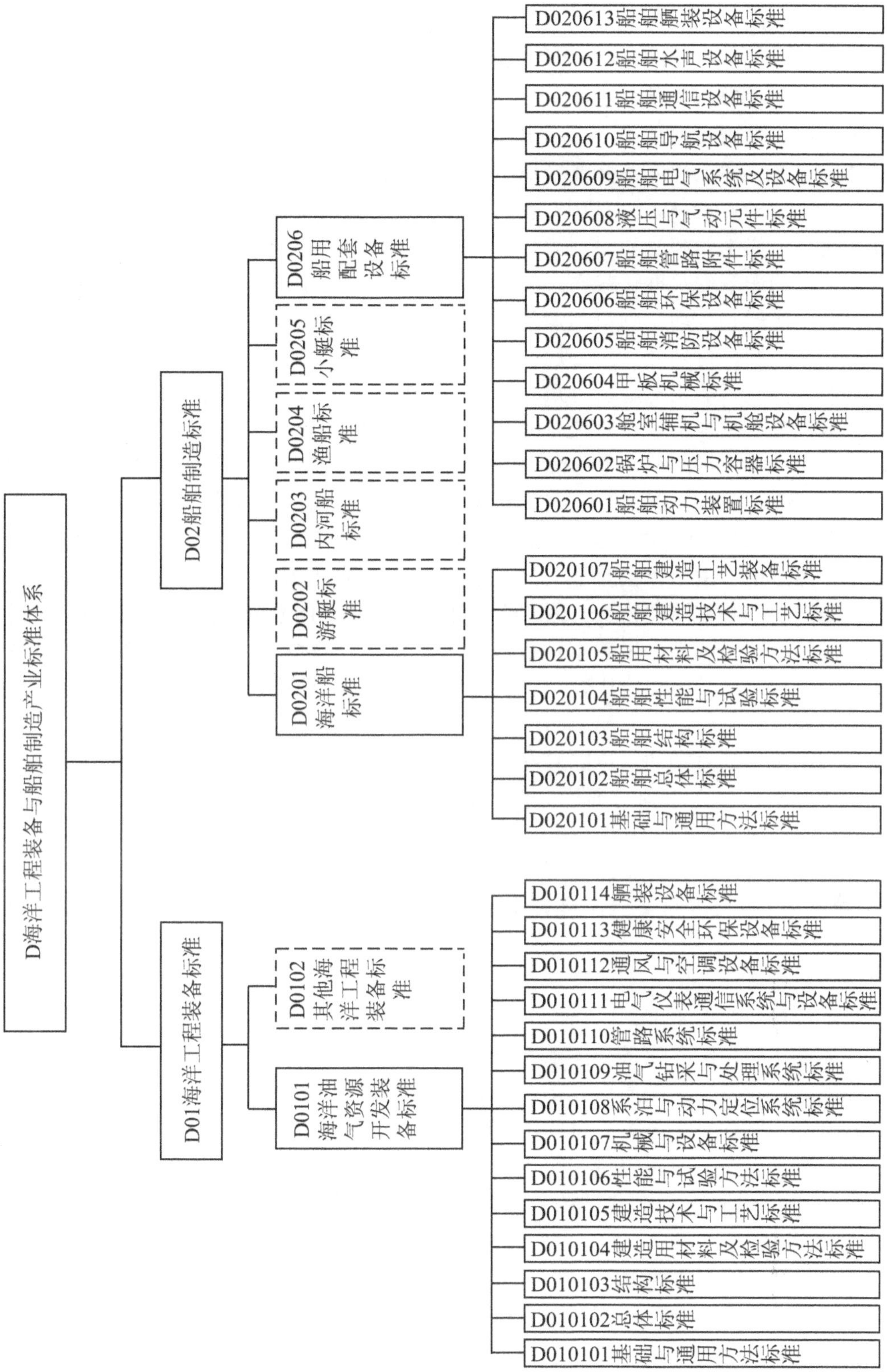

- D海洋工程装备与船舶制造产业标准体系
  - D01海洋工程装备标准
    - D0101海洋油气资源开发装备标准
      - D010101基础与通用方法标准
      - D010102总体标准
      - D010103结构标准
      - D010104建造用材料及检验方法标准
      - D010105建造技术与工艺标准
      - D010106性能与试验方法标准
      - D010107机械与设备标准
      - D010108系泊与动力定位系统标准
      - D010109油气钻采与处理系统标准
      - D010110管路系统标准
      - D010111电气仪表通信系统与设备标准
      - D010112通风与空调设备标准
      - D010113健康安全环保设备标准
      - D010114舾装设备标准
    - D0102其他海洋工程装备标准
  - D02船舶制造标准
    - D0201海洋船标准
      - D020101基础与通用方法标准
      - D020102船舶总体标准
      - D020103船舶结构标准
      - D020104船舶性能与试验标准
      - D020105船用材料及检验方法标准
      - D020106船舶建造技术与工艺标准
      - D020107船舶建造工艺装备标准
    - D0202游艇标准
    - D0203内河船标准
    - D0204渔船标准
    - D0205小艇标准
    - D0206船用配套设备标准
      - D020601船舶动力装置标准
      - D020602锅炉与压力容器标准
      - D020603舱室辅机与机舱设备标准
      - D020604甲板机械标准
      - D020605船舶消防设备标准
      - D020606船舶环保设备标准
      - D020607船舶管路附件标准
      - D020608液压与气动元件标准
      - D020609船舶电气系统及设备标准
      - D020610船舶导航设备标准
      - D020611船舶通信设备标准
      - D020612船舶水声设备标准
      - D020613船舶舾装设备标准

图3-9　广东省海洋工程装备与船舶制造产业标准体系结构

3.5.3 编制说明

3.5.3.1 体系设计依据

本体系框架采用序列结构。

该体系包括海洋工程装备标准（D01）和船舶制造标准（D02）两大序列。其中，参照国家《船舶工业标准体系》（2012 版）[53]的分类方法，即第二层包括金属船舶制造、非金属船舶制造、娱乐船和运动船制造与修理部分、船用配套设备制造、海洋工程及其他浮动装置制造、船舶修理及拆解共六大类。结合本课题研究主题，将金属船舶制造、非金属船舶制造、娱乐船和运动船制造与修理部分统一划分为船舶制造大类（D02）的一部分，并且按照产品类别进行划分（第三层）。考虑到船舶制造应包括船舶主体建造和船用配套设备两方面，因此将船用配套设备归为船舶制造的一部分。本研究集中研究装备建造方面涉及的技术标准，故未将船舶修理与拆解部分纳入本体系。

两大序列共包括海洋油气资源开发装备标准（D0101）、其他海洋工程装备标准（D0102）、海洋船标准（D0201）、游艇标准（D0202）、内河船标准（D0203）、渔船标准（D0204）、小艇标准（D0205）及船用配套设备标准（D0206），共八个序列。其中，海洋工程装备子体系中，由于目前广东省相关行业产品分布主要集中于海洋油气资源开发装备，其他海洋工程装备涉及较少，因此将海洋工程装备子体系分为海洋油气资源开发装备和其他海洋工程装备两类，后者本项目暂时不研究（用虚线表示）。船舶制造子体系中，重点关注产业链中产品附加值比较高且与海洋工程装备关联度比较大的海洋船、船用配套设备，其他船舶如游艇、内河船、渔船和小艇等暂时不研究（用虚线表示）。

各序列主要依据海洋油气资源开发装备及海洋船的主体建造部分和配套设备部分分别进行标准化分析，分为基础与通用方法、总体等三十四类。其与《船舶工业标准体系》（2012 版）的不同之处有以下几点：

①原体系中海洋工程装备门类下设综合、总体与结构、系统及设备、水下装置、建造安装与试验，而我们按照平台主体建造部分和平台配套设备部分进一步细分为十四个类别。

②原体系中海洋船门类下的管理要求及方法、信息技术及应用、工程建设类别与装备制造业技术标准关联度不高，因而将上述三个类别删去。

③原体系中船用配套设备子体系下设船舶动力装置、船用机械设备、船舶电气系统及设备、船舶导航设备、船舶通信设备、船舶水声设备、船舶舾装设备五个门类。结合我省产业现状进一步细化设备分类，将船用机械设备门类细分为七个类别：锅炉与压力容器、舱室辅机与机舱设备、甲板机械、船舶消防设备、船舶环保设备、船舶管路附件和液压与气动元件。同样的理由，我们将船舶导航、通信、水声设备拆分为三个类别。

3.5.3.2 明细说明

（1）D0101 海洋油气资源开发装备标准

海洋油气开发装备标准主要指用于海洋油气开发的各类海工（钻修井、生产、综合）平台，平台配套设备等标准，包括基础与通用方法标准、总体标准、结构标准、建造用材

料及检验方法标准、建造技术与工艺标准、性能与试验方法标准、机械与设备标准、系泊与动力定位系统标准、油气钻采与处理系统标准、管路系统标准、电气仪表通信系统与设备标准、通风与空调设备标准、健康安全环保设备标准、舾装设备标准共十四个类别。具体如下：

D010101 基础与通用方法标准。主要包括术语、定义、符号、分类标准。如 GB/T 14090—2008《海上油气开发工程术语》。

D010102 总体标准。主要包括钻采平台的总体设计要求、试验方法、能效评价与安全维护等标准。如 GB/T 19485—2014《海洋工程环境影响评价技术导则》。

D010103 结构标准。主要包括平台结构强度与要求、平台各个结构的尺寸等标准。如《海洋平台钢结构疲劳强度设计方法》。

D010104 建造用材料及检验方法标准。主要包括钻采平台用材料的技术条件及试验方法标准。如 GB/T 16168—1996《海洋结构物大气段用涂料加速试验方法》。

D010105 建造技术与工艺标准。主要包括焊接、涂装、防腐、吊装等工艺标准。如 CB/T 4309—2013《海洋工程模块支墩焊接工艺要求》。

D010106 性能与试验方法标准。主要包括钻采平台操纵及抗风浪等试验标准。如《海洋工程结构耐波性试验》。

D010107 机械与设备标准。主要包括绞车、起重机等机械设备及液压系统标准。如 SY/T 10003—1996《海上平台起重机规范》。

D010108 系泊与动力定位系统标准。主要包括系泊定位装置和动力定位装置等。如 CB/T 3663—2013《移动式海洋平台锚泊定位装置》。

D010109 油气钻采与处理系统标准。主要包括平台上油气水处理系统（油气水分离装置等）、钻井采油及相关保护装置等，如采油树、导引系统、防喷器系统、隔水管系统等。如《石油和天然气工业钻井和采油设备　第 1 部分：海底钻井隔水管设备的设计和操作》。

D010110 管路系统标准。主要包括舱室、甲板用导管、法兰等管路附件等标准。如《海洋工程结构用钢管》。

D010111 电气仪表通信系统与设备标准。主要包括平台用发电机与发电机组、电动机、变电设备、配电设备、照明设备、电控装置、测量设备、通信设备及仪器仪表等。如 CB/T 4397—2014《海洋石油平台电气设备防护、防爆等级要求》。

D010112 通风与空调设备标准。主要包括通风、供热及制冷（HVAC）标准。如 CB/T 4306—2013《海洋平台用风冷直接蒸发式空调装置》。

D010113 健康安全环保设备标准。主要包括安全防护、灭火及救生、生活污水处理设备、漏油控制及处理设备（HSE）等标准，如《海洋平台危险区域划分》。

D010114 舾装设备标准。主要包括舱室内装设备、栏杆、扶手、梯子、导缆孔等标准。如 CB/T 3756—2014《海上平台栏杆》。

（2）D0201　海洋船标准

海洋船主要包括三大主力船型（散货船、集装箱船、液货船）在内的海洋运输船及油气钻采相关的海洋工程辅助船等。海洋船门类包括基础与通用方法标准、船舶总体标准、船舶结构标准、船舶性能与试验标准、船用材料及检验方法标准、船舶建造技术与工艺标准、船舶建造工艺装备标准七个类别。具体如下：

D020101 基础与通用方法标准。术语、定义、符号、分类标准。如 GB/T 30496—2014《造船船舶主动转向装置词汇》。

D020102 船舶总体标准。主要包括船舶总体设计要求、船型、总体布置、轮机系统、电气系统、舾装系统的设计选型和布置、试验方法、能效评价与安全维护等标准。如 CB/T 3911—2014《海船系泊设备配置设计通则》。

D020103 船舶结构标准。指船体结构强度与要求、船体各个结构的尺寸等标准。如 CB/T 3183—2013《船体结构型材端部形状》。

D020104 船舶性能与试验标准。包括船舶稳性、推进、操纵及耐波性等标准，如 CB/Z 239—2008《常规排水型船船模双桨自航试验方法》。

D020105 船用材料及检验方法标准。指船用材料的技术条件、品种、型号及试验方法标准。如 GB/T 15748—2013《船用金属材料电偶腐蚀试验方法》。

D020106 船舶建造技术与工艺标准。包括各种船用材料的加工、焊接、涂装等工艺要求和船体分段吊装等建造技术标准。如 CB/T 3748—2013《船用铝合金焊接工艺评定》。

D020107 船舶建造工艺装备标准。坞内作业车、起重机等作业标准。如 GB/T 27997—2011《造船门式起重机》。

（3）D0206　船用配套设备标准

船用配套设备是船用主机、辅机等船用设备的总称，该门类包括船舶动力装置标准、锅炉与压力容器标准、舱室辅机与机舱设备标准、甲板机械标准、船舶消防设备标准、船舶环保设备标准、船舶管路附件标准、液压与气动元件标准、船舶电气系统及设备标准、船舶导航设备标准、船舶通信设备标准、船舶水声设备标准、船舶舾装设备标准，共十三个类别。具体如下：

D020601 船舶动力装置标准。主要包括船用发动机、传动设备、轴系、推进器（螺旋桨）等标准，如 CB 701—2012《船用柴油机凸轮及凸轮轴》。

D020602 锅炉与压力容器标准。主要包括船用锅炉、辅锅炉、各种船用压力容器及热交换器标准。如 CB/T 3751—2013《船用燃油－废气组合式锅炉》。

D020603 舱室辅机与机舱设备标准。主要包括各式船用泵、空调、风机及制冷机等标准。如 CB/T 3523—2011《船用立式海水泵》。

D020604 甲板机械标准。主要包括装卸机械（电梯、起重机）、锚泊机械（锚机、绞缆机）、舵机等甲板机械标准。如 CB/T 3882—2013《往复柱塞式液压舵机装配技术条件》。

D020605 船舶消防设备标准。主要包括消防系统、火灾感应装置、灭火装置等标准。如 CB/T 4341—2014《船用细水雾灭火系统用喷头》。

D020606 船舶环保设备标准。主要包括污水处理装置、垃圾处理装置、船舶压舱水处理技术与方法、防油污扩散装置等标准。如 CB/T 4399—2014《船舶压载水电解法处理系

统设计与安装》。

D020607 船舶管路附件标准。主要包括阀门、法兰、管路接头及其他管路附件等标准。如 CB/T 3191—2013《船用高压手动球阀》。

D020608 液压与气动元件标准。主要包括船用液压及气动元件标准。如 CB/T 3398—2013《船用电液伺服阀放大器》。

D020609 船舶电气系统及设备标准。主要包括船用发电机、船用电动机、船用变电设备、船用配电设备、船用照明设备、船用低压电器、船用电控装置及测量设备等标准。如 CB/T 4388—2013《船用变压器》。

D020610 船舶导航设备标准。主要包括船用雷达、船舶导航与操纵控制系统等标准，如 CB/T 3693—2014《船用电磁摆》。

D020611 船舶通信设备标准。主要包括船用无线电及通信设备的设计、操作、性能及数字信号交换等标准。如 CB/T 3245—2011《船内通信设备基本技术条件》。

D020612 船舶水声设备标准。主要包括船用水声探测设备的材料及操作规范等标准。如 CB/T 3556—2014《水声换能器用透声橡胶》。

D020613 船舶舾装设备标准。主要包括系泊装置、船用装置、舱面属具、救生设备和内装、船用通风附件等标准。如 CB/T 3845—2013《船用十字形缆桩》。

第 4 章　广东省高端装备制造产业标准化路线图

4.1　标准化路线图的概念及意义

4.1.1　基本概念

标准化路线图类似于产业技术路线图，是指运用简洁的图形、表格、文字等形式描述标准化的步骤或标准化相关环节之间的逻辑关系。标准化路线图可以使产业利益相关方更清晰地理解产业标准化未来的工作目标及方法。

4.1.2　制定流程

标准化路线图的绘制流程一般包括准备、分析、绘制和更新四个阶段[59]。

（1）准备阶段

首先需要确定标准化路线图的需求，明确标准化路线图的利益相关方。在编制标准化路线图启动之初，需要成立相关的工作小组。在成立工作小组后，即可展开对产业技术水平、产业标准化现状、产业布局及特点、产品市场等情况的调研。调研方法包括收集相关资料、文献、法律法规，实地深入企业或协会调研产业实际发展情况，等等。

（2）分析阶段

在上一阶段获得信息的基础上，对标准化现状、市场需求、技术壁垒、技术趋势进行分析，从而细化标准化路线图的阶段性目标。目标的制定既要满足产业的发展需要，又必须在产业能力所及范围之内。因此，在这一阶段需要预测所制定的目标可能对产业带来的风险和机遇，进而不断调整目标并细化目标。

（3）绘制阶段

对标准化路线图的绘制可以采用图形、表格、文字描述等多种方式。在绘制之前，需要对达成目标提出相应的执行计划，并对所提出的执行计划进行评估。标准化路线图通常以时间为横轴，因此需要根据每个标准化活动划分出合理的时间块。同时，需要根据目标的优先级别或因果关系，对每个标准化活动进行排序。按照上述步骤，基本可以形成图形化的标准化路线图。在图形化的标准化路线图绘制完毕后，需要撰写一份详细的标准化路线图报告。报告中需要对标准化路线图中的每个活动进行详细说明，包括设置这一活动所要达成的具体目标、验证方法，开展活动具体的步骤和方法，等等。

（4）更新阶段

标准化路线图是一个动态的指导性文件，其本身会随着产业的发展而不断更新，因此标准化路线图的更新是一个极其重要的过程。对标准化路线图的更新大致包括两个方面：

一是在标准化路线图制定的过程中，要积极引入多方力量，及时对标准化路线图所设定的目标及开展的标准化活动进行评审，包括：目标设定的合理性，为达成目标所开展的标准化活动的可行性、可执行性，达成目标所设定时间的合理性，待制定的关键标准是否缺失等问题。

二是对标准化路线图进行长期的、动态的调整，这需要以固定周期、固定流程对标准化路线图的内容进行更新。更新时需要对包括目标、执行计划在内的所有内容同步更新。

标准化路线图的制定流程如图 4－1 所示。

4.1.3　路线图

广东省高端装备制造产业标准化路线图应切合广东省高端装备制造产业的产业特点，并在深入调研产业标准化需求的基础上进行设计和规划。标准化路线图的制定，为产业标准化未来的发展方向指明道路；同时也可为产业发展研究、政府管理提供参考。最重要的是，希望产业内部积极按照标准化路线图推进标准化事业的建设，真正提升标准化能力，制修订出一批关键标准服务于产业。

广东省高端装备制造产业标准化路线图是以《广东省关于贯彻落实〈中国制造 2025〉的实施意见》（粤府〔2015〕89 号）和《广东智能制造发展规划（2015—2025）》（粤府〔2015〕70 号）等文件为依据，按时间和标准化内容两个维度设计，将近期（2015—2016 年），中期（2017—2020 年）和远期（2021—2025 年）的标准化事项进行总体规划。

根据高端装备产业技术发展与应用概况、国外标准化现状、国内标准化现状的研究分析，广东高端装备产业标准化 SWOT 分析（是功能强大的分析工具，S 代表 strength 优势、W 代表 weakness 弱势、O 代表 opportunity 机会、T 代表 threat 威胁）及面临的主要问题，制定广东开展高端装备制造产业标准化总体路线图，针对产业关键技术、产品、市场、应用等存在的主要问题，分别从标准化研究、平台建设、关键标准制修订、政策措施、专家队伍与专业人才建设五个方面确定广东省高端装备制造产业标准化的战略推进进程和目标。

4.2　广东省智能制造装备产业标准化路线图

广东省智能制造装备产业标准化路线图（见图 4－2）的制定按战略性、前瞻性、科学性、关键性、可操作性的原则，还需充分结合和考虑以下因素：

①根据《广东省战略性新兴产业发展“十二五”规划》（粤府办〔2012〕15 号）对智能制造装备的要求，大力发展中高档数控机床及系统，提高机床功能部件研发和配套能力，重点支持开发用于重大技术装备关键核心零部件加工的镗铣机床、精密压力机、数字化工具系统及测量仪器等产品；大力发展精密和智能仪器仪表与试验设备，重点发展工业自动化控制系统装置、智能化电工仪器仪表和试验机、电工电气行业专用检测仪器设备、汽车仪器仪表和环境、安全监测仪器仪表；鼓励发展机器人及成套系统。

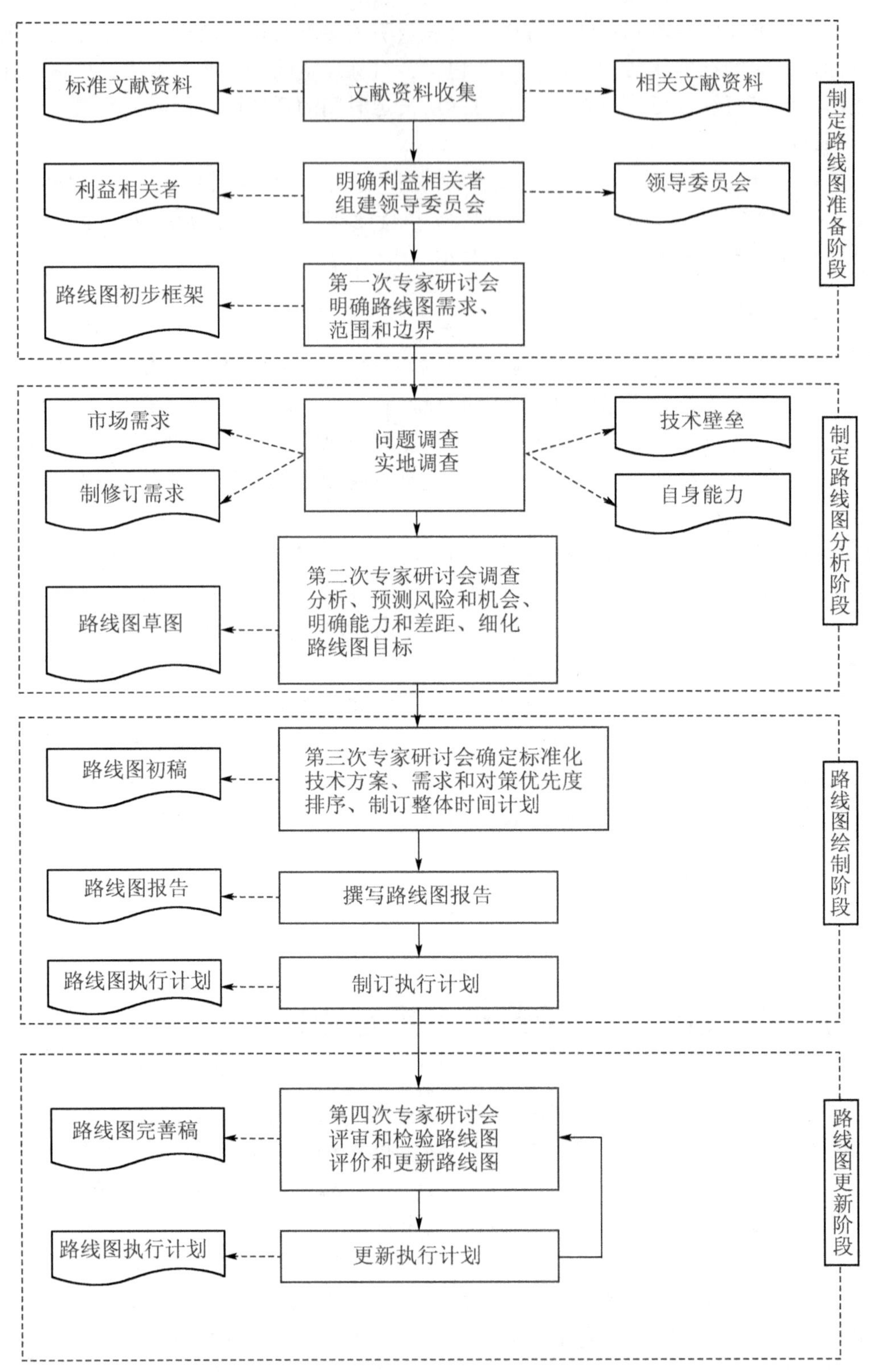

图 4－1　标准化路线图制定流程

标准化重要内容	2015—2016年	2017—2020年	2021—2025年

智能制造装备制造标准化研究

- 依托省内标准化研究机构和智能制造装备龙头企业，开展智能制造装备标准现状及需求研究
- 开展智能制造装备国际标准和国外标准、先进企业标准研究
- 依据国家智能制造装备产业规划，重点支撑广东省智能制造装备产业发展，从顶层设计出发，构建广东省智能制造装备标准体系
- 开展产业标准项目预立项征集，研制标准制修订建议表
- 围绕广东省智能制造装备优势产业及其产业基地建设，推广智能制造装备标准体系实施，监督检查和持续改进
- 智能制造装备产业内企业开展“标准化良好行为企业”构建
- 分领域开展智能制造装备标准体系构建，推动智能制造装备产业标准化协调发展
- 开展智能制造装备关键技术与标准协同设计、研究，探索战略性新兴产业的标准化预研机制
- 制造装备“数控一代”升级及其标准转化
- 制造装备“智能一代”升级及其标准转化
- 开展生产线的自动化改造，加快“机器代人”进程，促进具备自主知识产权装备的标准化
- 开展标准水平分析比较和标准实施效益评估工作，探索标准化促进企业技术创新机理

平台建设

- 标准化技术委员会建立：
  - 全国铸造机械标委会TC186/SC2
  - 广东省自动化系统与集成标准化技术委员会
  - 广东省电力电气专业标委会
  - 广东省铸造机械标委会
  - 广东省现代农业机械标委会
  - 广东省智能机器人标委会
- 标准化技术委员会运作：
  - 以广东省智能制造装备相关标准化技术委员会为依托，加强产业标准化工作，提升标准化能力和水平
  - 以省级标委会为基础，加大与国家、国际相关技术组织沟通，推进我省智能制造装备企业参与国家、行业以及国际的标准化工作
  - 以省级标委会为平台，促进企业形成标准化自我提升机制，促进企业标准化平台的构建
- 依托标准化技术委员会和信息服务平台，建立集标准研究、宣传、标准制修订、试点与实施一体化的广东省智能制造装备标准化创新服务平台
- 积极与国家级智能装备研究院、华南智能机器人创新研究院等研究机构共建平台，开展关键标准研制及产品认证体系建设
- 依托广东省智能制造示范基地等产业集群，推动成立标准联盟，积极开展综合标准化试点项目

关键标准制修订

- 形成标准体系明细表，建立产业标准制修订预立项建议表
- 完成基础标准和通用标准的立项，征集产业相关企业参与标准的制定工作，如：①工业机器人关键零部件、安全要求；②数控系统及功能部件；③数字工厂、服务型制造等新型制造模式的建模；④新型感知系统架构；⑤伺服和执行部件如高精度液压件、智能化阀岛；⑥工业操作系统、工业软件集、安全测评体系；⑦设备可靠性检测方法等试验方法类标准；⑧智能化改造评估标准
- 按照规划推动关键产品标准制修订，如：①高精度压力、流量、物位、成分分析仪表与高可靠性执行器；②工业互联网定义；③五轴及以上高档加工中心；④高精度工作母机；⑤工业机器人本体及应用集成类产品；⑥高端专用设备，如半导体器件及集成电路精密封装、贴装、检测设备、平板显示器生产设备、新型节能环保陶瓷、玻璃建材机械、先进注塑成型设备、高精度模具加工设备等

政策措施

- 发布广东省智能制造装备产业标准体系和技术路线图
- 出台智能制造装备标准化研究扶持政策建议，依托标准化技术委员会、技术联盟等机构，加大智能制造装备产业标准化活动扶持力度
- 围绕可靠性、互换性和安全性等关键技术要求，设立智能制造装备科研项目和科研专项支持资金，推动企业参与相关技术研发，并形成技术标准
- 针对广东省智能制造装备产业基地的定位及发展需要，制定标准化专项扶持政策

专家队伍及专业人才建设

- 组建专业和标准化人才库
  - 整合智能制造装备行业各领域技术专家、标准化机构专家，依托标准化技术委员会组建智能制造装备产业专家库
- 培养复合型人才
  - 利用培训、联合培养、实操等手段，培养出一批既懂智能制造技术，又熟知标准化的复合型人才

图 4－2　广东省智能制造装备产业标准化路线图

②充分考虑广东省智能制造装备产业现状及未来发展趋势，从顶层设计出发，通过规划产业标准体系框架、构建产业标准化工作平台和专家库、分领域推动产业关键技术标准化制定和实施等，最终推动我省智能制造装备产业的“质量控制与标准化提升工程”共同发展。

③围绕我省智能制造装备产业优势产品、技术、研发及应用的发展与标准化需求，有重点、有层次、科学系统地推动“产品型号综合标准化试点”及关键标准的研制。

4.3 广东省通用航空装备产业标准化路线图

广东省通用航空装备产业标准化路线图（见图4－3）制定按战略性、前瞻性、科学性、关键性、可操作性的原则，还充分结合和考虑以下因素：

①根据《广东省战略性新兴产业发展“十二五”规划》对通用航空装备的要求，重点发展通用航空制造业，以整机生产为龙头，引进国内外先进技术与产品，通过消化吸收，突破部分关键技术并形成自主知识产权，形成六座以下涡桨通用小型飞机规模生产能力，带动航空发动机、飞机零部件、机载电子设备、航空材料等配套产业协调发展。培育通用航空国内市场，拓展国际市场。加大招商引资力度，吸引国内外知名的航空维修企业落户广东，依托骨干企业推动航空维修产业率先发展。

②充分考虑广东省通用航空装备产业现状及未来发展趋势，从顶层设计出发，通过规划产业标准体系框架，构建产业标准化工作平台和专家库，分领域推动产业关键技术标准化制定和实施等，最终推动我省通用航空装备产业的“质量控制与标准化提升工程”共同发展。

③围绕我省通用航空装备产业优势产品、技术、研发及应用的发展与标准化需求，有重点、有层次、科学系统地推动“先进型号飞机的标准化试点”及关键标准的研制。

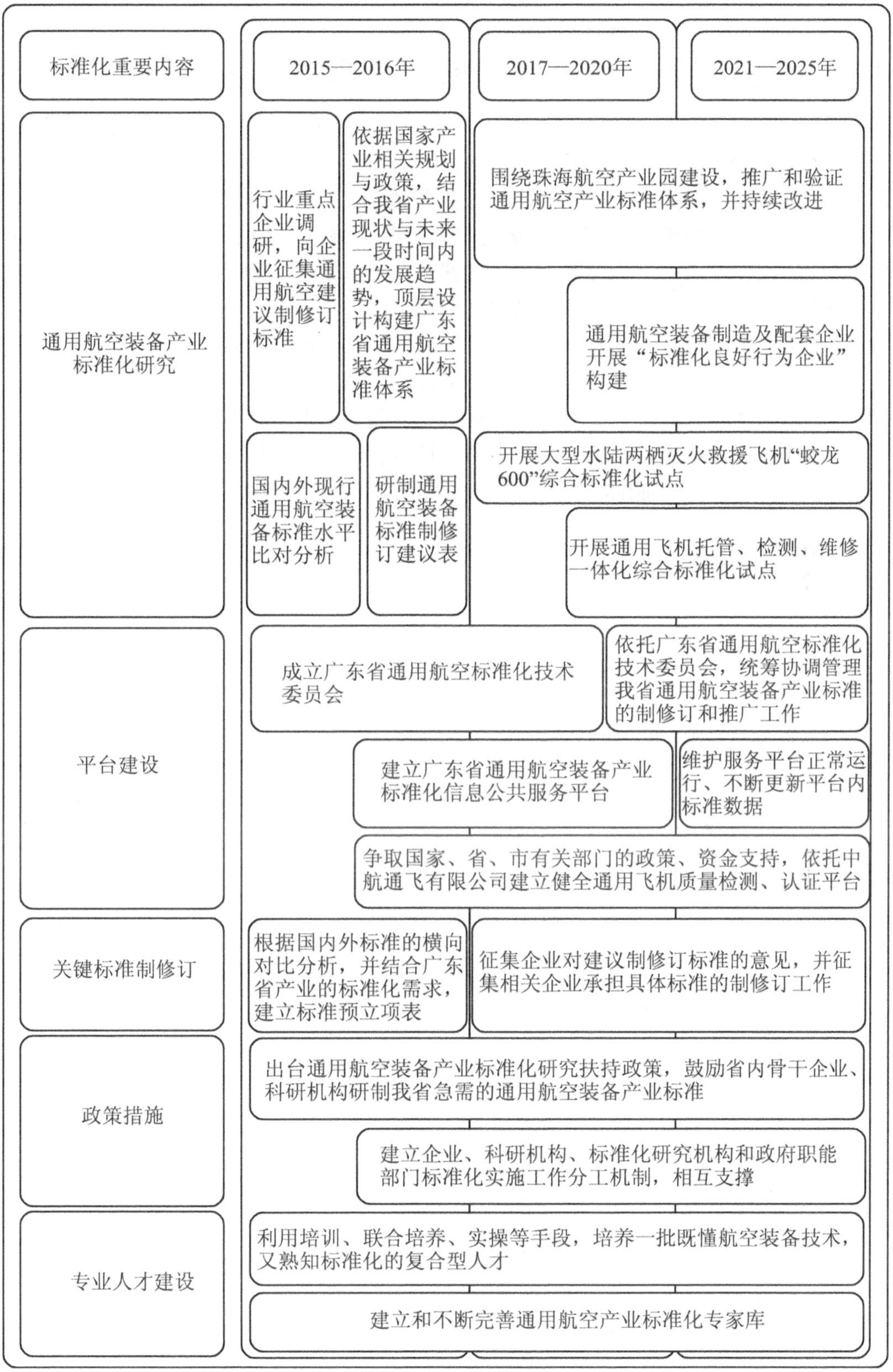

标准化重要内容	2015—2016年	2017—2020年	2021—2025年
通用航空装备产业标准化研究	行业重点企业调研，向企业征集通用航空建议制修订标准	围绕珠海航空产业园建设，推广和验证通用航空产业标准体系，并持续改进	
	依据国家产业相关规划与政策，结合我省产业现状与未来一段时间内的发展趋势，顶层设计构建广东省通用航空装备产业标准体系	通用航空装备制造及配套企业开展“标准化良好行为企业”构建	
	国内外现行通用航空装备标准水平比对分析	开展大型水陆两栖灭火救援飞机“蛟龙600”综合标准化试点	
	研制通用航空装备标准制修订建议表	开展通用飞机托管、检测、维修一体化综合标准化试点	
平台建设	成立广东省通用航空标准化技术委员会		依托广东省通用航空标准化技术委员会，统筹协调管理我省通用航空装备产业标准的制修订和推广工作
	建立广东省通用航空装备产业标准化信息公共服务平台		维护服务平台正常运行、不断更新平台内标准数据
	争取国家、省、市有关部门的政策、资金支持，依托中航通飞有限公司建立健全通用飞机质量检测、认证平台		
关键标准制修订	根据国内外标准的横向对比分析，并结合广东省产业的标准化需求，建立标准预立项表	征集企业对建议制修订标准的意见，并征集相关企业承担具体标准的制修订工作	
政策措施	出台通用航空装备产业标准化研究扶持政策，鼓励省内骨干企业、科研机构研制我省急需的通用航空装备产业标准		
	建立企业、科研机构、标准化研究机构和政府职能部门标准化实施工作分工机制，相互支撑		
专业人才建设	利用培训、联合培养、实操等手段，培养一批既懂航空装备技术，又熟知标准化的复合型人才		
	建立和不断完善通用航空产业标准化专家库		

图 4－3　广东省通用航空装备产业标准化路线图

4.4 广东省城市轨道交通装备产业标准化路线图

广东省城市轨道交通装备产业标准化路线图（见图4-4）既体现了战略性、前瞻性、科学性、关键性、可操作性的原则，还充分结合和考虑了以下因素：

①根据《广东省战略性新兴产业发展“十二五”规划》的要求，结合珠三角城际和城市轨道交通网建设需求，我省将大力发展城际和城市轨道车辆等轨道交通装备，重点发展与车辆修造配套的高新技术产品和高强度型材产品。

②充分考虑广东省轨道交通装备产业现状及未来发展趋势，从顶层设计出发，通过规划产业标准体系框架，构建产业标准化工作平台和专家库，推动产业关键技术标准化制定和实施等，最终推动我省轨道交通装备产业的“质量控制与标准化提升工程”共同发展。

③围绕我省三大轨道交通装备基地产品、技术、研发及应用的发展与标准化需求，有重点、有层次、科学系统地推动“产品型号综合标准化试点”及关键标准的研制。

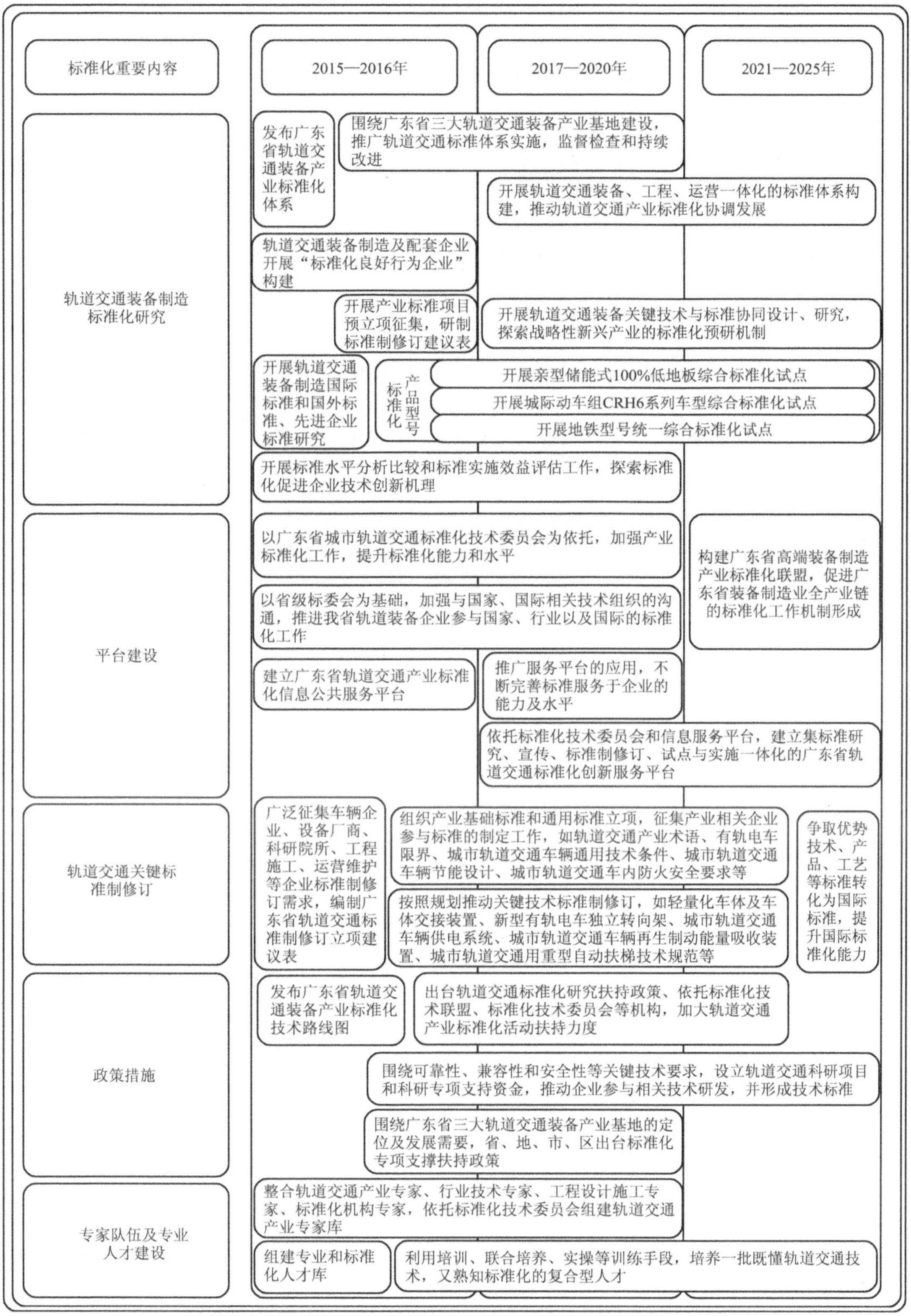

标准化重要内容	2015—2016年	2017—2020年	2021—2025年
轨道交通装备制造标准化研究	发布广东省轨道交通装备产业标准化体系		
	围绕广东省三大轨道交通装备产业基地建设，推广轨道交通标准体系实施，监督检查和持续改进		
		开展轨道交通装备、工程、运营一体化的标准体系构建，推动轨道交通产业标准化协调发展	
	轨道交通装备制造及配套企业开展“标准化良好行为企业”构建		
	开展产业标准项目预立项征集，研制标准制修订建议表	开展轨道交通装备关键技术与标准协同设计、研究，探索战略性新兴产业的标准化预研机制	
	开展轨道交通装备制造国际标准和国外标准、先进企业标准研究		
	产品型号标准化：开展亲型储能式100%低地板综合标准化试点		
	产品型号标准化：开展城际动车组CRH6系列车型综合标准化试点		
	产品型号标准化：开展地铁型号统一综合标准化试点		
	开展标准水平分析比较和标准实施效益评估工作，探索标准化促进企业技术创新机理		
平台建设	以广东省城市轨道交通标准化技术委员会为依托，加强产业标准化工作，提升标准化能力和水平		构建广东省高端装备制造产业标准化联盟，促进广东省装备制造业全产业链的标准化工作机制形成
	以省级标委会为基础，加强与国家、国际相关技术组织的沟通，推进我省轨道装备企业参与国家、行业以及国际的标准化工作		
	建立广东省轨道交通产业标准化信息公共服务平台	推广服务平台的应用，不断完善标准服务于企业的能力及水平	
		依托标准化技术委员会和信息服务平台，建立集标准研究、宣传、标准制修订、试点与实施一体化的广东省轨道交通标准化创新服务平台	
轨道交通关键标准制修订	广泛征集车辆企业、设备厂商、科研院所、工程施工、运营维护等企业标准制修订需求，编制广东省轨道交通标准制修订立项建议表	组织产业基础标准和通用标准立项，征集产业相关企业参与标准的制定工作，如轨道交通产业术语、有轨电车限界、城市轨道交通车辆通用技术条件、城市轨道交通车辆节能设计、城市轨道交通车内防火安全要求等	争取优势技术、产品、工艺等标准转化为国际标准，提升国际标准化能力
		按照规划推动关键技术标准制修订，如轻量化车体及车体交接装置、新型有轨电车独立转向架、城市轨道交通车辆供电系统、城市轨道交通车辆再生制动能量吸收装置、城市轨道交通用重型自动扶梯技术规范等	
政策措施	发布广东省轨道交通装备产业标准化技术路线图	出台轨道交通标准化研究扶持政策、依托标准化技术联盟、标准化技术委员会等机构，加大轨道交通产业标准化活动扶持力度	
	围绕可靠性、兼容性和安全性等关键技术要求，设立轨道交通科研项目和科研专项支持资金，推动企业参与相关技术研发，并形成技术标准		
	围绕广东省三大轨道交通装备产业基地的定位及发展需要，省、地、市、区出台标准化专项支撑扶持政策		
专家队伍及专业人才建设	整合轨道交通产业专家、行业技术专家、工程设计施工专家、标准化机构专家，依托标准化技术委员会组建轨道交通产业专家库		
	组建专业和标准化人才库	利用培训、联合培养、实操等训练手段，培养一批既懂轨道交通技术，又熟知标准化的复合型人才	

图 4－4　广东省城市轨道交通装备产业标准化路线图

4.5 广东省海洋工程装备与船舶制造产业标准化路线图

广东省海洋工程装备与船舶制造产业标准化路线图（见图4－5）既体现了前瞻性、科学性、适用性和可操作性的原则，又充分结合和考虑了以下因素：

①根据《广东省战略性新兴产业发展“十二五”规划》（粤府办〔2012〕15号）对海洋工程装备与船舶制造产业的要求，积极发展海洋工程装备、船舶制造及大功率中低速柴油机、港口物流机械、海洋石油勘探装备设施等制造业，发展浮式生产储存卸货装置（FPSO）、自升式钻井平台、半潜式钻井平台等专业化海洋工程装备、配套设备以及操锚作业拖船（AHTS）等特色海洋工程辅助设备。延伸产业链，发展大型铸锻件等配套产业。

②充分考虑广东省海洋工程装备与船舶制造产业现状及未来发展趋势，从顶层设计出发，通过规划产业标准体系框架、构建产业标准化工作平台和专家库、分领域推动产业关键技术标准化制定和实施等，最终推动我省海洋工程装备与船舶制造产业健康发展。

③依托珠江口沿海现代化大型船舶制造基地和海洋工程装备制造基地，围绕我省海洋工程装备与船舶制造产业特色产品、核心技术、研发及应用的前景开展多个综合标准化试点。

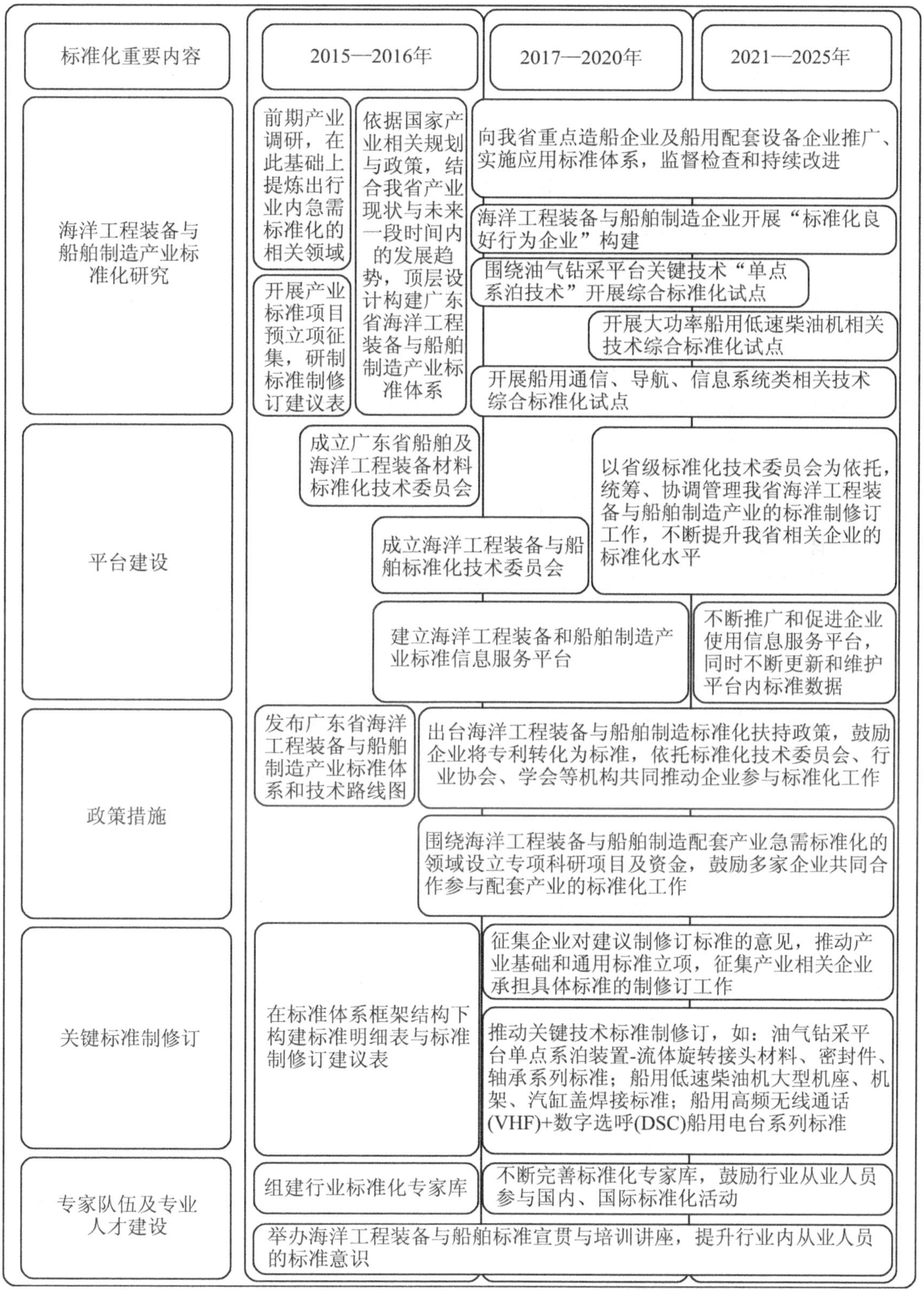

标准化重要内容	2015—2016年	2017—2020年	2021—2025年

海洋工程装备与船舶制造产业标准化研究

- 前期产业调研，在此基础上提炼出行业内急需标准化的相关领域
- 开展产业标准项目预立项征集，研制标准制修订建议表
- 依据国家产业相关规划与政策，结合我省产业现状与未来一段时间内的发展趋势，顶层设计构建广东省海洋工程装备与船舶制造产业标准体系
- 向我省重点造船企业及船用配套设备企业推广、实施应用标准体系，监督检查和持续改进
- 海洋工程装备与船舶制造企业开展“标准化良好行为企业”构建
- 围绕油气钻采平台关键技术“单点系泊技术”开展综合标准化试点
- 开展大功率船用低速柴油机相关技术综合标准化试点
- 开展船用通信、导航、信息系统类相关技术综合标准化试点

平台建设

- 成立广东省船舶及海洋工程装备材料标准化技术委员会
- 成立海洋工程装备与船舶标准化技术委员会
- 以省级标准化技术委员会为依托，统筹、协调管理我省海洋工程装备与船舶制造产业的标准制修订工作，不断提升我省相关企业的标准化水平
- 建立海洋工程装备和船舶制造产业标准信息服务平台
- 不断推广和促进企业使用信息服务平台，同时不断更新和维护平台内标准数据

政策措施

- 发布广东省海洋工程装备与船舶制造产业标准体系和技术路线图
- 出台海洋工程装备与船舶制造标准化扶持政策，鼓励企业将专利转化为标准，依托标准化技术委员会、行业协会、学会等机构共同推动企业参与标准化工作
- 围绕海洋工程装备与船舶制造配套产业急需标准化的领域设立专项科研项目及资金，鼓励多家企业共同合作参与配套产业的标准化工作

关键标准制修订

- 在标准体系框架结构下构建标准明细表与标准制修订建议表
- 征集企业对建议制修订标准的意见，推动产业基础和通用标准立项，征集产业相关企业承担具体标准的制修订工作
- 推动关键技术标准制修订，如：油气钻采平台单点系泊装置-流体旋转接头材料、密封件、轴承系列标准；船用低速柴油机大型机座、机架、汽缸盖焊接标准；船用高频无线通话(VHF)+数字选呼(DSC)船用电台系列标准

专家队伍及专业人才建设

- 组建行业标准化专家库
- 不断完善标准化专家库，鼓励行业从业人员参与国内、国际标准化活动
- 举办海洋工程装备与船舶标准宣贯与培训讲座，提升行业内从业人员的标准意识

图 4－5　广东省海洋工程装备与船舶制造产业标准化路线图

第 5 章　广东省高端装备制造产业标准明细构成

标准明细表的构成是与标准体系框架图的结构一一对应的。通过查看标准明细表，可以明确标准体系在不同层级下的标准数量、标准名称及采标情况。标准明细的建立，一方面有利于标准化工作者对产业标准化情况有一个清晰的了解；另一方面，也便于发现产业尚欠缺哪些标准，或追踪标准研制的轨迹，辅助标准化工作者对计划制订的标准开展必要性分析。

高端制造业标准明细是在已建立的标准体系框架的范围内，设置检索策略，在标准信息库检索出现行国际标准（ISO、IEC 等）、国外先进标准（EN、JIS 等）、国家标准（GB）、行业标准以及地方标准，并按照标准体系框架的层次结构进行归类整理。标准明细包括现行标准明细、处于标准立项阶段的标准明细及建议预立项的标准明细。处于立项阶段的标准来源为：国家标准、行业标准、地方标准的立项计划（2014—2015 年度）。建议预立项标准的来源将在第六章详述。

标准检索策略有以下几种：①根据主题词检索。主题词的选择依据是目前国家、广东省产业政策提及的亟须发展的产品或技术名称；②根据中国标准分类号及国际标准分类号检索。

标准明细表的表头依次为标准编号、标准名称、国内标准号及国外标准号。标准编号用来定位标准在标准体系框架中所处的层次，其表示为“标准体系层级编号 + 这一层级下的标准序号”。标识国内标准号的标准是国内标准。国外标准号的标识有两个含义：一是在有国内标准号的前提下，为国内标准对应的采标标准；二是在无国内标准号的前提下，为标准明细中收录的国际标准。

为了能够直观展示标准明细的分布情况，本书提供了广东省高端装备制造产业的标准明细统计表。下面对标准明细统计表进行说明。

5.1　广东省智能制造装备产业标准明细构成

表 5 - 1 为广东省智能制造装备产业标准体系明细的统计结果。本标准体系共有 3 000 项标准，其中现行标准 2 179 项，约占 73%；建议制修订标准 821 项，约占 27%。

表 5 - 1 广东省智能制造装备产业标准体系明细统计表

门 类	子 类	应有标准数/项	现行标准数/项	建议制修订标准数/项	应有标准项数/应有标准总数/%	现行标准项数/应有标准项数/%
A01 关键基础零部件及通用部件标准	A0101 新型传感器及系统标准	84	82	2	2.8	97.6
	A0102 精密传动装置标准	160	150	10	5.3	93.8
	A0103 液气密元件及系统标准	3	2	1	0.1	66.7
	A0104 伺服控制机构标准	42	30	12	1.4	71.4
A02 智能仪器仪表与控制系统标准	A0201 精密实验室仪器设备标准	163	132	31	5.4	81.0
	A0202 智能工业自动化仪表标准	28	13	15	0.9	46.4
	A0203 工业控制计算机标准	175	112	63	5.8	64.0
	A0204 新型环保仪表标准	27	23	4	0.9	85.2
A03 自动化系统与集成标准	A0301 工业通信网络标准	169	68	101	5.6	40.2
	A0302 工业数据标准	384	52	332	12.8	13.5
	A0303 体系结构和集成框架标准	149	120	29	5.0	80.5
A04 高档数控机床及基础制造装备标准	A0401 金属切削数控机床标准	148	142	6	4.9	95.9
	A0402 特种加工数控机床标准	39	36	3	1.3	92.3
	A0403 金属成形数控机床标准	49	44	5	1.6	89.8
	A0404 机床数控功能部件标准	100	88	12	3.3	88.0
	A0405 机床数控系统标准	39	25	14	1.3	64.1
A05 智能专用设备标准	A0501 工业机器人标准	93	37	56	3.1	39.8
	A0502 重型工程机械标准	330	313	17	11.0	94.8
	A0503 建材自动化生产设备标准	99	72	27	3.3	72.7
	A0504 高端塑料加工设备标准	35	31	4	1.2	88.6
	A0505 高端印刷和包装设备标准	139	125	14	4.6	89.9
	A0506 精密电子制造设备标准	19	9	10	0.6	47.4
	A0507 现代农业机械标准	343	329	14	11.4	95.9
	A0508 新型环保节能设备标准	69	68	1	2.3	98.6
	A0509 智能电力和电网设备标准	93	71	22	3.1	76.3
	A0510 3D 打印成形设备标准	3	1	2	0.1	33.3
	A0511 民用无人机标准	15	4	11	0.5	26.7
	A0512 其他专用设备标准	3	0	3	0.1	0.0
合 计		3 000	2 179	821		

5.2 广东省通用航空装备产业标准明细构成

表5－2为广东省通用航空装备产业标准体系明细的统计结果。本标准体系中共有5 089项标准，其中现行标准4 773项，占93.8%；建议制修订170项，占3.34%。

表5－2　广东省通用航空装备产业标准明细统计表

门　类	子　类	应有标准数/项	现行标准数/项	应有标准项数/应有标准总数/%	现有标准项数/应有标准项数/%
B01 通用航空基础标准	B0101 术语、分类方法及符号标准	43	19	0.8	44.2
	B0102 可靠性标准	6	5	0.1	83.3
	B0103 环境条件标准	21	14	0.4	66.7
	B0104 标志、包装、运输、储存标准	28	28	0.6	100.0
	B0105 材料及检验标准	346	342	6.8	98.8
B02 通用飞机设计标准	B0201 总体标准	42	40	0.8	95.2
	B0202 飞机零部件标准	1549	1431	30.4	92.4
	B0203 动力装置标准	115	115	2.3	100.0
	B0204 液压气压系统标准	121	54	2.4	44.6
	B0205 航电系统标准	24	24	0.5	100.0
	B0206 燃油系统标准	51	50	1.0	98.0
	B0207 机载设备标准	410	356	8.1	86.8
	B0208 环控系统标准	97	95	1.9	97.9
	B0209 飞行试验及评定标准	36	36	0.7	100.0
B03 通用飞机制造标准	B0301 工艺标准	266	258	5.2	97.0
	B0302 工艺装备标准	1 717	1 717	33.7	100.0
B04 通航运营和维护用设备标准	B0401 空中交通管制设备标准	36	36	0.7	100.0
	B0402 地面保障设备标准	90	62	1.8	68.9
	B0403 地面维护设备标准	91	91	1.8	100.0
合　计		5 089	4 773		

5.3　广东省城市轨道交通装备产业标准明细构成

表 5－3 为广东省城市轨道交通装备产业标准明细统计表。本标准体系共有 465 项标准，其中现行标准 266 项，约占 57.2%；建议制修订标准 199 项，占 42.8%。

表 5－3　广东省城市轨道交通装备产业标准明细统计表

门类		应有标准数/项	现行标准数/项	在编标准数/项	待编标准数/项	应有标准项数/应有标准总数/%	现有标准项数/应有标准项数/%
基础标准		19	14	0	5	4.1	73.7
C2.1 轨道交通设备通用标准	通用标准	21	15	1	5	4.5	71.4
	C3.1.1 车辆标准	167	103	20	44	35.9	61.7
	C3.1.2 供电标准	37	16	3	18	8.0	43.2
	C3.1.3 通信与信号标准	24	5	6	13	5.2	20.8
	C3.1.4 机电设备标准	55	13	0	42	11.8	23.6
	C3.1.5 轨道标准	29	13	4	12	6.2	44.8
C2.2 轨道交通建造及运维设备通用标准	C3.2.1 轨道交通建造设备标准	76	67	0	9	16.3	88.2
	C3.2.2 轨道交通运维设备标准	14	11	0	3	3.0	78.6
C2.3 检测通用标准	通用标准	3	3	0	0	0.6	100.0
	C3.3.1 限界标准	6	1	2	3	1.3	16.7
	C3.3.2 节能标准	1	0	0	1	0.2	0.0
	C3.3.3 环保标准	2	0	0	2	0.4	0.0
	C3.3.4 性能标准	11	5	5	1	2.4	45.5
合　计		465	266	41	158		

5.4　广东省海洋工程装备与船舶制造产业标准明细构成

表 5－4 为广东省海洋工程装备与船舶制造产业标准明细统计表。本标准体系共有 2 484 项标准，其中现行标准 1 919 项，约占 77.2%；建议制修订标准 565 项，约占 22.8%。

表5－4　广东省海洋工程装备与船舶制造产业标准明细统计表

门　类	子　类	应有标准数/项	现行标准数/项	应有标准项数/应有标准总数/%	现有标准项数/应有标准项数/%
D0101 海洋油气资源开发装备标准	D010101 基础与通用方法标准	8	8	0.3	100.0
	D010102 总体标准	29	8	1.2	27.6
	D010103 结构标准	34	12	1.4	35.3
	D010104 建造用材料及检验方法标准	8	4	0.3	50.0
	D010105 建造技术与工艺标准	34	28	1.4	82.4
	D010106 性能与试验方法标准	3	0	0.1	0.0
	D010107 机械与设备标准	22	16	0.9	72.7
	D010108 系泊与动力定位系统标准	3	2	0.1	66.7
	D010109 油气钻采与处理系统标准	9	8	0.4	88.9
	D010110 管路系统标准	4	0	0.2	0.0
	D010111 电气仪表通信系统与设备标准	7	3	0.3	42.9
	D010112 通风与空调设备标准	1	1	0.0	100.0
	D010113 健康安全环保设备标准	5	0	0.2	0.0
	D010114 舾装设备标准	4	2	0.2	50.0
D0201 海洋船标准	D020101 基础与通用方法标准	121	102	4.9	84.3
	D020102 船舶总体标准	51	45	2.1	88.2
	D020103 船舶结构标准	28	16	1.1	57.1
	D020104 船舶性能与试验标准	16	12	0.6	75.0
	D020105 船用材料及检验方法标准	187	164	7.5	87.7
	D020106 船舶建造技术与工艺标准	183	149	7.4	81.4
	D020107 船舶建造工艺装备标准	8	8	0.3	100.0
D0206 船用配套设备标准	D020601 船舶动力装置标准	164	130	6.6	79.3
	D020602 锅炉与压力容器标准	93	66	3.7	71.0
	D020603 舱室辅机与机舱设备标准	75	71	3.0	94.7
	D020604 甲板机械标准	63	45	2.5	71.4
	D020605 船舶消防设备标准	40	13	1.6	32.5
	D020606 船舶环保设备标准	45	21	1.8	46.7
	D020607 船舶管路附件标准	387	330	15.6	85.3
	D020608 液压与气动元件标准	93	74	3.7	79.6

续表

门　类	子　类	应有标准数/项	现行标准数/项	应有标准项数/应有标准总数/%	现有标准项数/应有标准项数/%
D0206 船用配套设备标准	D020609 船舶电气系统及设备标准	207	159	8.3	76.8
	D020610 船舶导航设备标准	70	40	2.8	57.1
	D020611 船舶通信设备标准	43	20	1.7	46.5
	D020612 船舶水声设备标准	17	14	0.7	82.4
	D020613 船舶舾装元件标准	422	348	17.0	82.5
合　计		2 484	1 919	100.0	

第 6 章　广东省高端装备制造产业预立项标准制修订建议表

根据广东省高端装备制造产业标准体系框架及标准化路线图，经广泛征集产业科研院所、装备制造企业、零部件配套企业、产品应用企业的标准制修订建议、企业标准、参与制修订标准情况，结合当前广东省高端装备产业发展的理论研究、技术发展趋势、应用市场需求和地理区域产品重点，以及国际标准、国外先进标准、国家标准和行业标准的实施情况、制修订规划和研究重点，提出了广东省开展高端装备制造产业标准制修订工作的标准预立项建议表。

同时，对建议表中预立项标准的重要性和紧急性进行了技术比对、市场调研、专家研讨等工作，综合分析整理出了标准制修订优先级，用★表示，★越多表明重要性越高，推荐级别越高。依据安全性、可靠性、互换性、环保节能的通用标准级别高于产品标准，重点产品、共性技术标准级别高于普通产品，成熟技术或产品标准高于在研技术或产品，国际标准采标以我国技术发展现状综合评级等原则进行星级评估。

6.1　广东省智能制造装备产业预立项标准制修订建议表

广东省智能制造装备产业预立项标准制修订建议表，共有 821 项标准预立项建议项目。其中，优先级数★★★★以上为行业重要且紧急的标准预立项建议，共 60 项，见表 6－1。

表 6–1　广东省智能制造装备产业预立项标准制修订建议表

序　号	体　系	标准类别	标准名称	优先级	状　态	备　注
9	A01 关键基础零部件及通用部件标准	A0102 精密传动装置标准	滚动轴承圆度和波纹度误差测量及评定方法	★★★★	国标立项计划	20131933–T–604，推荐
11			滑动轴承带或不带法兰薄壁轴瓦　第 1 部分：公差、设计要素和检测方法	★★★★	国标立项计划	20140795–T–604，广东省企业参与
41	A02 智能仪器仪表与控制系统标准	A0201 精密实验室仪器设备标准	高低温试验箱能效测试方法	★★★★	国标立项计划	20141335–T–604，广东省企业参与
135		A0204 新型环保仪表标准	铜水质自动在线监测仪技术要求和检测方法	★★★★	广东省地方标准立项计划	2014 年第一批
136			镍水质自动在线监测仪技术要求和检测方法	★★★★	广东省地方标准立项计划	2014 年第一批
137			锌水质自动在线监测仪技术要求和检测方法	★★★★	广东省地方标准立项计划	2014 年第一批
138			生物毒性水质自动在线监测仪技术要求和检测方法	★★★★	广东省地方标准立项计划	2014 年第一批
608	A04 高档数控机床及基础制造装备标准	A0402 特种加工数控机床标准	激光切割机床　第 1 部分：精度检验	★★★★	行标立项计划	2014–2083T–JB，广东省企业参与
612		A0403 金属成形数控机床标准	压铸机能耗检测方法	★★★★	广东省地方标准立项计划	2013 年
620		A0404 机床数控功能部件标准	滚动直线导轨副钳制器　第 1 部分：术语和符号	★★★★	行标立项计划	JBCPZT0710–2014，广东省企业参与
623			滚动直线导轨副阻尼器　第 1 部分：术语和符号	★★★★	行标立项计划	JBCPZT0713–2014，广东省企业参与

续表

序号	体系	标准类别	标准名称	优先级	状态	备注
634	A04 高档数控机床及基础制造装备标准	A0405 机床数控系统标准	数控系统可靠性仿真分析规范 / 标准草案	★★★★	征集意见	
635			数控系统可靠性强化试验规范 / 标准草案	★★★★	征集意见	
636			数控系统加速试验与评价规范 / 标准草案	★★★★	征集意见	
637			数控系统可靠性试验规范	★★★★	征集意见	
638			数控一代专项可靠性工作通用要求	★★★★	征集意见	
639			数控一代专项可靠性工作管理办法	★★★★	征集意见	
640			数控化机械产品运行可靠性评估和剩余寿命预测技术指南	★★★★	征集意见	
648	A05 智能专用设备标准	A0501 工业机器人标准	机器人模块化机构类功能构件通用规范	★★★★	国标立项计划	20120879-T-604，广东省企业参与
684			用于工业机器人的自动视觉标定方法	★★★★	地标立项	
686			工业机器人运动可靠性评估方法	★★★★	地标立项	
688			工业机器人可靠性通用要求	★★★★	地标立项	
689			数控系统可靠性强化试验方法	★★★★	地标立项	
710		A0502 重型工程机械标准	井字架物料提升机安全性能检验规程	★★★★	广东省地方标准立项计划	2013 年
718		A0503 建材自动化生产设备标准	陶瓷瓷质砖抛光技术装备　第 1 部分：抛光机	★★★★	行业标准计划立项项目	
719			陶瓷瓷质砖抛光技术装备　第 2 部分：磨边倒角机	★★★★	行业标准计划立项项目	

续表

序 号	体 系	标准类别	标准名称	优先级	状 态	备 注
720	A05 智能专用设备标准	A0503 建材自动化生产设备标准	陶瓷瓷质砖抛光机技术装备 第 3 部分：刮平定厚机	★★★★	行业标准计划立项项目	
721			墙地砖拣选包装技术装备 第 3 部分：码包机	★★★★	行业标准计划立项项目	
722			陶瓷砖去坛式自动包装机	★★★★	行业标准计划立项项目	
723			陶瓷砖笼式自动包装机	★★★★	行业标准计划立项项目	
724			陶瓷砖箱式自动包装机	★★★★	行业标准计划立项项目	
725			组合绳锯	★★★★	行业标准计划立项项目	
726			立式补胶线	★★★★	行业标准计划立项项目	
727			石板材定厚机	★★★★	行业标准计划立项项目	
728			建材机械热工设备安全技术要求	★★★★	行业标准计划立项项目	
729			陶瓷砖抛光生产线设备安全技术要求	★★★★	行业标准计划立项项目	
730			陶瓷砖自动液压机安全技术要求	★★★★	行业标准计划立项项目	
731			釉面抛光机	★★★★	行业标准计划立项项目	
732			墙地砖分拣机	★★★★	行业标准计划立项项目	
733			人造石板料压机	★★★★	行业标准计划立项项目	
734			人造石板料布料机	★★★★	行业标准计划立项项目	
735			喷雾干燥器	★★★★	行业标准计划立项项目	
736			喂料机	★★★★	行业标准计划立项项目	
737			搅拌机	★★★★	行业标准计划立项项目	
738			布料车	★★★★	行业标准计划立项项目	
739			印花机	★★★★	行业标准计划立项项目	
740			卫生洁具成型设备	★★★★	行业标准计划立项项目	

续表

序　号	体　系	标准类别	标准名称	优先级	状　态	备　注
755	A05 智能专用设备标准	A0504 高端塑料加工设备标准	印刷机械宽幅面喷绘机测试图样及测试方法	★★★★	行标立项计划	JBCPZT0684—2014，广东省企业参与
761		A0506 精密电子制造设备标准	电路板组装用全自动锡膏印刷机	★★★★	征集意见	
762			电路板组装用自动化光学检测设备	★★★★	征集意见	
763			电路板组装用回流炉	★★★★	征集意见	
764			电路板组装波峰焊炉	★★★★	征集意见	
765			电路板组装贴片机	★★★★	征集意见	
766			电路板锡膏 3D 检测设备	★★★★	征集意见	
767			电路板组装用微焦点 X 射线检测设备	★★★★	征集意见	
768			集成电路切筋成型收集自动化设备	★★★★	征集意见	
808		A0511 民用无人机标准	民用无人机可靠性评价方法	★★★★	地标立项	
809			民用无人机系统性能测试方法　第1部分：多旋翼飞行平台	★★★★	地标立项	
810			民用无人机系统性能测试方法　第1部分：多旋翼飞行平台	★★★★	团体标准立项	
811			民用无人机系统性能测试方法　第2部分：直升机飞行平台	★★★★	团体标准立项	

6.2　广东省通用航空装备产业预立项标准制修订建议表

广东省通用航空装备产业预立项标准制修订建议表（见表 6–2）中，共有 316 项标准预立项建议项目，其中优先级数★★★★是行业建议重要且紧急的标准预立项建议，共 22 项。

表 6-2　广东省通用航空装备产业预立项标准制修订建议表

序号	体系	标准类别	标准名称	优先级	备注
1	B01 通用航空基础标准	B0101 术语、分类方法及符号标准	航空航天等效术语表　第 1 部分：航空电气设备	★★★★	国标已立项 ISO 5843—1:1985
2			航空航天等效术语表　第 2 部分：航空航天用铆钉	★★★★	国标已立项 ISO 5843—2:1985
3			航空航天等效术语表　第 3 部分：航空航天用螺栓螺母	★★★★	国标已立项 ISO 5843—3:1985
4			航空航天等效术语表　第 4 部分：飞行动力学	★★★★	国标已立项 ISO 5843—4:1990
5			航空航天等效术语表　第 5 部分：飞机设备环境和工作条件	★★★★	国标已立项 ISO 5843—5:1990
6			航空航天等效术语表　第 6 部分：标准大气	★★★★	国标已立项 ISO 5843—6:1985
7			航空航天等效术语表　第 7 部分：飞机可靠性	★★★★	国标已立项 ISO 5843—8:1988
8			航空航天等效术语表　第 8 部分：飞行器	★★★★	国标已立项 ISO 5843—9:1988
9			航空航天等效术语表　第 9 部分：飞行器结构	★★★★	国标已立项 ISO 5843—10:1988
10			飞行力学概念、量和符号　第 1 部分：航空器相对于空气的运动	★★★	ISO 1151—1:1988
11			飞行力学概念、量和符号　第 2 部分：航空器和大气相对于地面的运动	★★★	ISO 1151—2:1985
12			飞行力学概念、量和符号　第 3 部分：力、力矩及其系数的导数	★★★	ISO 1151—3:1989
13			飞行力学概念、量和符号　第 4 部分：用于航空器稳定性和操纵研究的概念、量和符号	★★★	ISO 1151—4:1994
14			飞行力学概念、量和符号　第 5 部分：用于测量的量	★★★	ISO 1151—5:1987
15			飞行力学的术语和符号　第 6 部分：航空器的几何形状	★★★	ISO 1151—6:1982
16			飞行力学概念、量和符号　第 7 部分：飞行点和飞行包线	★★★	ISO 1151—7:1985
17			飞行力学概念、量和符号　第 8 部分：用于航空器机动性研究的概念和量	★★★	ISO 1151—8:1992
18			飞行力学概念、量和符号　第 9 部分：沿航空器轨迹的大气运动模型	★★★	ISO 1151—9:1993
19			航空器推进装置和零组件编号和旋转方向描述方法	★★	ISO 482:1977

续表

序号	体系	标准类别	标准名称	优先级	备注
20	B01 通用航空基础标准	B0101 术语、分类方法及符号标准	飞机地面设备图形符号	★★	ISO 11532:2012
21			航空航天流体系统词汇　第 1 部分：与压力有关的通用术语和定义	★★★	ISO 8625–1:1993
22			航空航天流体系统词汇　第 2 部分：与流动有关的通用术语和定义	★★★	ISO 8625–2:1991
23			航空航天流体系统词汇　第 3 部分：与温度有关的通用术语和定义	★★★	ISO 8625–3:1991
24			航空航天流体系统词汇　第 4 部分：控制 / 启动系统的通用术语和定义	★★★	ISO 8625–4:2011
25		B0102 可靠性标准	飞行器和太空工业数据产品识别和可追溯性	★★	ISO 21849:2006
26		B0103 环境条件标准	航空航天用参考大气	★★	ISO 5878:1982
27			飞机设备——机载设备的环境和操作条件——湿度、温度和压力测试	★★	
28			航空器机载设备的环境条件和试验程序	★★	ISO 7137:1995
29			航空器机载设备的环境试验程序指定防火区的防火	★★	ISO 2685:1998
30			航空器设备的环境试验　第 3、4 部分：声振动	★★	ISO 2671:1982
31			航空器设备的环境试验稳态加速度	★★	ISO 2669:1995
32			标准大气	★★	ISO 2533:1975
33		B0105 材料及检验方法标准	航空航天，变形铝及铝合金的检验、测试、供货要求　第 1 部分：一般要求	★★★	ISO 8591–1:1989
34			航空绝缘电线试验方法　第 1 部分：总则	★★★★	国标已立项
35			航空绝缘电线试验方法　第 2 部分：装配、处置和修理试验	★★★★	国标已立项
36			航空航天用海绵钛	★★★	地方标准已立项
37	B02 通用飞机设计标准	B0201 总体标准	水陆两栖飞机水密设计要求	★★★★	地方标准已立项
38			通用飞机复合材料结构设计要求	★★★★	地方标准已立项

续表

序号	体系	标准类别	标准名称	优先级	备注
39	B02 通用飞机设计标准	B0202 飞机零部件标准	航空航天滑轮用合金钢和镀镉或钛合金钢、MoS_2 润滑或耐腐蚀钢和钝化的紧公差柄、短螺纹薄六角头螺栓	★★	ISO 9219:2002
40			航空航天滑轮用合金钢和镀镉或耐腐蚀钢和钝化平垫圈尺寸和质量	★★	ISO 9218:2002
41			航空航天滑轮用合金钢和镀镉或耐腐蚀钢和钝化带埋头孔的倒角垫圈尺寸和质量	★★	ISO 9217:2002
42			航空航天滑轮用合金钢和镀镉或耐腐蚀钢和钝化六角带槽（齿形头）螺母尺寸和质量	★★	ISO 9216:2002
43			航空器封装电线	★★★	ISO 244:1979
44			航空航天铝或铝合金实心铆钉采购规范	★★★	ISO 9418:1998
45			航空航天由强度等级为 1550 MPa 的耐热镍基合金制成的带 MJ 螺纹的螺栓采购规范	★★	ISO 9154:1999
46			航空航天强度等级为 1100 MPa 的钛合金 MJ 螺纹螺栓采购规范	★★	ISO 9152:1998
47			航空航天普通或开槽螺母试验方法	★★★	ISO 9140:1998
48			航空航天普通或开槽螺母采购规范	★★★	ISO 9139:1998
49			航空航天米制螺母形状和位置公差	★★	ISO 8788:2000
50			航空航天最高工作温度高于 425℃的自锁螺母试验方法	★★	ISO 8642:2008
51			航空航天最高工作温度高于 425℃的自锁螺母采购规范	★★	ISO 8641:2008
52			航空航天由金属材料制成，经过或没有经过表面处理的普通头实心铆钉尺寸	★★	ISO 8280:1993
53			航空航天强度等级为 1100 MPa、带 MJ 螺纹的耐腐蚀和耐热钢制螺栓采购规范	★★	ISO 8168:2008
54			航空航天螺栓试验方法	★★★	ISO 7961:1994

续表

序 号	体 系	标准类别	标准名称	优先级	备 注
55	B02 通用飞机设计标准	B0202 飞机零部件标准	航空航天米制螺栓和螺钉的形状和位置公差	★★	ISO 7913:1994
56			航空航天强度等级 1100 MPa、带 MJ 螺纹的合金钢螺栓采购规范	★★	ISO 7689:2008
57			航空航天最高工作温度小于或等于 425℃的自锁螺母试验方法	★★	ISO 7481:2000
58			航空航天花键传动扳手结构米制系列	★★★	ISO 7403:1998
59			航空航天最高工作温度小于或等于 425℃的自锁螺母采购规范	★★	ISO 5858:1999
60			航空航天强度等级 1250 MPa、带有 MJ 螺纹的合金钢凸头螺栓采购规范	★★	ISO 5857:2008
61			航空航天十二角传动扳手结构米制系列	★★	ISO 4095:1998
62			航空航天金属制有或无表面处理的带圆墩坑的正常 100° 沉头实心铆钉尺寸	★★	ISO 3230:1998
63			航空航天 UNJ 螺纹一般要求和极限尺寸	★★★	ISO 3161:1999
64			航空航天锁紧丝直径	★★	ISO 245:1998
65			航空航天实心铆钉试验方法	★★★	ISO 17057:1999
66			航空航天 UNJ 螺纹测量	★★	ISO 15872:2002
67			航空航天有条纹的内十字形精确计量仪或无条纹驱动器米制系列	★★	ISO 14281:2002
68			航空航天有条纹，内十字形驱动器或无条纹驱动器米制系列	★★	ISO 14280:2002
69			航空航天内十字形驱动器米制系列	★★	ISO 14279:2002
70			航空航天有条纹的内调整偏差十字形精确计量仪或无条纹驱动器米制系列	★★	ISO 14278:2002
71			航空航天有条纹的内调整偏差十字形驱动器或无条纹驱动器米制系列	★★	ISO 14277:2002

续表

序号	体系	标准类别	标准名称	优先级	备注
72	B02 通用飞机设计标准	B0202 飞机零部件标准	航空航天内偏距十字交叉驱动器米制系列	★★	ISO 14276:2002
73			航空航天有条纹的内偏距十字交叉驱动器米制系列	★★	ISO 14275:2002
74			航空航天　强度等级小于或等于 1100MPa、金属材质的、有涂层材料的或无涂层材料的、标准杆型的、短或中等长度 MJ 螺纹的、内高扭矩十字槽或无槽结构的 100 度半沉头螺钉	★★	ISO 13921:2008
75			航空航天涂覆或未涂覆、金属材料制、带间隙配合孔的螺纹衬套尺寸	★★★	ISO 13599:2000
76			航空航天涂覆或未涂覆、金属材料制、缩减法兰、带 MJ 螺纹的封闭型自锁螺纹衬套尺寸	★★★	ISO 13598:2000
77			航空航天涂覆或未涂覆、金属材料制、带 MJ 螺纹的开放型自锁螺纹衬套尺寸	★★★	ISO 13597:2000
78			航空航天涂覆或未涂覆、金属材料制、带 MJ 螺纹的封闭型自锁螺纹衬套尺寸	★★★	ISO 13596:2000
79			航空航天涂覆或未涂覆、金属材料制、带 MJ 螺纹游动自锁螺母的螺纹衬套尺寸	★★★	ISO 13595:2000
80			航空航天钛和钛合金实心铆钉采购规范	★★	ISO 12290:2000
81			航空航天防腐蚀钢制实心铆钉采购规范	★★	ISO 12289:2003
82			航空航天镍合金实心铆钉采购规范	★★	ISO 12288:2000
83			航空航天经过或未经过表面处理的金属材料制 100° 普通沉头实心铆钉尺寸	★★	ISO 12281:1999
84			航空航天筒形自锁螺母用弹性金属片保持架尺寸	★★	ISO 12280:1999
85			航空航天　强度等级小于或等于 1100MPa、金属材质的、有涂层材料的或无涂层材料的、细杆型的、长 MJ 螺纹的、内高扭矩十字槽或无槽结构的平头螺钉　尺寸	★★	ISO 12261:1996
86			航空航天内十字形槽扳手米制系列	★★	ISO 12256:2002

续表

序号	体系	标准类别	标准名称	优先级	备注
87	B02 通用飞机设计标准	B0202 飞机零部件标准	航空航天实心铆钉材料	★★★	ISO/TR 12198:1998
88			航空航天 MJ 螺纹量规	★★	ISO 10959:2000
89			航空航天实心铆钉材料和米制的识别	★★	ISO 10299:2000
90			航空航天 MJ 螺纹　第 1 部分：基本要求	★★★	ISO 5855-1:1999
91			航空航天 MJ 螺纹　第 2 部分：螺栓和螺母螺纹的极限尺寸	★★★	ISO 5855-2:1999
92			航空航天 MJ 螺纹　第 3 部分：液体系统配件的限制尺寸	★★★	ISO 5855-3:1999
93			航空航天引导和收尾螺纹　第 2 部分：内螺纹	★★	ISO 3353-2:2002
94			航空航天引导和收尾螺纹　第 1 部分：滚压外螺纹	★★	ISO 3353-1:2002
95			航空航天系列内部六叶形轮驱动米制系列	★★	ISO 12257:2008
96			航空航天航空器操纵钢丝绳组件技术规范	★★	ISO 9763:1999
97			航空航天航空器操纵钢丝绳组件尺寸及端部配件组合	★★	ISO 9762:2000
98			航空航天航空器操纵钢丝绳旋转套筒用耐腐蚀钢制锁定夹尺寸	★★	ISO 9761:2000
99			航空航天　航空器滚动轴承操纵钢丝绳上的锻制耐腐蚀钢制叉形端　尺寸及载荷	★★	ISO 9760:2000
100			航空航天　航空器操纵钢丝绳上的锻制耐腐蚀钢叉形端　尺寸及载荷	★★	ISO 9759:2000
101			航空航天　航空器操纵钢丝绳用滚动轴承的螺纹式钢制叉形端　尺寸及载荷	★★	ISO 9758:2000
102			航空航天　航空器操纵钢丝绳旋转套筒用螺纹式钢制叉形端尺寸及载荷	★★	ISO 9757:2000
103			航空航天　航空器操纵钢丝绳上的锻制耐腐蚀柱螺栓端尺寸及载荷	★★	ISO 9749:2000
104			航空航天　航空器操纵钢丝绳上的锻制耐腐蚀钢球端尺寸及载荷	★★	ISO 9748:2000
105			航空航天　航空器操纵钢丝绳上的锻制耐腐蚀钢双柄球端尺寸及载荷	★★	ISO 9747:2000

续表

序 号	体　系	标准类别	标准名称	优先级	备　注
106	B02 通用飞机设计标准	B0202 飞机零部件标准	航空航天　航空器操纵钢丝绳的旋转套筒　尺寸及载荷	★★	ISO 9738:2000
107			航空航天　航空器操纵钢丝绳用锻制耐腐蚀钢有眼端　尺寸及载荷	★★	ISO 9737:2000
108			航空航天　航空器操纵钢丝绳的螺纹式钢制有眼端　尺寸及载荷	★★	ISO 9736:2000
109			航空航天飞机结构用轻负荷密封精密单列自调心球轴承英制系列	★★	ISO 14221:1998
110			航空航天飞机结构用轻负荷密封单列自调心球轴承英制系列	★★	ISO 14220:1998
111			航空航天飞机结构用重负荷密封精密单列自调心球轴承英制系列	★★	ISO 14219:1998
112			航空航天飞机结构用重负荷密封单列自调心球轴承英制系列	★★	ISO 14218:1998
113			航空航天飞机结构用重负荷密封精密双列自调心球轴承英制系列	★★	ISO 14217:1998
114			航空航天飞机结构用重负荷密封双列自调心球轴承英制系列	★★	ISO 14216:1998
115			航空航天飞机结构用重负荷密封精密双列刚性球轴承英制系列	★★	ISO 14215:1998
116			航空航天飞机结构用重负荷密封双列刚性球轴承英制系列	★★	ISO 14214:1998
117			航空航天飞机结构用扭力管设计的超轻负荷密封精密单列刚性球轴承英制系列	★★	ISO 14213:1998
118			航空航天飞机结构用扭力管设计的超轻负荷密封单列刚性球轴承英制系列	★★	ISO 14212:1998
119			航空航天飞机结构用轻负荷扭力管设计的单列刚性密封精密球轴承英制系列	★★	ISO 14211:1998
120			航空航天飞机结构用扭力管设计的轻负荷密封单列刚性球轴承英制系列	★★	ISO 14210:1998
121			航空航天飞机结构用中等负荷密封精密单列刚性球轴承英制系列	★★	ISO 14209:1998
122			航空航天飞机结构用中等负荷密封单列刚性球轴承英制系列	★★	ISO 14208:1998
123			航空航天飞机结构用轻负荷密封精密单列刚性球轴承英制系列	★★	ISO 14207:1998

续表

序号	体系	标准类别	标准名称	优先级	备注
124	B02 通用飞机设计标准	B0202 飞机零部件标准	航空航天飞机结构用轻负荷单列刚性密封球轴承英制系列	★★	ISO 14206:1998
125			航空航天飞机结构用直径系列 0 的双列刚性球轴承米制系列	★★	ISO 14204:1998
126			航空航天飞机结构用直径系列 8 和 9 单列刚性球轴承米制系列	★★	ISO 14203:1998
127			航空航天飞机结构用直径系列 0 和 2 的单列刚性球轴承米制系列	★★	ISO 14202:1998
128			航空航天飞机结构用直径系列 2 的自位双列球轴承米制系列	★★	ISO 14201:1998
129			航空航天飞机结构用中等负荷自位单列密封球面滚子轴承英制系列	★★	ISO 14197:1998
130			航空航天飞机结构用重负荷普通内圈自位双列密封球面滚子轴承英制系列	★★	ISO 14196:1998
131			航空航天飞机结构用轻负荷扭力管设计的自位双列密封球面滚子轴承英制系列	★★	ISO 14195:1998
132			航空航天飞机结构用重负荷扩展内圈自位双列密封球面滚子轴承英制系列	★★	ISO 14194:1998
133			航空航天飞机结构用中等负荷扩展内圈单列自位密封球面滚子轴承英制系列	★★	ISO 14193:1998
134			航空航天飞机结构用单列自位中等负荷防尘球面滚子轴承米制系列	★★	ISO 14192:1998
135			航空航天飞机结构用直径系列 3 和 4 的单列自位球面滚子轴承米制系列	★★	ISO 14191:1998
136			航空航天飞机结构用滚动轴承：滚珠和球面滚子轴承技术规范	★★	ISO 14190:1998
137			航空航天飞机结构用柱型单列密封的滚针滚道式滚子米制系列	★★	ISO 13417:1997
138			航空航天飞机结构用轭型单列密封的滚针滚道式滚子米制系列	★★	ISO 13416:1997
139			航空航天飞机结构用柱型单列密封的滚针滚道式滚子英制系列	★★	ISO 13415:1997

续表

序号	体系	标准类别	标准名称	优先级	备注
140	B02 通用飞机设计标准	B0202 飞机零部件标准	航空航天飞机结构用带档边的单列滚针轴承英制系列	★★	ISO 13414:1997
141			航空航天飞机结构用轭型、双列密封的滚针滚道式滚子英制系列	★★	ISO 13413:1997
142			航空航天飞机结构用轭型单列密封的滚针滚道式滚子英制系列	★★	ISO 13412:1997
143			航空航天飞机结构用滚针、滚柱和滚道式滚子轴承技术规范	★★	ISO 13411:1997
144			航空航天航空器操纵钢丝绳用末端接头和松紧套筒技术规范	★★	ISO 10955:1999
145			航空航天附件驱动和安装法兰（米制系列）　第 2 部分：尺寸	★★	ISO 8399–2:1998
146			航空航天附属设备和安装法兰（米制系列）　第 1 部分：设计规范	★★	ISO 8399–1:1998
147			飞机具有控制电缆用的滚珠轴承的非金属滑轮尺寸及负载	★★	ISO 7939:1988
148			飞机控制缆索滑轮的球轴承尺寸和载荷	★★	ISO 7938:1986
149			航空航天航空器操纵系统用预成形柔性钢丝绳　第 2 部分：技术规范	★★	ISO 2020–2:1997
150			航空航天航空器操纵系统用预成形柔性钢丝绳　第 1 部分：尺寸和负载能力	★★	ISO 2020–1:1997
151			航空器辅助驱动装置和安装座	★★	ISO 1971:1975
152			滚动轴承飞机机架轴承特性、外形尺寸、公差、额定静载荷	★★	ISO 1002:1983
153			航空航天飞机结构用不锈钢自润滑球面滑动轴承　第 1 部分：米制系列	★★	ISO 10792–1:1995
154			航空航天飞机结构用不锈钢自润滑球面滑动轴承　第 2 部分：英制系列	★★	ISO 10792–2:1995
155			航空航天飞机结构用不锈钢自润滑球面滑动轴承　第 3 部分：技术规范	★★	ISO 10792–3:1995
156			航空航天流体系统—弹性体密封存储和保质期	★★	ISO 27996:2009

续表

序号	体系	标准类别	标准名称	优先级	备注
157	B02 通用飞机设计标准	B0204 液压气压系统标准	航空航天滑油的压力加油接头（新型）	★	ISO 9939:1994
158			航空航天强度温度等级为 204℃ /28 000 kPa 的聚四氟乙烯软管组件采购规范	★★★	ISO 9938:1994
159			航空航天流体系统用夹具	★★	ISO 9679:2006
160			航空航天流体系统塑料保护罩及管堵的尺寸	★★	ISO 9634:1994
161			航空航天液压管路安装接头及管接头平面弯曲试验	★★	ISO 9538:1996
162			航空航天等级为 21 000 kPa/204℃标准型聚四氟乙烯（PTFE）软管组件采购规范	★★	ISO 9528:1994
163			航空航天恒流量液压马达一般规范	★★★	ISO 9206:1990
164			航空航天轻型聚四氟乙烯（PTFE）软管组件等级：400 ℉ /3 000 psi（204℃ /20 684 kPa）和 204℃ /21 000 kPa（400 ℉ /304psi）	★★	ISO 8913:2006
165			航空航天流体系统用气氧充填接头（新型）尺寸（英制）	★★	ISO 8775:1988
166			航空航天流体系统液压系统管路安装	★★	ISO 8575:1990
167			航空航天液压系统管路安装弯管的合格试验	★★	ISO 8574:2004
168			航空航天流体系统的“Q”形卡箍尺寸	★★	ISO 8479:1986
169			航空航天液压式压力补偿变流量泵一般要求	★★★★	ISO 8278:1986
170			航空航天流体系统用“Ω”形卡箍（鞍型卡箍）尺寸	★★	ISO 8177:1986
171			航空航天流体系统可轴向调准的管路安装用夹块设计标准和合格鉴定试验米制系列	★★	ISO 7661:1984
172			航空航天流体系统螺纹密封连接接头尺寸	★★★	ISO 7320:1992
173			航空航天流体系统 24° 锥孔米制管接头的接口	★★	ISO 7319:1992
174			航空航天液压系统安装用“P”形卡箍（环状卡箍）包容尺寸	★★	ISO 7315:1988

续表

序 号	体 系	标准类别	标准名称	优先级	备 注
175	B02 通用飞机设计标准	B0204 液压气压系统标准	航空航天液压系统金属软管组件	★★	ISO 7314:2002
176			航空航天用聚四氟乙烯（PTFE）管材密度和相对密度的测定方法	★★	ISO 7258:1984
177			航空航天液压系统用 24° 锥形的、压力范围截至 3 000 psi 或 21 000 kPa 的可拆卸管接头采购规范（英制 / 米制）	★★	ISO 7169:2007
178			航空航天流体系统管道及配件的热冲击试验	★★★	ISO 6773:1994
179			航空航天流体系统液压软管、导管和接头组件的冲击试验	★★	ISO 6772:2012
180			航空航天流体系统和部件压力和温度分类	★★★★	ISO 6771:2007
181			航空航天流体系统和组件液压油液固体颗粒污染的系统取样和测量方法	★★★	ISO 5884:1987
182			航空航天液压气动系统和组件原理图用图形符号	★★	ISO 5859:2014
183			航空航天管材外径和管壁厚度米制尺寸	★★	ISO 2964:1985
184			航空航天等级为 135 ℃ /20 684 kPa （275 ° F/3 000 psi）和 135 ℃ / 21 000 kPa （275 ° F/3 046 psi）的芳族	★★	ISO 23933:2006
185			航空航天电动流体静力传动装置（EHA）采购规范中定义的特性	★★	ISO 22072:2011
186			航空航天带压力补偿的变流量液压泵 35 000 kPa 系统的一般要求	★★★	ISO 12334:2000
187			航空航天连续置换液压马达 35 000 kPa 系统的一般规范	★★	ISO 12333:2000
188			航空航天 “P” （环形）夹具获取规范	★★	ISO 12319:2006
189			航空航天管路识别标志	★★	ISO 12:1987
190			航空航天液压油液清洁度分级	★★	ISO 11218:1993
191			航空航天流体系统导管 / 组件试验方法	★★★	ISO 10583:1993
192			航空航天温度为 230℃及以下、压力为 10 500 kPa 下使用的聚四氟乙烯（PTFE）软管组件采购规范	★★	ISO 10502:2012

续表

序 号	体 系	标准类别	标准名称	优先级	备 注
193	B02 通用飞机设计标准	B0204 液压气压系统标准	航空航天聚四氟乙烯（PTFE）内软管组件的试验方法　第 1 部分：金属编织物（不锈钢）	★★	ISO 8829–1:2009
194			航空航天聚四氟乙烯（PTFE）内软管组件的试验方法　第 2 部分：非金属编制物	★★	ISO 8829–2:2006
195			航空航天用流体系统和零组件词汇　第 1 部分：软管总成	★★	ISO 8153–1:2009
196			航空器聚四氟乙烯（PTFE）制的高温盘卷软管组件	★★	ISO 7313:1984
197			航空器液压管接头和连接接头扭转弯曲试验	★★★	ISO 7257:1983
198			飞机乘务员接氧气源的调压面具接头的接口	★★	ISO 5887:1981
199			航空器的水 – 甲醇压力加注接头	★★	ISO 485:1973
200			飞行器压力加油连接	★★	ISO 451:1976
201			飞行器压力加油连接件	★★	ISO 45:1990
202			航空器液压组件已校准组件液体指示标记	★★	ISO 3323:1987
203			航空器用地面设备检查液压系统的连接接头螺纹式	★★	ISO 3174:1994
204			航空器导管和管系 V 形截面凸缘管接头的外形尺寸	★★★	ISO 2563:2009
205			氮在飞机使用	★★	ISO 2435:1973
206			用于航空器上的非呼吸用压缩空气	★★	ISO 2434:1973
207			航空器上呼吸用气态氧的供应	★★★★	ISO 2046:1973
208			航空器发动机空气起动连接装置	★★	ISO 2026:1974
209			航空器弹性密封圈包装和识别	★★★	ISO 1749:1973
210			航空器液态氧充填接头相配尺寸	★★	ISO 1465:1989
211			航空器地面空气调节连接接头	★★	ISO 1034:1973
212			航空器高压空气充气阀	★★	ISO 1023:1974

续表

序 号	体 系	标准类别	标准名称	优先级	备 注
213			航空器重力加油口	★★	ISO 102:1990
214	B02 通用飞机设计标准	B0204 液压气压系统标准	航空器压力座舱的地面压力试验连接接头	★★	ISO 11:1987
215			航空航天软组件零件号码	★★	ISO 11639:2010
216			航空器管道系统公差英制系列	★★	ISO 12573:2010
217			航空航天液压组件——颗粒污染水平的表达	★★	ISO 12584:2013
218			航空航天液压系统英制系列 O 型密封圈：内直径和横截面，公差和尺寸认证编码　第 1 部分：液压系统近似公差	★★	ISO 16031-1:2002
219			航空航天流体系统英制系列 O 型密封圈：内直径和横截面、公差和尺寸识别码　第 2 部分：非液压系统的标准公差	★★	ISO 16031-2:2003
220			飞行器地面服务连接饮用水、厕所冲洗水和厕所排泄	★★	ISO 17775:2006
221			航空航天系列液压传动传输装置通用规范	★★	ISO 22089:2009
222			飞行器机载流体体系部件的环境试验程序指定防火区内的耐火性	★★★	ISO 23935:2006
223			航空航天流体系统弹性体密封件存储和保存期	★★	ISO 27996:2009
224		B0206 燃油系统标准	航空器压力燃油的分配系统关闭脉动压力的试验程序和极限值	★★	ISO 4153:1981
225		B0207 机载设备标准	额定温度范围外半导体元器件的使用要求	★★★★	国标已立项 IEC 62240 TS Ed.1
226			航空航天电子仪表和系统的标准	★★★	ISO/TR 10201:2001
227			航空器一般用途的飞机电缆和航空航天应用的导线尺寸和特性	★★	ISO 2635:2003
228			航空航天飞行器电气系统的特性	★★	ISO 1540:2006
229			飞机——电气连接器用可移除卷边触点——识别系统	★★	ISO 8843:2005
230			飞机——固态远程电源控制器——通用要求	★★	ISO 8816:1993
231			飞机——电缆和电缆束——词汇	★★	ISO 8815:1994

续表

序号	体系	标准类别	标准名称	优先级	备注
232	B02 通用飞机设计标准	B0207 机载设备标准	航空器镍铬和镍铝热电偶的延伸电缆　第 1 部分：导线一般要求和试验	★★★	ISO 8056–1:1985
233			航空器镍铬和镍铝热电偶的延伸电缆　第 2 部分：端头一般要求和试验	★★★	ISO 8056–2:1988
234			航空器镍铬和镍铝热电偶的延伸电缆　第 3 部分：压接式环形端子尺寸	★★★	ISO 8056–3:1987
235			航空器镍铬和镍铝热电偶的延伸电缆　第 4 部分：压接式对接接头尺寸	★★★	ISO 8056–4:1987
236			飞机接近开关　第 1 部分：一般要求	★★	ISO 6859–1:1982
237			航空器地面保障电源一般要求	★★	ISO 6858:1982
238			小型飞机电磁继电器和接触器　第 1 部分：一般要求	★★	ISO 5867–1:1996
239			飞机有扁接头的Ⅱ–2 型和Ⅱ–3A 型插座式的倒向继电器余隙和固定尺寸	★★	ISO 5866:1983
240			飞行器通用推挽式单极电路断路器尺寸	★★	ISO 530:1975
241			航空器 2A 和 3A 型气密的单稳态继电器　第 2 部分：型号批准试验	★★	ISO 5066–2:1986
242			航空器 2A 和 3A 型气密的单稳态继电器第 1 部分：工作特性和试验条件	★★	ISO 5066–1:1986
243			航空器手柄操纵的手动开关单孔型（1 和 2 类）安装尺寸	★★	ISO 493:1975
244			航空器地面电源的连接器　第 2 部分：尺寸	★★	ISO 461–2:1985
245			飞机地面电源连接器　第 1 部分：设计、性能和试验要求	★★	ISO 461–1:2003
246			飞机可检修的接触器（非气密封接）性能要求	★★	ISO 4084:1977
247			飞机拉杆操纵的手控开关（3 类）性能要求	★★★	ISO 3456:1975
248			飞机单孔道和三孔道装配（3 类）的拉杆操纵的手控开关的尺寸	★★	ISO 3282:1976

续表

序号	体系	标准类别	标准名称	优先级	备注
249	B02 通用飞机设计标准	B0207 机载设备标准	航空航天飞机设备的环境试验电气设备绝缘电阻和高压试验	★★	ISO 2678:1985
250			航空航天系列飞行器电缆制造商标识	★★	ISO 2574:1994
251			航空器耐热设备用电线试验方法	★★	ISO 2436:1973
252			航空器 2A 和 3A 型双极和四极密封电磁继电器间隙和固定尺寸	★★	ISO 2315:1980
253			飞机的静态变流器	★★	ISO 2277:1973
254			航空器防火电缆试验方法	★★★	ISO 2156:1974
255			航空器防火电缆性能要求	★★★	ISO 2155:1974
256			航空器电连接器试验	★★	ISO 2100:1987
257			航空器电路图	★★	ISO 2042:1973
258			航空器耐热设备用电线	★★	ISO 2032:1973
259			航空器防火电缆尺寸、导线电阻和质量	★★	ISO 1967:1974
260			航空器电缆的压接接头	★★	ISO 1966:1973
261			航空器铝电缆的铝压接端子	★★	ISO 1965:1973
262			航空器电连接器设计要求	★★	ISO 1949:1987
263			航空器精密的熔断器 B 型	★★★	ISO 1549:1976
264			航空器精密的熔断器 A 型	★★★	ISO 1548:1976
265			航空器精密的熔断器一般要求	★★	ISO 1547:1975
266			航空器的一般用途推拉式三极断路器性能要求	★★	ISO 1509:1973
267			航空器的一般用途推拉式单极断路器性能要求	★★	ISO 1467:1973
268			航空器的拉杆操纵手动开关性能要求	★★	ISO 1466:1973
269			航空器的密封光束着陆灯尺寸	★★	ISO 1198:1972
270			航空器一般用途推拉式三极断路器的尺寸	★★	ISO 1033:1975

续表

序号	体系	标准类别	标准名称	优先级	备注
271	B02 通用飞机设计标准	B0207 机载设备标准	飞行器－混合远端功率控制器——通用要求	★★	ISO 10296:1992
272			航空航天飞机电源特性测量用数字设备要求	★★	ISO 12384:2010
273			航空航天铝合金和包铜铝导线电导线通用性能要求	★★	ISO 13832:2013
274			航空航天固态遥控功率控制器一般性能要求	★★★★	ISO 27027:2008
275			航空航天手柄操纵的双位（开 / 关）开关操作方向	★★	ISO 44:1975
276			航空器磁性指示器　第 1 部分：特性	★★	ISO 5065–1:1986
277			航空器磁性指示器　第 2 部分：试验	★★	ISO 5065–2:1986
278			飞行器机械式及机电式指示器一般要求	★★	ISO 268:1980
279		B0208 环控系统标准	民用飞机氧气系统安全性设计	★★★★	国标已立项
280			航空器发动机舱灭火器孔和门	★★★★	ISO 1021:1980
281	B03 通用飞机制造标准	B0301 工艺标准	复合材料结构胶接工艺要求	★★★★	地方标准已立项
282			复合材料制件装配要求	★★★★	地方标准已立项
283			航空航天工艺铝合金的化学转化涂镀一般用途	★★	ISO 8081:1985
284			航空航天钛和钛合金的阳极化处理硫酸工艺规程	★★	ISO 8080:1985
285			航空航天工艺铝合金的阳极化处理带着色涂层的硫酸工艺规程	★★	ISO 8079:1984
286			航空航天工艺铝合金的阳极化处理无着色涂层的硫酸工艺规程	★★	ISO 8078:1984
287			航空航天可淬硬的不锈钢零件表面处理	★★	ISO 8075:1985
288			航空航天奥氏体不锈钢零件的表面处理	★★	ISO 8074:1985
289	B04 通航运营和维护用设备标准	B0402 地面保障设备标准	航空航天三脚千斤顶间隙尺寸	★★	ISO 1464:1985
290			航空航天自行式除冰和防冰车功能要求	★★	ISO 11077:2014
291			飞机地面支持设备——牵引杆	★★	ISO 9667:1998
292			飞机牵引杆连接件接口要求　第 1 部分：干线飞机	★★	ISO 8267–1:2005

续表

序号	体系	标准类别	标准名称	优先级	备注
293	B04 通航运营和维护用设备标准	B0402 地面保障设备标准	飞机牵引杆连接件接口要求　第 2 部分：支线飞机	★★	ISO 8267-2:2005
294			飞机与航空旅客桥或转运车辆连接的接口要求　第 1 部分：主舱门	★★	ISO 7718-1:2009
295			飞机与航空旅客桥或转运车辆连接的接口要求　第 2 部分：上层舱门	★★	ISO 7718-2:2009
296			飞机四轮传动拖挂牵引车设计性能要求因素	★★	ISO 7717:1985
297			飞行器千斤顶立架	★★	ISO 43:1976
298			飞机——地面服务连接的位置和类型	★★	ISO 10842:2006
299			航空器除冰液和防冰液 ISO I 型	★★	ISO 11075:2007
300			航空器地面液体除冰和防冰法	★★★	ISO 11076:2012
301			航空器除冰液和防冰液 ISO II、III 和 IV 型	★★	ISO 11078:2007
302			航空器航空发动机运输装置	★★	ISO 11241:1994
303			航空器大型航空器用自行式乘客登机梯功能要求	★★	ISO 12056:1996
304			飞机地面设备乘客登机桥或运输工具与飞机舱门接口的要求	★★	ISO 16004:2005
305			飞行器地面设备带前起落架的无牵引杆的牵引车辆（TLTV）的设计、试验和维修　第 1 部分：干线飞行器	★★	ISO 20683-1:2005
306			航空地面设备带前起落架的无牵引杆的牵引车辆（TLTV）的设计、试验和维护　第 2 部分：区域性飞行器	★★	ISO 20683-2:2004
307			飞机地面设备上层甲板给养车辆功能要求	★★	ISO 27470:2011
308			航空地勤支援设备上层甲板装载机功能要求	★★	ISO 27471:2012
309			飞机地面注油管喷嘴的插头和插座	★★	ISO 46:1973
310			飞机润滑油加油管嘴的头	★★	ISO 413:1974
311			航空器登机桥连接系统　第 1 部分：特性	★★★	ISO 8668-1:1986
312			航空器登机桥连接系统　第 2 部分：试验	★★★	ISO 8668-2:1986

续表

序号	体系	标准类别	标准名称	优先级	备注
313	B04 通航运营和维护用设备标准	B0402 地面保障设备标准	航空器登机桥连接系统第 3 部分 :1 型系统的详细规范	★★★	ISO 8668-3:1994
314			航空器登机桥连接系统第 4 部分 :2 型系统的详细规范	★★★	ISO 8668-4:1993
315			航空器登机桥连接系统第 5 部分 :3 型系统的详细规范	★★★	ISO 8668-5:1992
316			航空器登机桥连接系统第 6 部分 :4 型系统的详细规范	★★★	ISO 8668-6:1994

6.3 广东省城市轨道交通装备产业预立项标准制修订建议表

广东省城市轨道交通装备产业预立项标准制修订建议表（见表 6-3）中，共有 165 项标准预立项建议项目，其中优先级数★★★★是行业建议重要且紧急的标准预立项建议，共 36 项。

表 6–3　广东省城市轨道交通装备产业预立项标准制修订建议表

序号	体系层级	标准类别	标准名称	优先级	备　注
1	基础标准	C1.1 术语标准	城市轨道交通常用术语标准	★★★	
2		C1.2 分类与代码标准	城市轨道交通分类标准	★★★	
3			城市轨道交通设施设备分类与代码	★★	DB11/T 717—2010
4		C1.3 标志标识标准	城市轨道交通客运标志	★★	DB11/T 657.2—2009
5			地铁导向标识系统导则	★★★★	
6	C2.1 轨道交通设备通用标准	C3.1.1 车辆标准	新型低地板有轨电车设计规范	★★★★	
7			市域轨道交通车辆通用技术条件	★★★★	
8			城市轨道交通节能设计规范	★★★	
9			低地板有轨电车站台设计规范	★★★★	
10			城市轨道交通公共信息导向标志系统设计要求	★★★	DB12/T 454—2012
11			地铁快线设计规范	★★	2014 年工程标准
12			城市轨道交通车辆动力学性能与试验鉴定技术要求	★★★	UIC 518—2005
13			城市轨道交通车辆强度设计与鉴定试验技术条件	★★★	TB/T 1335—1996
14			铁路应用——地面装置——电气安全、接地与回路　第 3 部分：交流和直流牵引系统的交互	★★★	IEC 62128-3:2013
15			城市轨道交通车辆转向架基础制动装置技术条件	★★★★	TB/T 2231—1991
16			地铁噪声与振动控制规范	★★	DB11/T 838—2011
17			铁路应用设备的环境条件　第 1 部分：机车车辆上的设备	★★★	IEC 62498-1:2010
18			铁路应用设备的环境条件　第 2 部分：固定电力装置	★★★	IEC 62498-2:2010
19			铁路应用设备的环境条件　第 3 部分：信号传输和电信用设备	★★★	IEC 62498-3:2010

续表

序号	体系层级	标准类别	标准名称	优先级	备　注
20	C2.1 轨道交通设备通用标准	C3.1.2 供电标准	城市轨道交通直流继电保护通用技术条件	★★★★	
21			城市轨道交通牵引供电系统检测设备（装备）通用技术条件	★★★★	
22			城市轨道交通杂散电流防护设备通用技术条件	★★★	
23		C3.1.3 通信与信号标准	铁路应用城市导向运输管理和命令/控制系统　第1部分：系统原则和基本原理	★★	IEC 62290–1:2014
24			铁路应用城市导向运输管理和命令/控制系统　第2部分：功能要求规范	★★	IEC 62290–2:2014
25			铁路设施通信、信号传输和处理系统信号传输用与安全性相关的电子系统	★★★	IEC 62425:2007
26			铁路应用基于列车控制系统的无线电应用–过程确定性能需求的无线电系统	★★★	IEC TS 62773:2014
27		C3.1.4 机电设备标准	城市轨道交通给水、排水设计规范	★★★★	
28			城市轨道交通通风、空调与采暖设计规范	★★	
29			城市轨道交通环境保护和监控系统设计规范	★★★	
30			城市轨道交通车辆通风、制冷和采暖设备通用技术条件	★★★★	
31			城市轨道交通车辆防排烟设备通用技术条件	★★★★	
32			运营生产建筑室内温度与湿度控制技术要求	★★★	
33			地面振动监控装置的技术要求	★★	
34			城市轨道交通自动售检票系统设计规范	★★	
35			电磁波监控设备的技术要求	★★	
36			城市轨道交通站台屏蔽门试验方法	★★★	
37			屏蔽门可靠性、可维修性技术要求	★★★★	

续表

序号	体系层级	标准类别	标准名称	优先级	备　注
38	C2.1 轨道交通设备通用标准	C3.1.4 机电设备标准	屏蔽门内外通信及接口技术条件	★★★★	
39			城市轨道交通 IC 卡车票技术要求	★★★	
40			城市轨道磁卡车票技术要求	★★★	
41			城市轨道交通用重型自动扶梯技术规范	★★★★	
42			城市轨道交通用升降梯通用技术条件	★★★★	
43			城市轨道交通无障碍设施设计规程	★★	DB11/T 690—2009
44			城市轨道交通用轮椅升降机通用技术条件	★★★	
45			列车在线监测系统技术条件	★★★★	
46		C3.1.5 轨道标准	城市轨道交通钢轨通用技术条件	★★★★	NFA 45-318—1900 ANSI/ASTMA1—1992
47			城市轨道交通道岔通用技术条件	★★★★	EN 13232-1—2003 EN 13232-2—2011 EN 13232-9—2011
28			城市轨道交通轨枕通用技术条件	★★★★	EN 13230-5—2009
48			城市轨道交通扣件通用技术条件	★★★	EN 13232-4—2011
50			低地板有轨电车轨排通用技术条件	★★★	
51	C3.1.1 车辆标准	C4.1.1.1 车体及部件标准	城市轨道交通车辆车体技术条件	★★	2013 年行业产品标准
52			轨道车辆用铝及铝合金气体保护焊焊接技术规范	★★★	DB13/T 1295—2010
53			城市轨道交通车辆司机室尺寸及设备配置技术条件	★★	
54		C4.1.1.2 转向架系统标准	城市轨道交通车辆用转向架设计通则	★★★★	JIS E4207—2004
55			铁路应用设施转向架和驱动装置要求	★★★★	EN 15827—2011 BS EN 15827—2011
56			低地板有轨电车转向架技术条件	★★★★	TB/T 3316—2013
57			城市轨道交通车辆转向架静强度设计与鉴定规则	★★★	

续表

序号	体系层级	标准类别	标准名称	优先级	备　注
58	C3.1.1 车辆标准	C4.1.1.2 转向架系统标准	自动导向轨道交通车辆转向架技术条件	★★	
59			城市轨道交通车辆转向架构架、摇枕及摇动台	★★★	TB/T 2637—2008
60		C4.1.1.3 牵引及控制系统标准	城市轨道交通车辆电子变流器供电的直流牵引电机技术条件及试验方法	★★★	
61			城市轨道交通列车牵引计算技术要求	★★★	TB/T 1407—1998
62			电力牵引铁路与道路车辆用旋转电机　第 4 部分：与电子变流器相连接的永磁同步电机	★★	IEC 60349-4:2012
63			铁路应用地面装置电力牵引用于架空接触线系统的复合绝缘子特定要求	★★	IEC 62621:2011
64			铁路应用地面装置电力牵引架空线路	★★★	IEC 60913:2013
65		C4.1.1.4 制动系统标准	城市轨道交通车辆液压制定系统技术条件	★★★★	
66			城市轨道交通车辆磁轨制动系统技术条件	★★★	
67			城市轨道交通车辆空气制动机技术条件	★★★	UIC 540—2006
68			轨道车辆中空气制动设备和气动辅助装置用铝合金制压力容器	★★	DIN EN 286-4—1994
69			城市轨道交通车辆制动机技术要求	★★★★	
70			城市轨道交通车辆耐摩擦制动系统试验方法	★★★	ISO 12161—2006
71			城市轨道交通车辆微机控制模拟式电 – 空制动系统技术条件	★★★	UIC 541-5—2006
72			城市轨道交通车辆防滑装置技术条件及试验方法	★★★★	
73		C4.1.1.5 车辆电气系统标准	城市轨道交通车辆用受流器技术条件及试验方法	★★★	
74			铁路应用设施铁道车辆设备电力电子设备用电容器　第 1 部分：纸 / 塑料膜电容器	★★	IEC 61881-1:2010

续表

序号	体系层级	标准类别	标准名称	优先级	备　注
75	C3.1.1 车辆标准	C4.1.1.5 车辆电气系统标准	铁路应用设施铁道车辆设备电力电子设备用电容器　第 2 部分：带非固体电解质的铝电解质电容器	★★★	IEC 61881-2:2012
76			铁路应用设施铁道车辆设备电力电子设备用电容器　第 3 部分：电气车辆双层电容器	★★★	IEC 61881-3:2012
77			城市轨道交通车辆接地回流装置的技术条件和试验方法	★★★★	
78			城市轨道交通车辆用辅助逆变器及低压电源技术条件及试验方法	★★	EN 50207—2001
79			城市轨道交通车辆用紧急通风逆变器技术条件及试验方法	★★	
80			城市轨道交通车辆蓄电池及头灯、信号灯电源技术条件	★★★	
81			铁路应用机车车辆照明荧光灯用直流电子镇流器	★★★	IEC 62718:2013
82			城市轨道交通车辆再生制动能量吸收装置技术要求	★★★★	
83		C4.1.1.6 车内设备标准	城市轨道交通车辆客车电热技术条件及温度限值	★★★	
84			城市轨道交通车辆照明系统技术条件	★★★★	EN 13272—2012
85			铁路电子设备车载驾驶数据记录系统　第 1 部分：系统规范	★★★	IEC 62625-1:2013
86	C3.1.2 供电标准	C4.1.2.1 供电系统标准	额定电压 3 kV 及以下轨道交通用直流电缆	★★	DB51/T 1273—2011
87			城市轨道交通架空接触网和接触轨技术要求	★★★	IEC 60913—2013
88			城市轨道交通接触网零部件技术要求	★★	
89			城市轨道交通直流过电压限制器技术要求	★★	
90			铁路应用集流系统碳滑板用导电弓架试验方法	★★★	IEC 62499:2008
91			铁路应用地面装置　交流开关控制装置的详细要求　第 1 部分：U< 指数 n> 大于 1 kV 的单相断路器	★	IEC 62505-1:2009
92			铁路应用地面装置　交流开关装置的详细要求　第 2 部分：U< 指数 n> 大于 1kV 的单相分离器、接地开关和开关	★	IEC 62505-2:2009

续表

序号	体系层级	标准类别	标准名称	优先级	备　注
93	C3.1.2 供电标准	C4.1.2.1 供电系统标准	铁路应用地面装置　交流开关装置的详细要求　第 3–1 部分：专门用于交流牵引系统的测量装置、控制装置及保护装置——应用指南	★	IEC 62505–3–1:2009
94			铁路应用地面装置　交流开关装置的详细要求　第 3–2 部分：专门用于交流牵引系统的测量装置、控制装置和保护装置——单相电流变压器	★	IEC 62505–3–2:2009
95			铁路应用地面装置　交流开关装置的详细要求　第 3–3 部分：专门用于交流牵引系统的测量装置、控制装置和保护装置——单相感应变压器	★	IEC 62505–3–3:2009
96			铁路应用电力牵引电源转换器馈电的短式基本类型直线感应电动机（LIM）	★	IEC 62520:2011
97			铁路应用地面装置转换器组件和转换器组件试验的额定值的协调	★★	IEC 62589:2010
98			铁路应用地面装置变电站电子电源变流器	★★	IEC 62590:2010
99			铁路应用地面装置牵引变压器	★★★	IEC 62695:2014
100			铁路应用地面装置电力牵引架空接触线路用合成绝缘绳组件	★★	IEC 62724:2013
101	C3.1.3 通信与信号标准	C4.1.3.1 通信系统标准	铁路应用城市导向输管理和命令 / 控制系统　第 1 部分：系统原则和基本原理	★	IEC 62290–1:2014
102			铁路应用城市导向运输管理和命令 / 控制系统　第 2 部分：功能要求规范	★	IEC 62290–2:2014
103			铁路应用基于列车控制系统的无线电应用——过程确定性能需求的无线电系统	★★	IEC TS 62773:2014
104		C4.1.3.2 信号系统标准	铁路设施通信、信号传输和处理系统信号传输用与安全性相关的电子系统	★★	IEC 62425:2007

续表

序号	体系层级	标准类别	标准名称	优先级	备　注
105	C3.1.4 机电设备标准	C4.1.4.1 通风、空调、采暖标准	城市轨道交通计轴设备技术条件	★★	2013 年行业产品标准
106			城市轨道用迂回风道立转门	★★	
107			城市轨道交通用电动组合风阀	★★	
108			地铁用轴流风机	★★	
109			城市轨道交通用可自动开启表冷器	★	
110		C4.1.4.6 站台屏蔽门标准	屏蔽门锁装置技术条件	★★	
111			屏蔽门门体密封技术要求和密封性试验及检测	★★★	
112			屏蔽门安全装置技术条件	★★★	
113			屏蔽门紧固件技术条件	★★	
114			屏蔽门门体玻璃技术条件	★★	
115			屏蔽门驱动电机技术要求	★★	
116			屏蔽门传动装置技术要求	★★	
117			屏蔽门电源及配电设备技术条件	★★★	
118			屏蔽门设备电磁兼容与防护技术条件	★★★	
119			屏蔽门监控系统技术条件	★★	
120		C4.1.4.8 售检票系统标准	城市轨道交通自动售检票系统标准化导则	★★	DB21/T 1638—2008
121			城市轨道交通非接触式集成电路（IC）卡及读写器通用技术规范　第 1 部分：IC 卡片技术规范	★★	DB21/T 1639.1—2008
122			城市轨道交通非接触式集成电路（IC）卡及读写器通用技术规范　第 2 部分：读写器技术规范	★★	DB21/T 1639.2—2008
123			城市轨道交通自动售检票系统机具通用技术规范　第 1 部分：售票机技术规范	★★	DB21/T 1640.1—2008

续表

序号	体系层级	标准类别	标准名称	优先级	备　注
124	C3.1.4 机电设备标准	C4.1.4.8 售检票系统标准	城市轨道交通自动售检票系统机具通用技术规范　第 2 部分：检票机技术规范	★★	DB21/T 1640.2–2008
125			城市轨道交通自动售检票系统通信数据接口规范	★★	DB21/T 1641–2008
126			城市轨道交通单程票非接触式集成电路（IC）卡（筹码型）技术规范	★★	DB31/T 273–2002
127			城市轨道交通自动售检票系统　第 1 部分：总则	★★	DB61/T 506.1–2010
128			城市轨道交通自动售检票系统　第 2 部分：编码规则	★★	DB61/T 506.2–2010
129			城市轨道交通自动售检票系统　第 3 部分：终端设备及票卡技术规范	★★	DB61/T 506.3–2010
130			城市轨道交通自动售检票系统　第 4 部分：通信数据接口规范	★★	DB61/T 506.4–2010
131			钱币识别装置在自动售票机系统的应用技术要求	★★	
132			自动售检票系统测试标准	★★★	
133			自动售检票系统应用软件技术要求和评定方法	★★	
134			IC 卡单程票和磁卡车票处理装置	★	
135	C3.1.5 轨道标准	C4.1.5.1 轨道标准	城市轨道交通防脱护轨标准	★★★	
136			城市轨道交通混凝土枕技术条件	★★★	
137			城市轨道交通支承块式无砟轨下基础技术条件	★★	
138			城市轨道交通长枕埋入式无砟轨下基础技术条件	★★	
139			城市轨道交通弹性支承式无砟轨下基础技术条件	★★	
140			城市轨道交通浮置板式无砟轨下基础技术条件	★★	
141			城市轨道交通轨道减震降噪效果评价方法和控制指标	★★★	

续表

序号	体系层级	标准类别	标准名称	优先级	备　注
142	C2.2 轨道交通建造及运维设备通用标准	C3.2.1 轨道交通建造设备标准	城市轨道交通建造和维护用便携式机械的安全要求	★★★★	BS EN 13977—2011
143			轨道车辆上的载人升降机一般安全规则	★★★	
144		C4.2.1.1 桥架设备标准	城市轨道交通桥梁球型钢支座	★★	
145			城市轨道交通桥梁盆式支座	★★	
146			轨道交通施工连续行进的打夯机与平土机	★★★	
147		C4.2.1.5 轨道作业设备标准	道碴清理机通用技术条件	★★★	
148			捣固和整平机	★★★	
149			转辙器捣固和整平机	★★★	
150			道碴稳定器通用技术条件	★★★	
151	C2.3 检测通用标准	C2.3 检测通用标准	城市轨道交通设备检修规则	★★★★	
152			城市轨道交通维修设备基本要求	★★★★	
153		C3.3.1 限界标准	地铁限界标准	★★	2010 年工程标准 CJJ 96—2003 修订
154			轻轨限界标准	★★★★	
155			有轨电车限界标准	★★★★	
156			直线电机城市轨道交通限界标准	★★	2013 年工程标准
157			自动导向轨道交通限界标准	★★	
158			城市轨道交通（地下段）列车运行引起的住宅建筑室内结构振动与结构噪声限值及测量方法	★★★	DB31/T 470—2009
159		C3.3.2 节能标准	城市轨道交通能源消耗评价方法	★★★★	DB11/T 1035—2013
160		C3.3.3 环保标准	城市轨道交通环境影响评价技术导则	★★★★	
161			新造机车车辆的环境规范	★★★	
162		C3.3.4 性能标准	城市轨道交通设备检修规则	★★★★	
163			城市轨道交通维修设备基本要求	★★★★	
164			列车在线监测系统技术条件	★★★	
165			车辆转向架、车轴探伤技术要求	★★★	

6.4 广东省海洋工程装备与船舶制造产业预立项标准制修订建议表

广东省海洋工程装备与船舶制造产业预立项标准制修订建议表（见表 6–4）中，共有 565 项标准预立项建议项目，其中优先级数★★★★是行业建议重要且紧急的标准预立项建议，共 54 项。

表 6–4　广东省海洋工程装备与船舶制造产业预立项标准制修订建议表

序号	子体系	标准门类	标准类别	标准名称	优先级	备注
1	D01 海洋工程装备标准	D0101 海洋油气资源开发装备标准	D010102 总体标准	海上结构物风险评估	★★	DNV–OSS–304—2006
2				海洋平台上部设施机械设备检验风险评估	★★★	
3				海洋平台管道防护风险评估	★★	DNV–RP–F107—2010
4				海上浮式生产储存设备（FPS）腐蚀防护要求	★★	DNV–RP–B101—2007
5				钻井系统设备安装调试安全操作要求	★★★	
6				石油和天然气工业海上生产设施紧急反应的要求和指南	★★	ISO 15544:2000
7				海洋工程环境模拟及环境载荷预报方法	★★★	
8				海洋结构物运动响应预报方法	★★★	
9				海洋平台波浪载荷预报与结构强度评估	★★★	
10				海洋平台可变载荷的估算方法	★★★	
11				座底式平台沉浮稳性计算方法	★★★★	
12				移动式平台的稳定性和水密完整性要求	★★	DNV–OS–C301—2010
13				浮式生产系统结构水动力计算方法	★★★	
14				海洋平台辐射噪声评估方法	★★★	
15				海洋平台立管及锚系动响应特性预报方法	★★★	

续表

序号	子体系	标准门类	标准类别	标准名称	优先级	备注
16	D01 海洋工程装备标准	D0101 海洋油气资源开发装备标准	D010102 总体标准	石油和天然气工业海上移动式装置的特定场所评定　第 1 部分：自升式钻井平台	★★	ISO 19905-1:2012
17				石油和天然气工业海上移动式装置的现场具体评定　第 2 部分：自升式说明和具体样品计算	★★	ISO/TR 19905-2:2012
18				石油和天然气工业海上固定式钢结构	★★	ISO 19902:2007
19				石油和天然气工业海上固定式混凝土结构	★★	ISO 19903:2006
20				石油和天然气工业近海生产装置基础表面操作安全系统的分析、设计、安装和测试	★★	ISO 10418:2003
21				未分级和 1 级、1 类和 2 类区域用近海固定和移动石油平台电气系统的设计、安装与维护	★★	API RP 14F—2008
22			D010103 结构标准	海上结构物的详细要求　第 1 部分：满足海洋条件的设计与操作要点	★★	ISO 19901.1:2003
23				海上结构物的详细要求　第 2 部分：地震设计程序和准则	★★	ISO 19901.2:2004
24				海上结构物的详细要求　第 3 部分：上部设施	★★	ISO/DIS 19901.3
25				海上结构物的详细要求　第 4 部分：木工和地基设计要点	★★	ISO 19901.4:2003
26				海上结构物的详细要求　第 5 部分：建筑施工的重量控制	★★	ISO 19901.5:2003
27				海上结构物的详细要求　第 6 部分：海上操作	★★	ISO 19901.6:2003
28				海上结构物的详细要求　第 7 部分：海上漂浮结构和海上移动装置定位系统	★★	ISO 19901.7:2005
29				海上结构物飓风条件下的设计要求	★★	API Bull 2INT-DG—2007
30				钻井设备的布置原则和方法	★★★	
31				海上设施消防与爆炸载荷设计推荐作法	★★	API RP 2FB—2006
32				海洋平台钢结构抗力系数法设计要求	★★★	DNV-OS-C101—2010

续表

序号	子体系	标准门类	标准类别	标准名称	优先级	备注
33	D01 海洋工程装备标准	D0101 海洋油气资源开发装备标准	D010103 结构标准	海洋平台钢结构疲劳强度设计方法	★★★	DNV-RP-C203—2010
34				海洋工程模块结构工作应力法设计要求	★★	DNV-OS-C201—2009
35				FPSO 特殊节点结构设计要求	★★★	
36				柱稳式平台结构抗力系数法设计要求	★★	DNV-OS-C103—2009
37				自升式平台结构设计方法（LRFD 法）	★★	DNV-OS-C104—2008
38				船型钻井和井口服务模块的结构设计方法	★★	DNV-OS-C107—2008
39				海洋平台用直升机甲板设计要求	★★	DNV-OS-E401
40				自升式平台建造质量要求	★★★★	
41				半潜式平台建造质量要求	★★★★	
42				坐底式平台建造质量要求	★★★★	
43				浮式生产储卸装置（FPSO）建造质量要求	★★★★	
44			D010104 建造用材料及检验方法标准	海洋工程结构用调质钢板规范	★★★★	
45				海洋工程结构用韧性改善碳锰钢板规范	★★★★	
46				海洋工程焊接材料使用要求	★★★	
47				海洋工程焊接结构用轧制钢材、钢管	★★★★	
48			D010105 建造技术与工艺标准	海洋工程装备焊接规范	★★★★	
49				海洋平台总段浮态吊装工艺要求	★★★	
50				海洋平台高强钢复杂节点焊接工艺	★★★	
51				海洋平台长效防腐涂层工艺	★★★★	
52				推进器海上安装工艺要求	★★★	
53				海洋平台跟踪补涂工艺	★★★	

续表

序号	子体系	标准门类	标准类别	标准名称	优先级	备注
54	D01 海洋工程装备标准	D0101 海洋油气资源开发装备标准	D010106 性能与试验方法标准	海洋平台模型试验规程	★★★	
55				海洋工程动力定位能力评估及模型试验方法	★★★	
56				海洋工程结构耐波性试验	★★★	
57			D010107 机械与设备标准	海洋工程用超大模数齿轮齿条传动装置强度计算方法	★★★	
58				海洋工程用平台升降系统超速保护装置	★★★	
59				海洋工程用平台升降系统桩腿锁紧装置	★★★	国标 2013
60				自升式平台液压升降系统设计、安装要求	★★★	
61				自升式平台升降齿条制造技术条件	★★★	
62				海洋工程用电动深井泵安装尺寸	★★★	
63			D010108 系泊与动力定位系统标准	海洋工程动力定位系统技术要求	★★★	
64			D010109 油气钻采与处理系统标准	石油和天然气工业钻井和采油设备　第 2 部分：深海钻井隔水管原理、操作和完整性技术报告	★★	ISO/TR 13624-2:2009
65			D010110 管路系统标准	石油和天然气工业管道传输系统阴极保护　第 2 部分：海上管道	★★	ISO 15589-2:2012
66				海洋工程用的流体输送用钢管	★★★★	
67				海洋工程结构用钢管	★★★★	
68				石油和天然气工业近海生产平台管道系统设计和安装	★★	ISO 13703:2000

续表

序号	子体系	标准门类	标准类别	标准名称	优先级	备注
69	D01 海洋工程装备标准	D0101 海洋油气资源开发装备标准	D010111 电气仪表通信系统与设备标准	海洋平台发电机组调试技术要求	★★★	
70				海洋工程交流防爆电动机技术要求	★★★	
71				海洋工程自动化控制系统技术要求	★★★	
72				海洋工程用防爆照明设备技术要求	★★★	
73			D010113 健康安全环保设备标准	海洋平台危险区域划分	★★★	
74				石油和天然气工业海上采油设备防火防爆的控制和调节要求和导则	★★	ISO 13702:1999
75				海洋平台消防系统技术条件	★★★★	
76				海洋平台用二氧化碳灭火系统	★★★★	
77				海洋平台用水喷淋灭火系统	★★★	
78			D010114 舾装设备标准	海洋平台用盘梯设计要求	★★★	
79				深水半潜式钻井平台液压铰链式水密门	★★★	
80	D02 船舶制造标准	D0201 海洋船标准	D020101 基础与通用方法标准	船舶防污染术语	★★★★	
81				船舶行业污染物分类和术语	★★★★	
82				船舶建造安全术语	★★★	
83				高性能船术语	★★★	
84				船舶与海上技术　导航术语、定义和代号	★★★	
85				船用发动机排放术语	★★	SAE J 1145—1993-02
86				船用雷达符号、术语	★★★	
87				船舶管系设计、制造、安装图常用符号	★★	ISO 538:1967
88				船舶通风系统设计、制造、安装图常用符号	★★	ISO 644:1967
89				船舶卫生系统设计、制造、安装图常用符号	★★	ISO 784:1968

续表

序号	子体系	标准门类	标准类别	标准名称	优先级	备注
90	D02 船舶制造标准	D0201 海洋船标准	D020101 基础与通用方法标准	造船及海上结构物逃生路线标志	★★★	ISO/TR 14564:1995
91				船舶管路用彩色识别标志	★★★	
92				船用荧光标志物　第 1 部分：安全救生标志物	★★★★	
93				船用荧光标志物　第 2 部分：消防逃生标志物	★★★★	
94				船舶和海上技术挖泥船术语	★★	ISO 8384:2000
95				船舶和海上技术　管路系统内含物的识别颜色	★★	ISO 14726:2008
96				船舶和海上技术　船舶安全信号、与安全相关的信号、安全通告和安全标记的设计、定位和使用　第 1 部分：设计原则	★★★	ISO 24409-1:2010
97				船舶和海上技术　船舶安全信号、与安全相关的信号、安全通告和安全标记的设计、定位和使用　第 2 部分：目录	★★★	ISO 24409-2:2014
98				船舶和海上技术　船舶安全信号、与安全相关的信号、安全通告和安全标记的设计、定位和使用　第 3 部分：实施规程	★★★	ISO 24409-3:2014
99			D020102 船舶总体标准	船舶和海上技术　可行驶内燃机车辆货舱的通风气流总需量的理论计算	★★	ISO 9785:2002
100				船舶桥楼布置及相关设备的要求和指南	★★	ISO 8468:2007
101				船舶风险与安全评估方法	★★★★	
102				船舶系统安全设计评价指南	★★★	JIS F 0076—2004
103				航速修正方法	★★★	
104				液货船维护系统通用要求	★★★	
105			D020103 船舶结构标准	船舶与海上技术　船体结构　第 1 部分：极限状态评估的总要求	★★	ISO 18072-1:2007
106				海洋工程船结构设计方法	★★★	DNV-OS:C102

续表

序号	子体系	标准门类	标准类别	标准名称	优先级	备注
107	D02 船舶制造标准	D0201 海洋船标准	D020103 船舶结构标准	造船船载驳船系列 1：主要尺寸	★★	ISO 4175:1979
108				造船船载驳船系列 1：吊装支柱铸件配置尺寸和试验方法	★★	ISO 6764:1985
109				造船船载驳船系列 2：主要尺寸	★★	ISO 7222:1985
110				造船船载驳船系列 3：主要尺寸	★★	ISO 6765:1985
111				造船船载驳船系列 4：主要尺寸	★★	ISO 6766:1984
112				造船及海上结构物系列 1：载驳母船上的船载驳主要技术要求	★★	ISO 7221:1984
113				船舶和航海技术　住舱的空调和通风设计条件和计算依据	★★	ISO 7547:2002
114				造船船载驳船系列 3：主要作业技术要求	★★	ISO 8303:1985
115				船载驳全系列分类和主要要求	★★	ISO 9382:1990
116				船舶和海上技术　船舶设计应急牵引规程通用指南	★★	ISO 16548:2012
117			D020104 船舶性能与试验标准	船舶能效设计指数船模确认试验方法	★★★★	
118				动力定位模型试验规程	★★★	
119				吊舱推进器敞水试验规程	★★★	
120				喷水推进试验规程	★★★	
121			D020105 船用材料及检验方法标准	油船货油舱用耐腐蚀钢板	★★★	
122				耐蚀碳素船体钢钢板	★★★	
123				船舶柴油机排气阀杆用镍铬钨阀门钢锻件	★★★	
124				船舶智能型柴油机燃油和伺服油共轨管用锻件	★★★	
125				船用金属材料的腐蚀与防护要求	★★★	ASTM G 71-81/NACE-TM-01-84
126				焊缝相控阵超声波无损检测方法	★★★	
127				船用柴油机排气系统无机纤维隔热罩	★★★	

续表

序号	子体系	标准门类	标准类别	标准名称	优先级	备注
128	D02 船舶制造标准	D0201 海洋船标准	D020105 船用材料及检验方法标准	船用阻燃矿物棉制品	★★★★	
129				造船及海上结构物充气式救生筏材料	★★★	ISO/TR 6065:1991
130				船舶与海上技术充气式救助艇充气腔用漆布	★★	ISO 15372:2000
131				船用生物可溶性矿棉及其制品	★★★	
132				舱室低播焰表面装饰材料	★★★	
133				船舶防污涂料含量及性能测定法	★★★★	
134				船舶耐低温用涂料	★★★	
135				船用耐低温橡胶材料	★★★	
136				船用耐低温玻璃	★★★	
137				船用耐低温胶粘剂	★★★	
138				物探船隔声降噪方法	★★★	
139				船舶建造用纤维增强塑料船底板技术要求	★★★★	
140				船舶建造用纤维增强塑料舷侧板技术要求	★★★★	
141				船舶建造用纤维增强塑料夹层板技术要求	★★★★	
142				纤维增强塑料夹层板用芯材技术要求	★★★★	
143				舱室绝缘材料	★★★	
144			D020106 船舶建造技术及工艺标准	涂覆涂料前钢材表面处理喷射清理用金属磨料的技术要求　第 2 部分：冷硬铸铁砂	★★	ISO 11124-2:1993
145				涂覆涂料前钢材表面处理喷射清理用金属磨料的技术要求　第 5 部分：钢丝切丸	★★	ISO 11124-5:1993
146				涂覆涂料前钢材表面处理喷射清理用非金属磨料的技术要求　第 4 部分：煤炉渣	★★	ISO 11126-4:1993

续表

序号	子体系	标准门类	标准类别	标准名称	优先级	备注
147	D02 船舶制造标准	D0201 海洋船标准	D020106 船舶建造技术及工艺标准	涂覆涂料前钢材表面处理喷射清理用非金属磨料的技术要求　第 5 部分：镍精炼渣	★★	ISO 11126-5:1993
148				涂覆涂料前钢材表面处理喷射清理用非金属磨料的技术要求　第 7 部分：熔融氧化铝	★★	ISO 11126-7:1995
149				涂覆涂料前钢材表面处理喷射清理用非金属磨料的技术要求　第 8 部分：橄榄石砂	★★	ISO 11126-8:1993
150				涂覆涂料前钢材表面处理喷射清理用非金属磨料的技术要求　第 9 部分：十字石	★★	ISO 11126-9:1999
151				涂覆涂料前钢材表面处理喷射清理用非金属磨料的技术要求　第 10 部分：铁铝石榴石	★★	ISO 11126-10:2000
152				船舶涂装综合作业管理要求	★★★★	
153				船舶涂装用磨料选择指南	★★★★	
154				船舶保护涂层性能要求	★★	ISO/FDIS 16145
155				S 型铺管作业线设备安装通用技术要求	★★★	
156				挖泥船耙吸管生产设计要求	★★★	
157				液化气船液罐装配和焊接工艺要求	★★★	
158				船体高强度钢焊接工艺要求	★★★★	
159				船舶电弧焊浓烟排放率的测定方法	★★★	
160				船坞搭载快速脱钩工艺	★★★	
161				油船铝黄铜加热盘管钎焊工艺	★★★	
162				船舶不锈钢管对接焊技术要求	★★★	
163				船用不锈钢管的化学清洗	★★★	
164				船舶艉输油设备安装工艺	★★★	

续表

序号	子体系	标准门类	标准类别	标准名称	优先级	备注
165	D02 船舶制造标准	D0201 海洋船标准	D020106 船舶建造技术及工艺标准	船舶主干电缆设绘要求	★★★	
166				船用配电板通电工艺要求	★★★	
167				船用中压电缆终端施工工艺要求	★★★	
168				全站仪精度测量方法	★★★	
169				PDA 与全站仪的实时连接技术要求	★★★	
170				钢结构表面盐污染程度的测定方法	★★★	
171				船舶和海上技术　货物运输船船体结构的工艺质量	★★★	ISO 15401:2000
172				船舶和海上技术　防护涂层的检验方法　第 1 部分：专用海水压载水舱	★★	ISO 16145–1:2012
173				船舶和海上技术　防护涂层的检验方法　第 2 部分：散货船和油轮孔隙空间	★★	ISO 16145–2:2012
174				船舶和海上技术　防护涂层的检验方法　第 3 部分：原油油船的货油舱	★★	ISO 16145–3:2012
175				船舶和海上技术　防护涂层的检验方法　第 4 部分：水溶性盐总量的自动测量方法	★★	ISO 16145–4:2013
176				船舶和海上技术　防护涂层的检验方法　第 5 部分：涂层破损评估方法	★★	ISO 16145–5:2014
177				船舶和海上技术　利用安全气囊使船舶下水的方法学	★★	ISO 17682:2013
178		D0206 船用配套设备标准	D020601 船舶动力装置标准	船用柴油机高压共轨燃油系统技术要求	★★★	
179				船用柴油机高压共轨燃油系统高压油泵	★★★	
180				船用柴油机高压共轨燃油系统高压油管	★★★	
181				船用柴油机高压共轨燃油系统电控喷油器	★★★	
182				船用低速柴油机排放试验与测试技术要求	★★★★	

续表

序号	子体系	标准门类	标准类别	标准名称	优先级	备注
183	D02 船舶制造标准	D0206 船用配套设备标准	D020601 船舶动力装置标准	船用柴油机氮氧化物排放限值	★★★	IMO MARPOL73/78 附则 VI
184				船用柴油机氮氧化物排放控制技术要求	★★★★	
185				船用柴油机氮氧化物排放测量程序	★★★★	
186				船用柴油机硫氧化物排放测量程序	★★★★	
187				船用柴油机二氧化碳排放测量程序	★★★★	
188				船用柴油机碳氢化合物排放测量程序	★★★★	
189				船用柴油机调速要求	★★	ISO 3046–4:1997
190				智能型柴油机液压执行模块	★★★	
191				船用柴油机用电控单元	★★★	
192				船用全自动反冲洗油滤器	★★★	
193				船用柴油机示功阀技术条件	★★★	
194				船用低速柴油机曲轴技术条件	★★★	
195				船用柴油机电子调速器	★★★	
196				船用柴油机燃油系统模块	★★★	
197				船用发动机滑油系统模块	★★★	
198				船用柴油机缸套冷却水泵模块	★★★	
199				船用柴油机空气冷却器模块	★★★	
200				船舶交流发电机组用发动机	★★★	
201				船舶与海上技术减少船舶推进系统损失的维护与试验	★★★	ISO 13613:2011
202				船用齿轮泵油封技术条件	★★★	
203				船用金属螺旋桨立式静平衡试验方法	★★★	
204				可调螺距螺旋桨桨毂组件静平衡试验方法	★★★	

续表

序号	子体系	标准门类	标准类别	标准名称	优先级	备注
205	D02 船舶制造标准	D0206 船用配套设备标准	D020601 船舶动力装置标准	可调螺距螺旋桨主推进系统技术要求	★★★	
206				定距桨侧向推进器装置	★★★	
207				全回转舵桨装置	★★★	
208				喷水推进装置技术条件	★★★	
209				造船船用螺旋桨制造公差　第 1 部分：直径大于 2.5 M 的螺旋桨	★★★	ISO 484–1:1981
210				造船船用螺旋桨制造公差　第 2 部分：直径大于 0.8 M 小于 2.5 M 的螺旋桨	★★★	ISO 484–2:1981
211				液化石油气（LPG）和附件船只，游艇和其他小船用液化石油气（LPG）推进系统安装要求	★★	EN 15609—2012
212			D020602 锅炉与压力容器标准	船舶燃油锅炉经济运行	★★★	
213				船用废气锅炉	★★★	
214				船用针形管辅锅炉	★★★	
215				船用辅锅炉控制设备技术条件	★★★	
216				船用辅锅炉全启式安全阀	★★★	
217				船用辅锅炉热井	★★★	
218				船用锅炉安全技术要求	★★★	
219				船用锅炉水位调节器	★★★	
220				船用压力水柜模块	★★★	
221				船舶压缩空气系统模块	★★★	
222				液化二氧化碳运输船用储罐	★★★	
223				船用液化天然气燃料罐	★★★	

续表

序号	子体系	标准门类	标准类别	标准名称	优先级	备注
224	D02 船舶制造标准	D0206 船用配套设备标准	D020602 锅炉与压力容器标准	液化气船液罐设计计算方法	★★★	
225				液化气船液罐支持结构设计要求	★★★	
226				液化气船再液化装置设计要求	★★★	
227				液化气船液罐强度和密性试验安全要求	★★★	
228				船用全压式液化气储罐热处理技术条件	★★★	
229				船用全压式液化气储罐焊接技术条件	★★★	
230				散装运输液化气体船舶液货监控及报警系统	★★★	
231				船用制氮装置通用技术条件	★★★	
232				船用热井模块	★★★	
233				船用燃油燃烧器用电加热器	★★★	
234				化学品船用加热器	★★★	
235				船用废气　电加热炉	★★★	
236				油舱废气回收处理装置	★★★	
237				热力压气式海水淡化装置	★★★	
238				船舶饮用水净化器	★★★	
239			D020603 舱室辅机与机舱设备标准	船用水源热泵空调机组	★★★	
240				机舱独立箱柜设计要求	★★★	
241				船舶变频供水装置	★★★	
242				船用惰性气体洗涤塔	★★★	
243			D020604 甲板机械标准	造船固定式旋臂起重机杂货装卸用船上安装型式	★★★	
244				造船和海上结构物悬臂起重机吊杆顶端装置固定型	★★★	
245				造船和海上结构物甲板机械舷梯绞车	★★★	

续表

序号	子体系	标准门类	标准类别	标准名称	优先级	备注
246	D02 船舶制造标准	D0206 船用配套设备标准	D020604 甲板机械标准	造船和海上结构物甲板机械术语和符号	★★★	
247				造船和海上结构物系泊绞车	★★★	
248				造船船用起货绞车	★★★	
249				转叶式舵机试验台技术要求	★★★	
250				船舶锚机模块	★★★	
251				打桩船吊桩绞车	★★★	
252				打桩船锤启动绞车	★★★	
253				打桩船吊锤绞车	★★★	
254				打桩船吊软管绞车	★★★	
255				海上结构物移动式近海装置锚绞车	★★	ISO 9089:1989
256				船用拖曳式系统机电收放绞车	★★★	
257				锚绞车试验台技术要求	★★★	
258				船用龙门行走起重机	★★★	
259				船用起重机试验台技术要求	★★★	
260				船用折臂吊车	★★★	
261			D020605 船舶消防设备标准	船舶火灾生命安全要求	★★★★	
262				船用火灾探测报警系统	★★★★	
263				船用光电感烟火灾探测器	★★★★	
264				船用点型感温火灾探测器	★★★★	
265				船舶自动喷水灭火系统	★★★★	
266				船用对外消防离心泵	★★★	
267				船用应急消防泵	★★★	

续表

序号	子体系	标准门类	标准类别	标准名称	优先级	备注
268	D02 船舶制造标准	D0206 船用配套设备标准	D020605 船舶消防设备标准	船用手抬机动消防泵组	★★★	
269				船用火灾声光报警器	★★★★	
270				船用泡沫灭火系统用泡沫液	★★★★	
271				散装液化气船用固定式干粉灭火系统	★★★	IMO MSC.1/1315
272				船舶水消防系统试验方法	★★★★	
273				船用固定式碳氢气体探测系统	★★	IMO MSC.1/1370
274				船用固定式泡沫灭火系统试验方法	★★	ASTM F 1994:2005
275				船用七氟丙烷灭火装置	★★★	
276				船用惰性气体灭火装置	★★★	
277				船舶固定式全淹没水基灭火系统	★★★	
278				船用固定式局部细水雾灭火系统技术条件	★★★	
279				船用固定式气体灭火系统通用技术条件	★★★	
280				船用固定式二氧化碳灭火系统的维修和检测	★★★	
281				船舶与海上技术　船用厨房深油烹调设备灭火系统灭火试验	★★	ISO 15371:2000
282				船舶舱室火灾探测器选用和配置原则	★★★	
283				船用室内消火栓	★★★	
284				船舶危险气体管理要求	★★★	
285				船舶和海上技术　救生和消防设备船舶自动油雾检测器	★★	ISO 16437:2012
286				船舶和海上技术　船上消防队员的全套装备（防护服装、手套、靴子和头盔）	★★	ISO 22488:2011
287				船舶与海上技术　救生与消防船舶油雾探测器	★★	ISO 16437：2013

续表

序号	子体系	标准门类	标准类别	标准名称	优先级	备注
288	D02 船舶制造标准	D0206 船用配套设备标准	D020606 船舶环保设备标准	船用收油机	★★★	
289				船舶污水处理单元	★★★	
290				船用功率超声污水处理设备	★★★	
291				船舶中水回用处理系统技术条件	★★★	
292				船舶灰水处理设备	★★	MARPOL 附则 IV
293				船舶生活污水检验方法	★★★	
294				船舶垃圾分类及排放处理要求	★★★	
295				船用焚烧炉性能试验方法	★★★	
296				船用焚烧炉烟气排放测量方法	★★★	
297				船舶与海上技术　海洋环境保护不同吊杆之间的连接适配器	★★	ISO 16446:2002
298				船舶与海上技术　海上环境保护撇油器性能试验　第 1 部分：动态水条件	★★	ISO 21072-1:2009
299				船舶与海上技术　海上环境保护撇油器性能试验　第 2 部分：静态水条件	★★	ISO 21072-2:2009
300				船舶与海上技术　海上环境保护撇油器性能试验　第 3 部分：高粘度油	★★	ISO 21072-3:2009
301				船舶有毒液体物质排放要求	★★	MARPOL 附则 II
302				船舶有毒液体物质标准排放接头	★★	MARPOL 附则 II
303				船舶有毒液体物质处理设备	★★	MARPOL 附则 II
304				船舶有毒液体物质检测方法	★★	MARPOL 附则 II
305				船用设备消耗臭氧层物质排放控制要求	★★★	
306				船舶 CO_2 排放控制要求	★★★	

续表

序号	子体系	标准门类	标准类别	标准名称	优先级	备注
307	D02 船舶制造标准	D0206 船用配套设备标准		船舶 SO_x 排放控制要求	★★★	
308				船用惰性气体发生装置	★★★	
309				围油栏	★★★	
310				船舶燃油舱保护设计要求	★★★	
311				船舶和海上技术　海洋环境保护围油栏　第 1 部分：设计要求	★★	ISO 17325-1:2014
312			D020607 船舶管路附件标准	船用金属管道重力和真空排水系统	★★	EN 1123-1:2006 EN 1123-2:2006 EN 1123-3:2004
313				船舶与海上技术　船用热固树脂玻璃纤维管及附件	★★	ISO 15840:2004
314				船用阀门温压曲线图要求	★★★	
315				船用阀门的面至面和端至端尺寸	★★★	
316				船用超低温截止阀	★★★	
317				船用超低温截止止回阀	★★★	
318				船用超低温不锈钢球阀	★★★	
319				船用超低温不锈钢闸阀	★★★	
320				船用超低温不锈钢蝶阀	★★★	
321				法兰端或对焊端通用球阀	★★★	
322				流量式阀位指示器	★★★	
323				对夹式、凸耳对夹式和双法兰式止回阀	★★★	
324				法兰、螺纹和对焊连接的金属球阀	★★★	
325				法兰、螺纹、对焊接连接和阀体加长连接的紧凑型钢制闸阀	★★★	
326				船用不锈钢球阀	★★★	

续表

序号	子体系	标准门类	标准类别	标准名称	优先级	备注
327	D02 船舶制造标准	D0206 船用配套设备标准	D020607 船舶管路附件标准	船用插销式快关阀	★★★	
328				船用大口径自密式通海阀	★★★	
329				船用弹性座封闸阀	★★★	
330				船用铸钢蝶型止回阀	★★★	
331				船用法兰、螺纹和焊接端连接的阀门	★★★	
332				船用法兰偏心半球阀	★★★	
333				船用金属密封蝶阀	★★★	
334				船用气动减压阀	★★★	
335				波纹管式快关阀	★★★	
336				波纹管式快开阀	★★★	
337				船用液动紧急切断阀	★★★	
338				船用可闭式弹簧止回阀	★★★	
339				油舱透气管防溢装置	★★★	
340				船用软管接头阀	★★★	
341				救生艇气压平衡阀	★★★	
342				超低温不锈钢管接头	★★★	
343				超低温管路支架	★★★	
344				超低温管路止动器	★★★	
345				附壁式漏水口	★★★	
346				船用玻璃钢管支架	★★★	
347				对焊端部	★★★	
348				锻制不锈钢对焊管件	★★★	

续表

序号	子体系	标准门类	标准类别	标准名称	优先级	备注
349	D02 船舶制造标准	D0206 船用配套设备标准	D020607 船舶管路附件标准	液化天然气船用深冷管系试验要求	★★★	
350				管路补偿接头选用和安装要求	★★★	
351				船舶与海上技术　管道中垫密机械接头附件性能	★★	ISO 15838:2003
352				船舶与海上技术　管路系统用垫密机械接头性能	★★	ISO 15837:2004
353				承插焊接和螺纹连接的锻造管配件	★★★	
354				管道法兰用环垫式、螺旋缠绕式和夹层式金属垫片	★★★	
355				整体加强锻制分支引出端管件承插焊式、螺纹式与对焊式接头	★★★	
356				船用管法兰和法兰管件	★★★★	
357				孔板法兰	★★★	
358				化学品船液货装卸系统管路选用要求	★★★	
359				船用塑料耐火通舱管件	★★★	
360				造船和海上结构物饮用水箱注水接头　第 2 部分：组件	★★	ISO 5620-2:1992
361				船舶和海上技术　法兰连接金属阀门面对面尺寸和面对中心尺寸	★★	ISO 17602:2014
362				船舶和海上技术　船上起重设备的可拆卸零部件　通用要求	★★	ISO 16855:2013
363				船舶和海上技术　船上起重设备的可拆卸零部件　吊钩	★★	ISO 16856:2013
364				船舶和海上技术　船上起重设备的可拆卸零部件　枷锁	★★	ISO 16857:2013
365				船舶和海上技术　船上起重设备的可拆卸零部件　滑轮装置	★★	ISO 16858:2013
366				船舶和海上技术　管道和机械压载水采样和分析　第 1 部分排放采样端口	★★	ISO 11711-1:2013
367				船用气动阀门遥控系统	★★	国标 2013
368				造船钢管管路法兰焊接通舱管 PN6、PN10 和 PN16	★★	ISO 5625:1978

续表

序号	子体系	标准门类	标准类别	标准名称	优先级	备注
369	D02 船舶制造标准	D0206 船用配套设备标准	D020608 液压与气动元件标准	船舶与海上技术　液压油系统清洁度等级和冲洗导则	★★	ISO 28521:2008
370				船舶与海上技术　液压油系统组装和清洗导则	★★	ISO 28522:2008
371				船舶与海上技术　润滑油系统清洁度等级和清洗导则	★★	ISO 28520:2009
372				船舶与海上技术　润滑油系统和液压油系统颗粒污染物取样和清洁度判定导则	★★	ISO 28523:2009
373				船用内曲线径向滚柱式低速大转矩液压马达	★★★	
374				船用绞车液压张力控制阀组	★★★	
375				船舶液压泵站模块	★★★	
376				船用组合式液压缸	★★★	
377				船用多级伸缩式液压缸	★★★	
378				船用调速阀	★★★	
379				船用防爆电磁阀	★★★	
380				船用高水基液压液（油）技术条件	★★★	
381				船用高压安全溢流阀组	★★★	
382				船用数字控制阀技术条件	★★★	
383				船用液压油箱	★★★	
384				船舶液压舵机用平衡阀	★★★	
385				船用控制气源净化装置	★★★	
386				船用蓄能器技术条件	★★★	
387				造船和海上结构物跨架轴承和导向支承轴承的耳轴件	★★	ISO 8314:1987

续表

序号	子体系	标准门类	标准类别	标准名称	优先级	备注
388	D02 船舶制造标准	D0206 船用配套设备标准	D020609 船舶电气系统及设备标准	船舶电气装置　第 505 部分：特殊性能移动式近海钻探装置	★★	IEC 60092-505:1984
389				船舶电气装置　第 506 部分：特殊性能船舶载运特别危险品及散装危险品	★★	IEC 60092-506:1996
390				船桥报警及显示装置基本要求	★★★	JIS F 0418-2001
391				船用电气设备塑料选用要求	★★★	
392				A 级防火结构电缆贯穿部位设计基本要求	★★	JIS F 8051-2003
393				船舶电气设备　第 301 部分：设备发电机和电动机	★★	IEC 60092-301:1980
394				船用发电装置动力管理系统	★★★	
395				船用应急发电机技术条件	★★★	
396				船用低噪声汽轮高速发电机技术条件	★★★	
397				船用大功率低噪声发电模块设计要求	★★★	
398				船用发电设备控制要求	★★	JIS F 9800-1994
399				船舶智能化交流不间断电源技术条件	★★★	
400				船用冗余式不间断电源	★★★	
401				船用正弦波逆变电源	★★★	
402				船舶发电机组用干式交流负载	★★★	
403				船用中高压设备中高压变压器	★★★	
404				船舶电站调频调载装置	★★★	
405				船用发电机用全数字式电压调节装置要求	★★★	
406				船舶电动中频电源双馈变频调速装置要求	★★★	
407				船舶电气设备高压岸电连接系统	★★★	

续表

序号	子体系	标准门类	标准类别	标准名称	优先级	备注
408	D02 船舶制造标准	D0206 船用配套设备标准	D020609 船舶电气系统及设备标准	船用中高压设备中压配电板	★★★	
409				船用中高压设备交流高压断路器	★★★	
410				船用中高压设备有源电力滤波器	★★★	
411				船用中高压设备隔离开关	★★★	
412				船舶电站自动控制装置	★★★	
413				船用自动化设备环境试验通则	★★	JIS F 0807—1999
414				船用绝缘监测装置设计要求	★★	JIS F 8052—1990
415				船用单人驾控台通用技术条件	★★★	
416				船用旋转开关	★★	JIS F 8845—2002
417				船用发动机转速表	★★	JIS F 7002—1992
418				船用 LED 灯	★★★	
419				船用货物灯	★★	JIS F 8442—2003
420				船用探照灯和投光灯配置要求	★★★	
421				救生艇和救助艇用探照灯	★★★★	
422				船用防爆灯控制开关	★★	JIS F 8846—1998
423				船用小型防水开关	★★	JIS F 8841—1997
424				船舶及海洋平台用直升机助降灯具	★★★	
425				船舶及海洋平台用直升机助降灯控制设备	★★★	
426				船舶及海洋平台用直升机红外线信号助航通信设备	★★★	
427				船用变频电缆一般规定	★★★	
428				船舶电气装置　第 390 部分：电缆贯穿装置防火型式试验程序	★★	IEC/TR3 60092-39019:97

续表

序号	子体系	标准门类	标准类别	标准名称	优先级	备注
429	D02 船舶制造标准	D0206 船用配套设备标准	D020609 船舶电气系统及设备标准	船舶和近海设施用变频器电缆	★★★	
430				船舶电气箱用电缆贯穿附件	★★★	
431				盖式穿线管	★★★	
432				船舶可移式舷灯架	★★★	
433				船舶电气设备电气安装操作一般要求	★★★	IECFDIS 60092-509:2011 国标 2013
434				船舶电站监控系统技术条件	★★★	
435				半潜船浮箱水密电缆贯通件及电缆连接设计与安装要求	★★★	
436			D020610 船舶导航设备标准	船舶航迹操纵控制系统性能及测试要求	★★	ISO 62065:2002
437				船舶与海上技术　船用雷达反射器　第 2 部分：主动型	★★	ISO 8729-2:2009
438				船舶与海上技术　船用磁罗经罗经柜方位读数仪	★★	ISO 25862:2009 国标 2013
439				船舶与海上技术　导航和船舶运行船舶操纵　第 1 部分：一般概念、数量和试验条件	★★	ISO/NP 13643-1
440				船舶与海上技术　导航和船舶运行船舶操纵　第 2 部分：转向和偏航检验	★★	ISO/NP 13643-2
441				船舶与海上技术　导航和船舶运行船舶操纵　第 3 部分：偏航稳性和操舵	★★	ISO/NP 13643-3
442				船舶与海上技术　导航和船舶运行船舶操纵　第 4 部分：停止、加速和穿越	★★	ISO/NP 13643-4
443				船舶靠泊控制系统	★★★	JIS F 9012—2002
444				船用航行数据记录仪	★★★	
445				船舶与海上技术　航行数据记录仪操作和安装指南	★★	ISO 22472:2006

续表

序号	子体系	标准门类	标准类别	标准名称	优先级	备注
446	D02 船舶制造标准	D0206 船用配套设备标准	D020610 船舶导航设备标准	海上导航和无线电通信设备及系统航速与距离测量设备（SDME）性能要求、测试方法和要求的测试结果	★★	IEC 61023:2007
447				海上导航和无线电通信设备及系统航线控制系统的操作和性能要求、试验方法和要求的检验结果	★★	IEC 62065:2002
448				海上导航和无线电通信设备及系统的船用雷达性能要求、测试方法和试验结果要求	★★	IEC 62252:2004
449				海上导航和无线电通信设备及系统电子海图显示与信息系统（ECDIS）的操作要求、性能要求、测试方法和要求的测试结果	★★	IEC 61174:2001
450				海上导航和无线电通信设备及系统集成桥系统（IBS）的操作和性能要求、测试方法与要求的测试结果	★★	IEC 61209:1999
451				海上导航和无线电通信设备及系统综合导航系统的操作与性能要求、测试方法和试验结果要求	★★	IEC 61924:2006
452				海上导航和无线电通信设备与系统全球导航卫星系统（GNSS）　第 4 部分：船载 DGPS 和 DGLONASS 海上无线电信号接收设备　性能要求、测试方法和要求的测试结果	★★	IEC 61108-4:2004
453				海上导航和无线电通信设备及系统船用航行数据记录仪　第 1 部分：性能要求、测试方法和要求的测试结果	★★	IEC 61996-1:2007
454				海上导航与无线电通信设备和系统船用航行数据记录仪第 2 部分：简易式航行数据记录仪（S-VDR）　性能要求、试验方法和要求的试验结果	★★	IEC 61996-2:2006
455				海上导航与无线电设备和系统自动识别系统的 B 级船用设备　第 1 部分：载波检测时分多址技术	★★	IEC 62287-1:2006

续表

序号	子体系	标准门类	标准类别	标准名称	优先级	备注
456	D02 船舶制造标准	D0206 船用配套设备标准	D020610 船舶导航设备标准	海上航海和无线电通信设备和系统全球航海卫星系统（GNSS） 第 2 部分：全球航海卫星系统（GLONASS）接收设备 性能标准、试验方法和要求的试验结果	★★	IEC 61108–2:1998
457				航海和无线电通信设备及系统航线控制系统的操作和性能要求、试验方法和要求的试验结果	★★	IEC 62065:2002
458				救生磁罗经	★★★★	
459				综合船桥系统布局及相关设备配置要求	★★★	
460				船舶与海上技术 螺旋桨轴转数指示器	★★	ISO 22554:2007
461				船舶与海上技术 螺旋桨螺距指示器	★★	ISO 22555:2007
462				船舶综合信息系统通用要求	★★★	
463				船用罗兰 C 接收器最低性能标准测试方法和要求的测试结果	★★★	
464				船舶和海上技术 航向变化率指示器	★★	ISO 20672:2007
465				船舶和海上技术 航海数据记录仪（VDR）的操作和安装用指南	★★	ISO 22472:2006
466			D020611 船舶通信设备标准	船舶与海上技术 离船系统通信手段	★★	ISO 27991:2008
467				海上遇险和安全系统 第 4 部分 :INMARSAT–C 船载地面站和 INMARSAT 增强群呼叫 (EGC) 设备 操作和性能要求、测试方法和要求的试验结果	★★	IEC 61097—4:2012
468				海上遇险和安全系统 第 5 部分 :INMARSAT–E 通过 INMARSA 系统对紧急情况位置指示的无线电信标的操作 操作和性能要求、试验方法和要求的试验结果	★★	IEC 61097—5:1997

续表

序号	子体系	标准门类	标准类别	标准名称	优先级	备注
469	D02 船舶制造标准	D0206 船用配套设备标准	D020611 船舶通信设备标准	海上遇险和安全系统　第 6 部分：船用导航、气象警报和应急信息接收用窄带直接打印电报设备 (NAVTEX)	★★	IEC 61097—6:2005
470				海上遇险和安全系统　第 7 部分：船用超高频无线电话发射机和接收机　操作和性能要求、测试方法和要求的测试结果	★★	IEC 61097—7:1996
471				海上遇险和安全系统　第 8 部分：海上中频、中高频和超高频频带中数字选择呼叫 (DSC) 的船用监控接收设备　操作和性能要求、测试方法和要求的测试结果	★★	IEC 61097—8:1998
472				海上遇险和安全系统　第 9 部分：海上呼叫用电话、数字选择呼叫设备 (DSC) 和窄带直接打印设备 (NBOP) 用中频带和高频带船用无线电话发射机和接收机　操作和性能要求、测试方法和要求的测试结果	★★	IEC 61097—9:1997
473				海上遇险和安全系统　第 10 部分 :Inmarsat–B 船载地面站设备　操作和性能要求、测试方法和要求的测试结果	★★	IEC 61097—10:1999
474				海上遇险和安全系统　第 12 部分：救生船上的二路超高频便携无线电话设备　操作和性能要求、测试方法和要求的测试结果	★★	IEC 61097—12:1996
475				海上遇险和安全系统　第 13 部分 :INMARSAT F77 船载地面站设备　操作和性能要求、试验方法和要求的试验结果	★★	IEC 61097—13:2003
476				海上遇险和救助系统　第 14 部分 :AIS 搜救与营救发射机 (AIS–SART)　操作与性能要求、试验方法及要求的试验结果	★★	IEC 61097—14:2010
477				海上导航和无线电通信设备及系统　采用“D”级数字选择呼叫的超高频无线电话设备　试验方法和要求的试验结果	★★	IEC 62238:2003

续表

序号	子体系	标准门类	标准类别	标准名称	优先级	备注
478	D02 船舶制造标准	D0206 船用配套设备标准	D020611 船舶通信设备标准	海洋导航和无线电通信设备和系统　数字接口　第 1 部分：单通话器和多受话器	★★	IEC 61162-1:2010
479				海上导航和无线电通信设备及系统　数字接口　第 2 部分：单通话器和多受话器 高速传输	★★	IEC 61162-2-1998
480				海上导航和无线电通信设备及系统　数字接口　第 3 部分：串联数据设备网络	★★	IEC 61162-3-2008
481				海上导航和无线电通信设备及系统　数字接口　第 400 部分：多通话器和多受话器　船舶系统互连　导言和一般原则	★★	IEC 61162-400-2001
482				海上导航和无线电通信设备及系统　数字接口　第 401 部分：多通话器和多受话器　船舶系统互连　应用文件集	★★	IEC 61162-401-2001
483				海上导航和无线电通信设备及系统 数字接口　第 402 部分：多通话器和多受话器 船舶系统互连 文献和试验要求	★★	IEC 61162-402-2005
484				海上导航和无线电通信设备及系统　数字接口　第 410 部分：多通话器和多受话器　船舶系统互连　运输文件集要求和基本运输文件集	★★	IEC 61162-410-2001
485				海上导航和无线电通信设备及系统　数字接口　第 420 部分：多通话器和多受话器　船舶系统互连　围罩梯口标准要求和基本围罩梯口标准	★★	IEC 61162-420-2001
486				船舶和海上技术　海上疏散系统　通信方法	★★	ISO 27991-2008
487				海上导航及无线电通信设备和系统　航线控制系统的操作和性能要求、测试方法及要求的试验结果	★★	IEC 62065-2014
488				船舶和海洋技术　舷侧设备和系统用船舶通信网络装置指南	★★	BS ISO 16425-2013

续表

序号	子体系	标准门类	标准类别	标准名称	优先级	备注
489	D02 船舶制造标准	D0206 船用配套设备标准	D020612 船舶水声设备标准	水声通信机	★★★	
490				船舶和海上技术　声音接收系统	★★	ISO 14859:2012
491				船舶和海上技术　船用回声探测设备	★★	ISO 9875:2000
492			D020613 船舶舾装设备标准	应急拖带用导缆孔	★★★	
493				深海工程船定位用吊锚装置	★★★★	
494				深水定位锚技术要求	★★★	
495				铸钢锚唇厚度选取	★★★	
496				液货船系泊索配置	★★★★	
497				船舶和海上技术　船舶停泊和拖航设备导缆器	★★	ISO 13713:2012
498				船舶和海上技术　船舶停泊和拖航设备巴拿马拖缆孔	★★	ISO 13728:2012
499				船舶和海上技术　船舶停泊和拖航设备闭式导缆口	★★	ISO 13729:2012
500				船舶和海上技术　船舶下锚和拖航设备带上滚轮的通用导缆器	★★	ISO 13733:2012
501				船舶和海上技术　船舶下锚和拖航设备无上辊的通用导缆器	★★	ISO 13742:2012
502				船舶和海上技术 – 船舶系泊和拖带设备 – 导缆滚轮	★★	ISO 13755:2013 国标 2013
503				船舶和海上技术　船舶下锚和拖航设备码头滚轮导缆器	★★	ISO 13767:2012
504				船舶和海上技术　船舶下锚和拖航设备基架导缆器	★★	ISO 13776:2012 国标 2013
505				船舶和海上技术　船舶下锚和拖航设备十字形缆桩	★★	ISO 13797:2012
506				船舶和海上技术　船舶下锚和拖航设备嵌入式缆柱（钢板式）	★★	ISO 13798:2012
507				船舶和海上技术　船舶下锚和拖航设备嵌入式缆柱（铸造式）	★★	ISO 13799:2012

续表

序号	子体系	标准门类	标准类别	标准名称	优先级	备注
508	D02 船舶制造标准	D0206 船用配套设备标准	D020613 船舶舾装设备标准	集装箱船绑扎桥	★★★	
509				集装箱绑扎件存放架	★★★	
510				应急拖带装置	★★★	
511				被拖船舶拖曳设备	★★★	
512				船用钢丝绳隔振器	★★★	
513				船舶管弄小车	★★★	
514				船舶与海上技术　船舶下水用气囊	★★	ISO 14409:2011
515				滚装船用坡道水密门	★★★	
516				带通风栅的隔声门	★★★	
517				A60 级带逃生口防火门	★★★★	
518				H120 级船用防火窗	★★★	
519				便携式货舱检查梯	★★★	
520				滚装船用跳板	★★★	
521				船舶与航海技术船舶矩形窗加热玻璃	★★	ISO 3434:2012
522				造船直立钢梯	★★	ISO 3797:1976
523				造船和海上结构物旋转视窗	★★	ISO 3904:1990
524				船舶和航海技术　耐火结构的窗和舷窗	★★	ISO 5797:2004
525				船舶和航海技术　防风雨的单扇钢门	★★	ISO 6042:1998
526				船舶驾驶室窗户玻璃窗格的热空气加热	★★	ISO 8863:1987
527				船舶和海上技术　窗户和舷窗用热钢化安全玻璃	★★	ISO 21005:2012
528				造船和海上结构物标准阶梯级	★★	ISO 9519:1990
529				救生艇脱缆式自由漂浮释放装置	★★★★	

续表

序号	子体系	标准门类	标准类别	标准名称	优先级	备注
530	D02 船舶制造标准	D0206 船用配套设备标准	D020613 船舶舾装设备标准	救助艇吊艇架装置	★★★★	
531				救生艇绞车	★★★	ISO 15516:2006
532				个人漂浮装置　第 1 部分：海洋船救生衣安全要求	★★	ISO 12402–1:2005
533				个人漂浮装置　第 2 部分：275 级救生衣安全要求	★★	ISO 12402–2:2006
534				个人漂浮装置　第 3 部分：150 级救生衣安全要求	★★	ISO 12402–3:2006
535				个人漂浮装置　第 4 部分：100 级救生衣安全要求	★★	ISO 12402–4:2006
536				个人漂浮装置　第 5 部分：50 级浮具安全要求	★★	ISO 12402–5:2006
537				个人漂浮装置　第 6 部分：特种用途救生衣和浮具安全要求和附加试验方法	★★	ISO 12402–6:2006
538				个人漂浮装置　第 7 部分：材料和部件安全要求和试验方法	★★	ISO 12402–7:2006
539				个人漂浮装置　第 8 部分：附件安全要求和试验方法	★★	ISO 12402–8:2006
540				个人漂浮装置　第 9 部分：试验方法	★★	ISO 12402–9:2006
541				个人漂浮装置　第 10 部分：个人漂浮装置和其他有关装备的选择和应用	★★	ISO 12402–10:2006
542				船用工作救生衣	★★★★	
543				船用儿童救生衣	★★★★	
544				气胀式撤离通道风险评估方法	★★★	IMO LSA 规则
545				气胀式撤离通道技术条件	★★★	IMO LSA 规则
546				船舶与海上技术　水压释放装置	★★	ISO 15734:2001
547				船舶与海上技术　充气救生设施的充气系统	★★	ISO 15738:2002
548				垂直式海上撤离系统技术条件	★★★★	
549				船舶与海上技术　烟雾救生设施产品的测试、检验和标识	★★★	ISO 15736:2006

续表

序号	子体系	标准门类	标准类别	标准名称	优先级	备注
550	D02 船舶制造标准	D0206 船用配套设备标准	D020613 船舶舾装设备标准	船舶与海上技术　船用呼吸器　第 1 部分：船用紧急逃生呼吸器（EEBD）	★★	ISO 23269-1:2008
551				船舶与海上技术　船用呼吸器　第 2 部分：船上消防员用自给式呼吸器	★★	ISO/FDIS 23269-2
552				船舶与海上技术　船用呼吸器　第 3 部分：符合 IMO IBC 及 IGC 规则要求的自给式呼吸器（安全设备）	★★	ISO/FDIS 23269-3
553				船舶与海上技术　船用呼吸器　第 4 部分：符合 IMO IBC 及 IGC 规则要求的自给式紧急逃生呼吸器	★★	ISO 23269-4:2010
554				船舶和海上技术　信号救生设备　发生设备的试验、检查和标记	★★	ISO 15736-2006
555				船舶和海上技术　救生艇和救生船用救生设备	★★	ISO 18813:2006
556				船舶和海上技术　救生和消防逐步复位火灾探测器	★★	ISO 19292:2014
557				船舶和海上技术　吊架降落救生筏用下水装置	★★	ISO 13122:2011
558				船用厨房钢质家具水盆、排污管	★★★	
559				船用厨房钢质家具抽屉和门	★★★	
560				船用厨房钢质家具垃圾筒（箱）	★★★	
561				船用防静电构架地板	★★★	
562				货船内装工程评价项目及要求	★★★	
563				客船内装工程评价项目及要求	★★★	
564				船用螺旋风管	★★★	
565				造船机械设备空间和管道的舱底泥盒一般设计特点	★★	ISO 5621:1984

参考文献

[1] 国家制造强国建设战略咨询委员会.《中国制造 2025》重点领域技术创新绿皮书 [M]. 北京：电子工业出版社，2016.

[2] 工信部. 智能制造装备产业“十二五”发展规划 [Z]. 2012.

[3] 佚名. 智能制造装备产业“十二五”发展路线图 [J]. 农业工程，2012，02 (5)：83 - 84.

[4] 科技部，工业和信息化部，中国工程院. 数控一代机械产品创新应用示范工程十二五规划 [Z]. 2012.

[5] 王德成. 四大领域之必需产业升级之必备 [EB/OL]. [2013 - 10 - 11]. http：//www.vogel.com.cn/skjc/news_t_view.html？id = 383281.

[6] 中国传动网. 现代国情下的仪器仪表地位和未来发展趋势 [EB/OL]. [2015 - 9 - 28]. http：//www.chuandong.com/news/news.aspx？id = 165628.

[7] 中国糖酒网. 精密和智能仪器仪表与试验设备 [EB/OL]. [2010 - 11 - 22]. http：//news.tangjiu.com/html/xingyedongtai/shipinjixie/2010/1122/90625.html.

[8] 中国机床网. 国际机床产业竞争现状分析 [EB/OL]. [2014 - 6 - 24]. http：//www.jc80.com/news/html/Price/18880.html.

[9] Joe Jablonowski. 2013 World Machine Tool Output & Consumption Survey [EB/OL]. [2013 - 2 - 11]. http：//www.gardnerweb.com/articles/2013 - world - machine - tool - output - and - consumption - survey.

[10] 田泓，郑红，王刚，等. 中国成工业机器人最大买家 日本是主要供货商 [EB/OL]. [2014 - 06 - 03]. http：//mil.huanqiu.com/aerospace/2014 - 06/5010393.html.

[11] 百度百科. 机器换人 [EB/OL]. http：//baike.baidu.com/link？url = U6tGR25UU3djlmwoDZ - x - Rs5Os9f30CkCrfzQBm6MDMyE1hKcDiqRmeeomFeK5E - wjGZHluuNCrCuys9 - oWPYB - bouBOpAkxZN9daggWoIm - Q - xWNmTqzrCX6dJVue - x.

[12] 福蒙蒙. 中国已成为全球最大的工业机器人市场 [EB/OL]. [2015 - 08 - 06]. http：//money.163.com/15/0806/00/B0A0TUGU00252603.html.

[13] 中国仪表网. 国际仪器仪表产品技术发展趋势 [EB/OL]. [2006 - 09 - 27]. http：//www.ybzhan.cn/News/Detail/1345.html.

[14] 王德生. 世界智能制造装备产业发展总体现状和趋势 [EB/OL]. [2013 - 11 - 21]. http：//www.hyqb.sh.cn/publish/portal0/tab1023/info10489.htm.

[15] 智研咨询公司. 2016—2022 年中国智能制造装备行业分析及投资战略研究报告 [M]. 2015.

[16] 中国产业调研网. 中国机床行业现状分析与发展趋势研究报告（2015 年版）[EB/OL]. http：//www.cir.cn/R_JiXieDianZi/A0/JiChuangDeXianZhuangHeFaZhanQuShi.html.

[17] 秦虹. 转型升级成机床工具行业主旋律 [EB/OL]. [2013 - 04 - 02]. http：//www.cpnn.com.cn/zdgc/201304/t20130402_566591.html.

[18] 中国机械工业年鉴编辑委员会. 中国机床工具工业年鉴 2013 [M]. 北京：机械工业出版社，2013

[19] 仪器信息网. 2016 仪器仪表进出口情况一览 哪些数据惊到了你 [EB/OL]. [2017 - 02 - 15]. http：//www.instrument.com.cn/news/20170215/212923.shtml.

[20] 中国行业研究网. 浅谈：国内仪器仪表行业的发展情况 [EB/OL]. [2015 - 01 - 19]. http：//

www. chinairn. com/news/20150119/135203612. shtml.

［21］中国行业研究网．我国仪器仪表行业现状及发展情况调查分析［EB/OL］．［2013－08－21］．http：//www. chinairn. com/news/20130821/160427564. html.

［22］行业资讯．2014 年中国机器人市场统计数据权威发布［EB/OL］．［2015－05－22］．http：//www. robot－china. com/news/201505/22/20472. html.

［23］中国报告大厅．2014 年中国工业机器人发展总结及 2015 年展望［EB/OL］．［2015－01－12］．http：//www. chinabgao. com/k/gyjqr/14970. html.

［24］易观智库．中国民用无人机市场专题研究报告 2015［R］．2015.

［25］广东省科技厅．广东省数控一代机械产品创新应用示范工程“十二五”实施方案［Z］．2011.

［26］全球模具产业资讯网．民族品牌机器人有望大举占领国内万亿市场［EB/OL］．［2014－09－16］．http：//exhibition. ofweek. com/2014－09/ART－5201314－5252－28880849. html.

［27］中华人民共和国．科学技术部创新发展司．2013 年我国高技术产业发展状况分析［Z］．2015.

［28］王慧艳．广东工业产业结构演变进程比较分析—广东省第三次全国经济普查资料分析［EB/OL］．［2015－11－04］．http：//www. gdstats. gov. cn/tjzl/tjfx/201511/t20151116_ 318704. html

［29］中商情报网．2009 年一季度医疗设备及仪器总产值［EB/OL］．［2009－5－12］．http：//www. askci. com/freereports/2009－05/2009513153428. html.

［30］中国传动网．1－9 月仪器仪表行业主要省市进出口比较［EB/OL］．［2015－12－3］．http：//www. chuandong. com/news/news. aspx？ id＝169330.

［31］骆玲莉，李冕，张新明．中国通用飞机制造业分析及研究［J］．当代经济，2014（4）：46－49.

［32］通用航空制造商协会．2013 年全球通用航空统计数据手册及 2014 年展望［Z］．2013.

［33］国务院办公厅．国务院关于促进民航业发展的若干意见［Z］．2012.

［34］徐行．中国通用航空发展现状及对策分析［J］．西安航空学院学报，2014，32（6）：34－40.

［35］赛迪方略，谢昕．2012 年中国航空装备产业回顾与展望［EB/OL］．［2013－01－29］．http：//www. cnii. com. cn/zz/content/2013－01/29/content_ 1086214_ 2. htm.

［36］广东省人民政府．广东省航空航天产业发展“十二五”规划［Z］．2012.

［37］广东省人民政府．广东省人民政府办公厅关于进一步加快民航业发展的意见［Z］．2014.

［38］本刊编辑．世界轨道交通装备产业发展动态［J］．机电一体化，2012（1），4－11.

［39］刘仲，顾保南，孙世超．2014 年中国城市轨道交通运营线路统计和分析［J］．城市轨道交通研究，2015（1）：1.

［40］国家发改委综合运输研究所．2012—2013 年中国城市轨道交通发展报告［R］．2013.

［41］中国城市轨道交通年度报告课题组．中国城市轨道交通年度报告 2013［M］．北京：北京交通大学出版社，2014.

［42］中铁第四勘察设计院集团有限公司．珠江三角洲地区轨道交通同城化规划（修编）［Z］．2011.

［43］蒋日富．世界海洋工程装备产业发展趋势［EB/OL］．［2010－03－09］．http：//jjckb. xinhuanet. com/gnyw/2010－03/09/content_ 210651. htm.

［44］中船重工经研中心．2013 年海工装备市场回顾与分析［EB/OL］．［2014－02－25］．http：//www. inmexchina. cn/shownews. asp？ broad_ id＝1&exnew_ id＝2490.

［45］半岛晨报．订单“井喷”船企却不赚钱？［EB/OL］．［2014－10－24］．http：//info. bfb56. com/news/80926. html.

［46］广东省人民政府．广东省海洋经济发展“十一五”规划［Z］．2011.

［47］科技部．“十一五”国家高技术研究发展计划（863 计划）申请指南［Z］．2007.

[48] 苗延青．浅谈民用无人机系统适航性标准现状［EB/OL］．［2015－01－07］．http：//news. carnoc. com/list/303/303561. html.

[49] 中机联标准部．智能制造装备标准体系研究［J］．仪器仪表标准化与计量，2012：5－7.

[50] 杨子杨．"十二五"智能制造装备产业发展思路［J］．中国科技投资，2012（13）：27－32. 43－46.

[51] 蒙有为，张岩涛，代冰．国外航空企业标准化现状分析［J］．航空标准化与质量，2009（5）：46－49.

[52] 范炳健．世界航空航天工业标准化现状及发展探索［J］．标准科学，2008（9）：14－17.

[53] 工业和信息化部．国家标准化管理委员会．船舶工业标准体系（2012 版）［R］．2012.

[54] 国家标准化管理委员会．国际标准分类法 ICS［M］．北京：中国标准出版社，2003.

[55] 国家技术监督局编制．中国标准文献分类法［M］．北京：中国标准出版社，1989.

[56] 工业和信息化部．战略性新兴产业分类目录（2012）［Z］．2012.

[57] 工业和信息化部．民用航空工业中长期发展规划（2013—2020 年）［Z］．2013.

[58] 工业和信息化部．船舶工业"十二五"发展规划［Z］．2012.

[59] 广东省标准化研究院．广东省 LED 照明产业标准体系规划研究报告［M］．广州：华南理工大学出版社，2015.

广东省高端装备制造业标准化技术委员会一览表

序号	领域	标准化技术委员会名称	秘书处单位	状态
1	轨道交通装备	广东省城市轨道交通标准化技术委员会（GD/TC 100）	广东省标准化研究院 广州地铁设计研究院有限公司 广州市市政工程技术研究院	已成立
2	智能制造装备	广东省自动化系统与集成标准化技术委员会（GD/TC 111）	广东省自动化研究所 广东省标准化研究院	已成立
3	智能制造装备	广东省气压传动和控制标准化技术委员会（GD/TC 105）	广东省肇庆市质量计量监督检测所 广东省肇庆方大气动有限公司	已成立
4	海洋工程装备	广东省船舶及海洋工程装备材料标准化技术委员会（GD/TC 101）	广东省珠海市质量计量监督检测所 国家船舶及海洋工程装备材料质量监督检验中心	已成立
5	智能制造装备	广东省农机机械装备标准化技术委员会（GD/TC 109）	广东省农业机械研究所	已成立
6	智能制造装备	广东省电气电力专业标准化技术委员会	广东电网公司电力科学研究院 广东省标准化研究院	已批筹
7	智能制造装备	广东省工业机器人标准化技术委员会		建设讨论中
8	海洋工程装备	广东省船舶舾装标准化技术委员会		建设讨论中
9	航空装备	广东省通用航空标准化技术委员会		建设讨论中
10	智能制造装备	广东省铸造机械标准化技术委员会		建设讨论中